刺杀希特勒
档案解密
1932-1945 李海宁 著

中国长安出版社

图书在版编目（CIP）数据

刺杀希特勒档案解密：1932～1945 / 李海宁著. --
北京：中国长安出版社，2014.7
ISBN 978-7-5107-0756-8

Ⅰ.①刺… Ⅱ.①李… Ⅲ.①第二次世界大战－史料
Ⅳ.①K152

中国版本图书馆CIP数据核字(2014)第163679号

刺杀希特勒档案解密：1932-1945

李海宁　著

出版： 中国长安出版社

社址： 北京市东城区北池子大街14号（100006）

网址： http://www.ccapress.com

邮箱： capress@163.com

发行： 中国长安出版社

电话：（010）85099947　85099948

印刷： 重庆蜀之星包装彩印有限责任公司

开本： 787mm×1092mm　　16开

印张： 26

字数： 210千字

版本： 2019年1月第2版　2019年1月第1次印刷

书号： ISBN 978-7-5107-0756-8

定价： 139.80元

目录

一战末期，德国陷入空前的危机，反战运动高涨。1918年11月3日，拒绝作战的水兵在基尔港首先起义，并迅速席卷全国。11月9日，首都柏林的工人和士兵积极响应。图为起义者们正挥舞红旗驱车穿过市中心的勃兰登堡门。

第一章

粉墨登场

　　1918年秋天，第一次世界大战打到了第四个年头，德国的资源已经消耗得差不多了，正迅速滑向全面失败的尾声。协约国——英国、法国和美国的军队在西面向其发起了潮水般的攻势，德军节节败退，损失惨重。10月中旬的一天，一列满载着德军伤兵的火车驶离西部前线，缓缓穿过德国，朝东部的边界地带开去。那里相对安全：沙皇俄国已因革命和内战而崩溃，退出了与英法的盟约 。

　　车厢内的几百名伤员里，不少是刚在比利时的一次战斗中被英军施放的毒气熏瞎了双眼的巴伐利亚第16后备团的士兵。其中有一名年仅29岁的下士，是个来自奥地利的志愿兵，名叫阿道夫·希特勒。在斯德丁附近的一所医院，希特勒得到了很好的治疗，恢复了视力，没留下什么后遗症。过了些日子，11月10日，有个牧师来到医院，告诉伤员们：在德国国内发生了革命，德皇已经退位，逃到荷兰去了；社会民主党宣布成立共和国；新政府将在次日停战，听任胜利者的摆布……总之，战争打败了。说着说着那个牧师哽咽起来。

　　初闻战败的消息，希特勒只感到非常痛苦，不知道自己该怎么办。

他不能理解、更不能忍受这突如其来的打击，但同时也极大程度地唤起了他的"政治觉悟"。在他看来——和许多德国人认为的一样——德军并没有在战场上被打败，而是背后中了卖国贼的暗剑。那天晚上，当牧师离开以后，希特勒静静地躺在病床上时，他暗自下定决心，要向那些干出这事的人复仇。希特勒在以后回想起此事时说，在那一刻，"我终于看清了自己的前途，我决定投身政治"。于是，20世纪一股最凶残的势力在一间冷清的病房里出世了。

阿道夫·希特勒于1889年4月20日出生在奥地利和德国接壤的边境小城布劳瑙。父亲是那里海关的一个小官员。1895年，父亲奉调前往林茨赴任，全家搬进该城郊外的一个小村子，住在一所漂亮的小农庄里。1903年父亲去世后，希特勒继续与寡母住在林茨，直到她1907年死于乳

▲ 希特勒负伤后在医院疗养时，和病友们拍下的一张合影。照片上的他（最后一排，右二）消瘦、憔悴，胡子拉碴。但希特勒非常喜欢军队，他后来说，他"非常热爱军营生活"，他也把战争认为是他"一生中最美好、难忘的时刻"。

腺癌。尽管天资聪明，但希特勒在学校里却始终只是名中等生。他除了自己想学的科目外，学业成绩不佳，16岁时没拿到结业证书就离开了学校。虽然没有接受过任何专业的绘画训练，希特勒却怀有当一名杰出画家或建筑师的雄心。18岁时他毅然前往维也纳，先后参加了艺术学院和建筑学院的入学考试，但都名落孙山，被拒之门外。此后的5年，对这个孤独的青年来说，是一段极其悲惨和贫困的时期。

希特勒没有朋友，没有一技之长，也没有职业或就职目标，不得不靠到处当按日计酬的临时工来谋生，后来改画以维也纳市容为蓝本的明信片出售赖以维持生计。他白天在城里溜达，闲逛，经常光顾为贫民开设的施粥所；晚上的时间用于看戏，睡在廉价的流浪汉收容所里。希特勒也曾认真地寻找过失败的原因，但他从不去正视自己的缺点，只是试图去找出一些客观因素，其途径主要是市面上的各种小报，这些报纸里充斥着狂热的种族主义和对犹太人的憎恨。在此之上，他又加上自己的一些固执的观念和偏见，如对权力的颂扬，对独裁政体的偏爱，对民主、自由和人道的蔑视，以及对共产主义的敌视等等。

1913年春天，希特勒离开了维也纳，动身去了德国。在巴伐利亚首府慕尼黑，他重操旧业，画城市风光明信片兜售，但是买卖很不景气，只能勉强糊口。如果不是第一次世界大战突然爆发，他的悲惨生涯肯定不可避免地要在监狱中或贫民窟里结束，也可能会自杀。1914年8月，25岁的希特勒作为志愿者获准加入德国军队。军队和战争恰好给了他最需要的东西：如家一般的安全感和发泄暴力的渠道。他找到了伙伴，得到了住所和膳食，不必再为生活无计而担惊受怕了，更为重要的还是找到了一个为之奋斗的目标。

在四年的战争中，尽管希特勒没有表现出特别的才能，只升到下士，但作为一名传令兵，他勇敢、热诚地履行了自己的职责，干得的确很出色。他一共受过3次伤，2次因作战英勇而受奖，其中一次是在1918

▲ 1914年8月2日，当一战开始的消息传到慕尼黑时，音乐厅广场上聚集的人群兴高采烈，希特勒像其他人一样也卷了进去。一位摄影师拍下了这张照片：希特勒当时正站在人群里，咧嘴傻笑着。

年8月，被授予了一枚一级铁十字勋章。在德国军队里，这种奖赏是很少给予普通士兵的，可以说是无上的荣耀。虽然这一勋章并没有给还是奥地利人的希特勒带来什么物质上的好处，不过却使德国人在精神层面上认同他是自己人，从而使他在未来能够合法地参与到德国的政治生活中。

1918年11月底，希特勒伤愈离开医院重返慕尼黑。战后初期，德国的政治、经济形势一片混乱，严重威胁着国家的统一和稳定。一场为争夺对政权的控制的内战已经展开，新共和国没有赢得多少人的尊敬，坚持走中间道路的社会民主党建立的民主政体羽翼尚未丰满，深受左右两派政党的轮番攻击：左派方面，德国共产党尝试发动革命，希望建立红色政权；右派方面，容克贵族和大资本家决定防止这种情况的发生，为了镇压左派共产党势力，他们支持成立了许多极端组织，于是，一批志愿军团——如自由团、钢盔团等纷纷出现了。

1919年1月份，共产党在首都柏林举行了一次起义。但由于组织得很差，缺乏军事力量，共和国政府在志愿军团的支援下，残酷地镇压了他们的企图。在一个星期里，共有1000多名共产党及其追随者在巷战中被杀害。德共两位优秀的领导者卡尔·李卜克内西和罗莎·卢森堡被逮捕，并被押解到志愿军团的总部，接着遭到一顿毒打。一天深夜，他们被分别从后门带出，扔进汽车，拉到郊外，然后被枪杀。官方宣称他们是"在企图逃跑时"被击毙的。在随后的一个月里，共和国政府命令对全德国的反对者进行镇压。

在慕尼黑，来自北方的志愿军团在街头四处横行，反共思想、反犹

▲ 一战后的德国，一度存在着65个以上各种名称的志愿军团，成员都是保守和激进的民族主义者，其中一些人选择佩带卐作为自己的标志。图中这辆卡车上的自由团战士的钢盔前和车头上都绘有这一标记。

主义盛行一时。希特勒没有参与这些事情，他在3月份回到了原来所在团的营房并一直待在那儿。他注意到慕尼黑有大量右翼政治团体出现，其中一个看起来似乎很有前途。1919年9月，希特勒参加了这个名为"德国工人党"的组织，成为这个小党的第55名成员。他很快发现自己具有演讲天赋，并开始向听众展示其宣传才能。几个月后，他就控制了这个年轻的政党，成为领袖人物。1921年上半年，希特勒把该党的名称改为"国家社会主义德国工人党"（"纳粹"是德语Nationalsozialist——即"国家社会主义者"——一词的缩写Nazi的汉语译音）。不久，希特勒又开始寻找代表强权的标志。最后，他选定黑色的卐字图案，白色和艳红为背景色。

通过把其他反共和反犹的民族主义社团成员吸收进来，纳粹党成长迅速，从成立时只有68个党员，到1921年11月，已经发展到3000多人。正是在这个时候，希特勒结识了恩斯特·罗姆上尉。此人是地道的行伍出身，举止粗鲁，毫无顾忌。很快，他就证明了自己在纳粹党的准军事组织的招募和训练方面具有高人一等的才能。罗姆拉起了一批退伍军人组成了一支纠察队，任务是担任在纳粹举行的集会时维持秩序的警卫，用武力对抗企图破坏会场的政敌。这支队伍最初起了个旨在掩人耳目的名字，叫作"体育运动队"。接着，又做了更为符合实际的改变，换作"冲锋队"（德文缩写为SA）。

在希特勒眼里，冲锋队主要是纳粹党的一个政治、宣传工具，但是罗姆却偏要把它搞成真正的军队。希特勒本能地觉察到，在纳粹党内正形成一股不听命于己的力量。于是，一战中战绩卓著的飞行员、指挥德国最著名的战斗机飞行队的赫尔曼·戈林上尉，被希特勒请来担任冲锋队头子，借以制衡罗姆的势力。此外，希特勒还给自己搞了一支私人卫队。他们自称"本部警卫"，宣誓用生命保卫希特勒不受任何内外敌人的伤害，后来，希特勒给它取名为"阿道夫·希特勒突击队"。卫士们

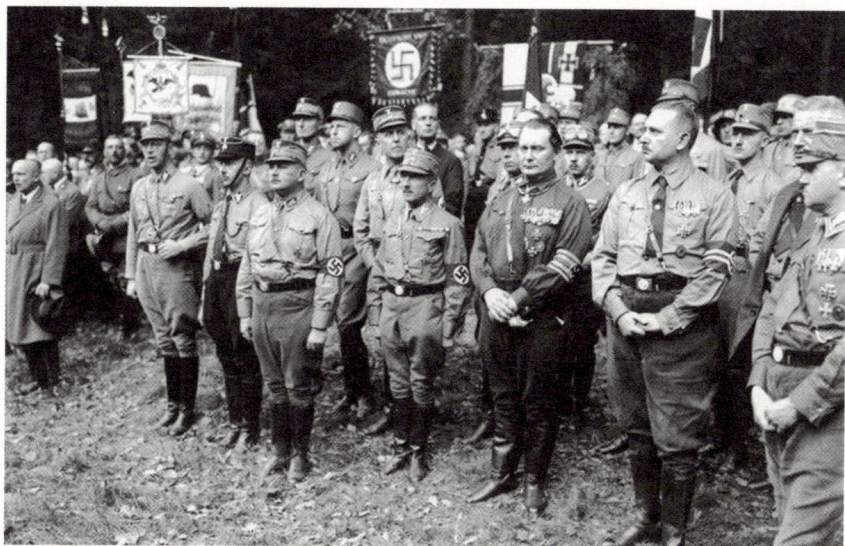

▲ 身穿制服、佩戴勋章的戈林（右三）和罗姆（左三）在一次纳粹党的集会上的留影。该图背景中可见一面卐字旗，这一标记最早起源于中东，在欧洲和亚洲不同文化范畴中都能见到。19世纪末，它被中欧一些民族主义团体用作标志。

头戴饰有骷髅的黑色滑雪帽，身穿灰色上衣或夹克，臂套镶黑边的红色卐字袖章，以示有别于冲锋队。

希特勒突击队的人数在100名左右，但是核心的贴身侍卫还是由一群他所信任的人担任。其中包括一个屠夫、一个钟表匠和一个马夫，领头的则是一个侏儒般的文具商，他们分别充当希特勒的副官、保镖、司机和侍从。不管希特勒上哪儿，他们都会揣上"打火机"和"橡皮"——手枪和橡皮棍的隐晦说法——随扈左右。后来在1923年11月的"啤酒馆政变"中，这支队伍将接受真正的战斗的洗礼，并付出鲜血的代价。

德国国内政局不稳、经济混乱等问题尚未解决，共和国的缔造者们又要面对一个新的危机。从1919年1月起，胜利的协约国代表汇聚巴黎近郊的凡尔赛，起草了一份报复性的和平条约，企图彻底地清算德国。

▲ 1923年9月，希特勒突击队成员乘车去参加一个集会，他们是党卫队的前身，负责保卫希特勒，这些人戴的帽子上饰有骷髅标记。

这项文件内容多达440条，字数达7.5万字，看来是要把一个骄傲的民族削弱成一个二、三流的国家。该条约一开始就是军事上解除武装的条款，接着提出了巨额的赔款要求和其他经济制裁，同时还迫使德国割让领土的13%和将近650万的国民——在东面，从德国东部划出一条狭长的走廊地带给波兰，在后者与波罗的海之间建立起通道，从而把东普鲁士和德国本土分隔开来；在西面，一些边界地区也要划归法国和比利时，而且，莱茵河以西的土地（即莱茵兰）必须非军事化，并要被协约国占领15年。

所以，当条约的内容在1919年5月7日公布时，德国人有震惊、沮丧的反应也就不足为奇了。他们义愤填膺，有一种被出卖的感觉。因为，他们曾经希望废除德皇，实行议会民主制可以缓和制裁的程度。德国政府也指出和约是"不能实现和不能负担的"，试图拒绝这些苛刻的条款。但协约国的封锁已使德国物资日渐枯竭，如果拒签，国家将面临驻扎在莱茵河边英法美重兵的入侵。只有接受这耻辱的条约，别无选择。在规定的最后限期届满19分钟，德国方面屈服了。1919年6月28日，德国正式签订了令它痛恨的条约。

共和国政府因其接受了屈辱的《凡尔赛和约》而遭到了德国公众的攻击，人们把心中的愤怒转变为对民主政体的猛烈批判。随着尖锐的批评声不断增大，政府发现威胁它生存的因素已经由左翼转向了右翼，而最大的危险莫过于具有深厚传统的旧帝国的军队——它已经改编成了共和国的国防军。和约限制了这支军队的规模，人数只有11.5万，其中陆军10万；而且，普遍义务兵役制被废除，总参谋部被解散，军事院校被关闭；此外，还禁止其装备飞机、坦克、潜水艇和生产毒气等等。

1920年初，德国政府按照和约规定开始裁减军队和志愿军团，许多失业和不满的旧军人便转入一些极端民族主义组织中，和激进的右翼分子联合在一起，进行重新武装，并秘密训练，一心想着颠覆共和国。一年后，他们中的一些狂热分子成立了所谓的"执政团"组织。在假冒的木材生产公司的掩护下，他们开始了"生意"——恐怖活动。在此后的3年里，"执政团"先后一共策划、实施了376起政治谋杀。

第一批受害者中有前国务秘书马蒂亚斯·埃茨贝格，他在1918年11月代表德国签订了停战协定。1921年8月的一个下午，当他在德国西南部山区度假时，一个杀手将一打子弹射进了他的身体。1922年6月，又一名刺客将氢氰酸喷到了第一个宣布共和国成立的社会民主党人菲利普·谢德曼的眼睛里，他好不容易才保住了视力。3周后，该组织的另2名成员还实施了另一起谋杀：他们袭击了外交部长瓦尔特·拉特瑙的坐车，用手榴弹和手枪打死了他，就因为他是个犹太人。具有讽刺意味的是，这个保守的商人曾给自由团提供过政治捐款。

众多袭击事件发生后，领导人们的安全保卫工作才得到加强。之前

▲ 慕尼黑，枪决政治对立者。

的保护措施粗枝大叶，非常简单，仅仅只是由一名司机、一个助手和几个警察组成；如今，则要严密得多。拉特瑙被刺后不到五天，柏林警察局成立了一支由刑事警察组成的专门保卫政府首脑的队伍，受总理直接领导。任何威胁都会得到认真对待。所有向部长邮寄恐吓信的人都会遭到警方的调查。总理府的安全保卫体系也得到了改进——除了加派一辆汽车来护卫总理的专车，还有一名专门的警察，总理外出时，他就坐在总理的司机身旁。在遇到袭击的情况下，他有权力命令停车或以最快速度驶过危险点。

另外，相关部门开始根据要求派员警戒政府大楼和设立巡逻岗哨，平常只派少数人，有国务活动时相应多一些。这些措施的确发挥了一定的作用。1922年冬，一个来自德累斯顿、名叫维利·舒尔策的商人被发现持有2把手枪，他供认想要刺杀时任德国总理的约瑟夫·维尔特。几年之后，一个寄给海因里希·勃鲁宁总理的简陋的爆炸装置被截获。不久，一个女刺客又在总理府楼内被抓获，当时搜出她身上藏有一把28厘米长的匕首。这个女人是从侧门混进来的，直到上了3楼才被捕。

在混乱和恐怖的气氛中，还有一个因素也在威胁着共和国的政治命运，那就是通货膨胀。国库已经亏空，政府在军队复员和恢复经济上的花费产生了新的开支，造成了长时间的财政赤字。共和国政府在受市场的压力而不得不减低税收的情况下，只能通过大量印制货币来弥补不足，从而促使马克不断贬值，而且下滑得越来越快。到了1923年，危机终于爆发：马克的市值犹如脱缰之马急剧下跌，达到了1美元兑换4.2万亿马克这个惊人汇率！

难以置信的通货膨胀使德国民众的日常生活成了一场噩梦。物价无止境地猛涨，商品也越来越紧张。许多家庭发现，把纸币烧掉照明或取暖也比用之购买蜡烛或煤炭来得划算。大多数德国人的日子都过不下去了，工人和中产阶层陷于贫困，自杀率不断上升，但同时，投机奸商们却大发横财，越来越富有。法律遭到嘲笑，传统和道德不再受到尊重。德国人民束手无策，无依无靠，感到非常绝望，情绪日益激化，把全部责任都归咎于共和国的无能，并且越来越希望出现一个强有力的独裁者

▲▶ 通货膨胀期间，柏林国家银行发行的面值为500万马克的纸币（上图）。德国家庭主妇只能用这些几乎一文不值的马克来生火炉取暖或做饭（右图）。

来统治国家。

纳粹党员这时已经达到大约3.5万人了，而冲锋队的人数也增加到1.5万。这一令人惊异的迅猛发展使希特勒的情绪高涨起来，开始打算去冒险发动推翻共和国的政变。冲锋队也跃跃欲试，等着前进的命令，随时准备疯狂地大干一场。罗姆告诉希特勒，如果他不迅速采取行动，他的队员将脱离他的指挥自由行动，去追随愿意率领他们前进的任何人。

机会来了。1923年11月8日晚，巴伐利亚地方政府的主要官员在贝格勃劳凯勒啤酒馆集会时，希特勒带着全副武装的冲锋队破门而入。他威胁专员古斯塔夫·冯·卡尔入伙，后者只好表示支持。希特勒毫不怀疑地释放了他，让其命令警察也参加暴动。然而卡尔根本无意履行被胁迫许下的诺言，一离开啤酒馆就下令坚决镇压叛乱。政变实际上已经失败了。但是希特勒仍不死心，决定天亮后率领冲锋队向慕尼黑城内进发，以期唤起民众支持。但第二天上午，当"起义"队伍行至市中心的英烈祠前时，被警察开枪武力驱散，交火中共有14名纳粹分子被打死，其中5人是希特勒突击队队员。

希特勒逃之夭夭，两天后在城郊的一所住宅里被警察抓获。1924年春天，慕尼黑法庭以叛国罪起诉了他。希特勒看似完蛋了。然而，他很快恢复了元气，甚至反败为胜。审判给他提供了一个天赐良机，他为自己和纳粹党捞取了一笔宣传资本。希特勒丝毫没有忏悔之意，他用滔滔的雄辩阐述了政变的意图是"旨在使国家摆脱叛逆"，以此来证明其所作所为非但没有危害国家，还代表了国家的利益。这一说法打动了法庭，以致审判长认为没有必要去指责他。最终，希特勒只被判处了最轻的徒刑——5年监禁，并在表现好的情况下可以酌情减刑。事实上，希特勒在监狱只服了9个月刑，到1924年12月就被赦免。

出狱后，希特勒给自己订立了两个目标：强化纳粹党和通过合法手段夺取政权。然而，两者花的时间都比他预想的要长。在他被捕和服刑

▲ 佩戴卐臂章、全副武装的纳粹党徒乘卡车来到慕尼黑市中心，驶过市政厅前的广场，许多保守的市民也受到感染，加入了他们的行列。虽然很快警察就用一阵乱枪驱散了他们，但希特勒却因此名声大噪。

的这段时间里，德国发生了变化，这个国家正在平静下来，共和国面临的混乱的政治经济形势已有所好转，一部分原因是美国银行的贷款援助源源不断地流入德国。恶性通货膨胀得到控制，货币回稳，工商业又繁荣起来，就业率上升。战争赔款已减少到可以容忍的程度，协约国军队也撤出了莱茵兰。不仅共产党，甚至连保守的右派也可以与共和国妥协共处了。尤其是在声望极高的原德皇的元帅保罗·冯·兴登堡被选为总统后，国家局势日趋稳定。在国会大选中，温和的社会民主党的选票提高了30%，激进的民族主义政党的得票数下降了一半，其中纳粹党只得到了3%的选票。

在这种情况下，希特勒将主要精力投入在纳粹党的全面恢复之中。1925年，希特勒重新成立了冲锋队，并命令淡化了它的军事特征，而侧重于体育运动和宣传鼓动；但他们还可以继续主动出击，在工人区举行具有挑衅性质的游行，挑起与共产党的斗殴，通过此种伎俩来扩大舆论影响，用武力镇住群众使他们顺从。突击队——本部卫队也得以重建，后来改称"党卫队"（SS）。首批队员一共8个人，几乎都是原突击队的成员。他们仍旧穿突击队制服，只是取消了原来的灰上装，代之以这时刚成为纳粹党标志的褐色衣衫，系黑色领带。

1925年9月，党卫队发出了"第一号通知"，要求各纳粹党所有地方支部也建立党卫队分队，规定它们应是小型、精干的队伍，至少设1名队长和10名队员，只有首都柏林可以设2名队长和20名队员。申请加入党卫队的人必须通过严格筛选，只有"最优秀、最可靠的党员"才会被考虑。年龄限于25~35岁，有2名介绍人，在当地要正式居住满5年，还

▲ 身着不同制服的冲锋队和党卫队在一家犹太人开的商店外张贴标语，上写："日耳曼人保护自己！不要买犹太人的东西！"

要身体健壮，并"对好酒贪杯、多嘴饶舌和有其他毛病的人一律不予考虑"。最重要的是要绝对忠于希特勒，值得信赖。

因为党卫队有名额限制，其人数不得超过冲锋队的十分之一。所以到20年代末，它仍然只是个规模不大，甚至无关紧要的组织。其成员也不过区区280人，而冲锋队却已有6万人之众。直到希特勒委任海因里希·希姆莱任该组织的领导——党卫队全国领袖时，它才慢慢壮大起来，并逐步具有了举足轻重的价值。虽然党卫队在形式上隶属于冲锋队，但实际已获准各自分开，甚至在制服上也已显示出党卫队有别于冲锋队的独立性：队员们统一头戴黑帽，身穿黑色衣裤，系黑领带，脚蹬高筒黑靴，只有衬衫仍是褐色的。

▲ 罗姆（右）的冲锋队一直是纳粹党的主力，希姆莱（中）的党卫队最初仅扮演了次要角色，但他们后来居上，最终取代了前者的地位。

不过此时，希姆莱领导的党卫队和纳粹党一样，影响力都微乎其微——1929年4月，缴纳党费的党员约有15万人——没有几个德国人把他们要上台掌权的自我吹嘘当回事。然而，1929年10月24日那个"黑色星期五"，美国发生了纽约股票市场崩溃事件，这场危机迅速蔓延，导致了一场世界性的经济危机。德国受到冲击，受害尤甚。美国银行不再提供新贷款，并且开始收回旧债。其直接后果是导致许多德国企业破产倒闭，失业数字猛烈上涨。社会动荡不断加剧，很快便发展成为国家危机。

由于产销萧条，政府税收减少，而救济的支出却增加了。在如何平衡国库亏空、是提高税收还是减少支出的问题上发生了激烈的争吵，各党派的大联合也全面崩溃了。当时的德国由中间派和右派政党统治，政府总理是海因里希·勃鲁宁。由于无法争取到多数国会议员的支持，为了找出一条摆脱困境的出路，勃鲁宁在1930年7月请求兴登堡总统批准解散国会，于当年9月14日举行新的选举。这是个无法弥补的错误。勃鲁宁原本指望选举后可以在国会中得到稳定的多数席位，从而把国家从经济恐慌和政治混乱中拯救出来。但是这一愿望并没有实现，选举的结果是他做梦也没有想到的。

希特勒做了认真的准备。早在1926年11月，他就已任命约瑟夫·戈培尔博士为柏林的纳粹党地区领袖。作为崇拜希特勒的一名狂热信徒，戈培尔忠实地贯彻着希特勒的指示，奔走于德国各地从事宣传工作，在对群众的鼓动中施展出浑身解数。由于经济困难，公众惶恐不安，人们比以往任何时候都更易接受对共和国和犹太人的攻讦。希特勒许诺要让动荡不定的国家恢复秩序，由此便如磁石一般吸引来成千上万的追随者。结果，纳粹党的得票率成倍上升，赢得了18.3%的选票，一跃成为国会内的第二大政党；而两年前，它的得票数只有2.6%。社会民主党仍是国会中的最大党，但和其他党派一样，由于一些追随者倒向共产党失掉部分选票，基础受到严重削弱。

▲ 戈培尔和玛格达在1931年结婚时，希特勒是证婚人。戈培尔在8所大学读过书，取得过博士学位。他是个很有煽动性的演说家，仅次于希特勒，后者对此一点也不在乎，希特勒了解他对自己的忠诚并不亚于他的天赋。

在全国选举中获得惊人的胜利是纳粹党的一个转折点。政府和军队中的一些右派人士可能不喜欢纳粹党粗鄙的做法和作风，但却不得不承认它的确唤起了多年来受到压抑的爱国主义和民族主义的传统感情。有些人甚至在考虑，国家社会主义可能正是他们所需要的东西，可以用来团结人民，领导德国摆脱共产主义的威胁，摆脱民主政体的软弱无能，恢复原来的地位，并再一次使德国军队成为一支强劲、伟大的武装力量。当他们邀请希特勒去柏林的电报传到慕尼黑时，希特勒欣喜若狂地叫道："他们终于承认我是谈判中的一个平等伙伴了！"

希特勒来到柏林后，选择凯撒霍夫饭店作为大本营。这里处于首都中心位置的政府所在地，街道的斜对面就是总理府和总统官邸。

第二章

众矢之的

　　历史上究竟发生过多少起刺杀阿道夫·希特勒的案件，看来很难调查清楚。有关档案多已不复存在，有些凶手的名字及其案情材料也已无法追溯。迄今为止，公认的第一次刺杀希特勒的案件发生在1932年1月，地点是柏林的"凯撒霍夫"饭店。这个党魁和他的幕僚、随从经常住在这里。他总会带着两三个随从到宾客熙攘的餐厅去，坐在为他预留的桌边，边欣赏乐队演奏，边吃饭或喝茶。他像个普普通通的顾客，禁止随行非难其他客人。他周围没有隔离其他顾客的警戒线，也不带明显的身着制服的警卫。他到来之前，既无人要求客人出示身份证，查看其中是否有犹太人或共产党，他们的提箱或公文包也未受检查。

　　一天，午饭后约一小时，希特勒一行所有用餐的人全都感到不同程度的不适。有肚子痛的，有呕吐的，有的甚至昏厥。副官威廉·布吕克纳病得最严重，很长时间没有脱离危险，人们担心他的生命安全；病情最轻的却是希特勒，因为他吃得不多，而且是个素食者。医生很快就被找来，但是这种奇怪病症的起因无从查起。几乎可以肯定的是，食物里被人下了毒，只是剂量很小，不足以要人性命而已。为了掩盖这一丑闻，希特勒不同意报告警方。此案当时鲜为人知，至今也仍未查清。从那以后，希特勒继续不顾生命危险，企图以自己的公开露面来驳斥其政敌对他的贬斥和中伤，只是每天三餐都在约瑟夫·戈培尔家里吃，每顿饭食均由这位宣传专家的妻子玛格达本人和她的亲信厨师为他烹制。

在1932年7月31日的新一届国会选举中，希特勒获得了自参加选举以来最大的胜利：纳粹党赢得了37.4%的选票。尽管还不占半数，但已超过了社会民主党，一跃成为国会中最大的党派。后者又有部分选票失落于德国共产党之手。这个结果与1930年那次一样给某些人留下了深刻的印象。8月13日，兴登堡召见了希特勒，试图说服这位"画匠"和他的党参加一个联合政府。但是，希特勒回绝了，并且还要求得到一种"包括一切方面的整个国家的权力"。对兴登堡来说，这简直太过分

▲ 1932年国会选举期间，在一处投票站的入口处，纳粹（左一、左二）等各政党的工作人员，身上挂着标明本党竞选口号的宣传牌进行造势。

了。考虑到纳粹党议席的优势可以在表决时占"破坏性多数"，兴登堡在召集国会之前就下令解散了它。

1932年11月6日，又开始了一场新的国会选举。选民们已经精疲力竭，反应十分冷淡。但是，希特勒不顾财政上的困难，重整旗鼓。结果，只换来了"一场劫数"：纳粹党得票率下降到33.1%，而共产党人的选票却又增加了。现在，纳粹党员们士气低落，希特勒也疑虑重重。然而，恰恰是这一失败挽救了希特勒和纳粹党。因为政府里的保守派担心，如果纳粹党崩溃，那几百万张选票可能会转投到共产党手中。他们宁可选择"较小的祸害"。于是双方达成了妥协：希特勒答应加入一个联合政府；而作为回报，保守派也接受了他的权力要求。

1933年1月30日，希特勒终于成了所谓的"民族振兴内阁"——也是共和国的最后一届——的总理，当时他尚不满44岁。在十二个月之内，他和他的党牢牢地坐在了权力巅峰的宝座之上——他们推翻了共和国，建立了第三帝国，以其个人独裁代替了议会民主；取缔了一切其他党派、工会和所有民主结社，只留下自己的政党；解散了民选的地方政府和议会，全部由纳粹党徒接管；把犹太人驱逐出了政治生活和职业界，取消了言论和出版自由；扼杀了司法独立，以臭名昭著的"人民法庭"作为实施政治处罚的最高机构取代了国家法庭——从而使一个历史悠久的国家的人民的政治、经济、文化和社会生活"一体化"。

在纳粹党上台后的第一次职务分配时，希特勒的那些帮手纷纷在政府中占据了一席之地：戈林担任了不管部长，不久又担任航空部长；戈培尔则出任新成立的公共教育部和宣传部部长；而希姆莱却受到了冷落，仍然留在慕尼黑坐镇。他只好耐心等待，以惯有的勤勉继续履行一直在做的工作。没有人预料到，这个党卫队全国领袖有着不可低估的政治野心，他懂得如何利用某些凶讯来大肆鼓吹，危言耸听，以引起人们对他的瞩目。

▲ 成为德国总理的首日，希特勒站在总理府一扇打开的窗户前，向欢天喜地朝他狂热欢呼的支持者们敬礼致意。

在1933年的前几个月里，柏林收到数百件希姆莱送来的密报，都是有关刺杀新总理的阴谋。有的说共产党正在萨尔秘密策划，有的说听到犹太人在瑞士巴塞尔搞阴谋，还有的则说获悉无政府主义者在西班牙巴塞罗那密谋……正是由于报信人过度的热情，柏林警方才会保持高度警惕。收到的密报都被调查处理，但是它们大部分都是基于道听途说的言论之上的，不足为信，然而其中有一件事却被认为是有价值并应该重视的。

柯尼斯堡有一个名叫卡尔·卢特尔的造船木匠和几个德国共产党员一起，计划炸死希特勒。卢特尔同他的朋友们至少开过两次会，商定了这一谋杀计划的各个细节。然而由于行动不谨慎，他们的预谋被一个密探发现。值得庆幸的是，这些共产党是被警察而不是被纳粹逮捕和审讯。虽然搜查扩大到他们的亲戚朋友的家宅，但毫无结果，既没有发现武器，也没有发现炸药——可能还没有开始准备，此外也无证人，亦未查获任何书面材料。到年底时，卢特尔等人终于被对他们提出起诉的最高检察院以证据不足而释放出狱。

希特勒在安全方面表现得像是个赌徒。面对真真假假的行刺警报，他既不减少在公众场合抛头露面的冒险活动，又一直提心吊胆、疑神疑鬼，生怕真的遇上暗藏的刺客。于是，他指令希姆莱尽快建立负责保卫自己的第三支本部警卫，后者挑选了约瑟夫·"泽普"·迪特里希担任队长。迪特里希是一位性格直率的巴伐利亚人，自由团的退役老兵，参加过啤酒馆政变。迪特里希于1928年参加了党卫队，不到一年便进入了希特勒身边的核心圈子，也成为那些非专业保镖中的一员。

1933年3月，迪特里希从党卫队里挑选了120名身强力壮的小伙子，成立了"柏林党卫队本部警卫"。其中多数人从前就是希特勒的私人卫队成员，干过类似的差使。他们齐整的外形尤为显眼：个个都具有金发碧眼的北欧人外貌，队员身高为1.78米，军官1.80米；队员必须是1800年以前的"雅利安人后代"，军官的雅利安血统则一定要追溯到1750年才行；身上穿着整洁的黑色制服，腰束白色皮带，手上戴着白手套，让人既害怕又敬畏。他们在希特勒的办公室和总理府内外布置起三道警戒线，任何来访者都必须通过层层岗哨才能见到总理。不过，各项规定虽然极其严格，但执行起来就不那么严了。警卫们经常被迫违反这些规定，例如，不许他们检查戈林、戈培尔等纳粹要员的随从，连不认识的也不行。

希特勒最初从中挑选了17个眉清目秀、身材魁梧的忠实门徒作为直接随从，后来扩大为一支由40人组成的分队，其中10名军官、30名士兵。他们必须全天保护他，根据情况时紧时松，工作岗位也经常轮换。除了有一人必须寸步不离地跟着希特勒，其他不当班的随行则充当男仆、招待员、勤务兵和传令兵。他们的射击技术高于一般水平，而且，在发生行刺的情况下，他们必须扑到元首前面，用自己的身体去保护元

▲ 站在希特勒（中）和希姆莱（右）身边的"矮个"男子就是迪特里希（左）。该照片摄于
1933年，而在一年后发生的"长刀之夜"大清洗中，他和他的手下赢得了"刽子手"的恶名。

首的安全。

这支卫队最早驻扎在亚历山大兵营，1933年初秋，又以"柏林警卫营"的名义迁入利希特菲尔德军事学院的旧营房。在当年于纽伦堡召开的纳粹党代表大会上，希特勒还亲自给他们命了名，称"阿道夫·希特勒党卫队警卫旗队"，并赠送他们一条格言——"我们的荣誉是忠诚"——作为座右铭。到这年11月时，整个警卫旗队的人数已经超过了800人。在啤酒馆暴动10周年纪念活动上，他们向希特勒宣誓效忠。仪式在午夜举行，年轻的队员表情严肃，借着火把的亮光，他们异口同声地重复誓词："我要忠心耿耿，英勇无畏。我向您（元首）及您任命的长官发誓：我要至死服从命令。"

那时，警卫旗队已经开始守卫德国总理府、柏林的主要机场、众多

▲ 图为训练场上的警卫旗队成员。作为希特勒最信任的人，只有警卫旗队才能把元首的名字镶在制服袖口上。

行政部门以及希特勒在贝希特斯加登附近上萨尔茨山上的"瓦亨弗尔德"别墅（"伯格霍夫"这个名字是后来起的，意思是"高山城堡"）。在执政的第一年中，希特勒有一半时间在柏林，另一半时间在慕尼黑度过。而每到慕尼黑，他总要去贝希特斯加登。这个地方成了纳粹信徒和爱凑热闹的人的"朝圣之地"。这座白色的山村牧人木屋并不大，游客（或恐怖分子）可以走到距离元首几米远的地方，甚至可以向他献花，或表示崇敬之意。其中有穿制服的人，他们一般不会引人怀疑。

但是，有一天，人群中一个身穿冲锋队褐衫的人的行为似乎有些异样，他古怪地盯着元首看。当警卫正要去抓他的时候，他就在拥挤的人群中消失了。后来这人又回来了，这次终于被2名警卫逮捕，从他身上搜出一支装满子弹、打开保险的手枪，他的意图很清楚。他所供认的名字是假的，调查也无法弄清其身份。有关此人的确切情况及其后的命运，都不得而知。希特勒担心刺客不是冒牌的褐衫党徒，而是他自己的冲锋队员。

在纳粹夺权的第一年里，冲锋队迅速扩大，上百万随大流的人们加入了它的行列，希望分享胜利果实。罗姆发明了"第二次革命"这一口号，意指要对德国政府和军队进行更为深刻的变革。可希特勒不想这么做。为了恢复德国的大国地位，实现扩张的长远目标，他需要资本家的合作和军队的帮助；冲锋队固然充满政治热情，但只是一群没有经验的乌合之众，反而会毁了他的全盘计划。

随着冲锋队人数的激增，队员们变得越来越有恃无恐、无法无天。罗姆习惯明火执仗地蛮干，始终横眉怒目，把谁也不放在眼里，包括希特勒在内。为了炫耀力量，他从国外购买武器，然后分发给冲锋队，训练他们，举行军事演习。相比之下，残暴有余，谋算不及。希特勒玩起了两面手法：在公开场合好言安抚罗姆，暗地里却要戈林和希姆莱收集有关冲锋队是否忠诚的情报。戈林和希姆莱是罗姆在纳粹党内的主要对

▲ 1934年4月，戈林（右）和希姆莱（左）签署协议，授权党卫队控制普鲁士的秘密警察——即"盖世太保"。随后组建的国家秘密警察沿袭了"盖世太保"这个名字，并使这个名字迅速成为恐怖的同义词。

手，早就急不可耐地想干掉他了。

　　收集情报的事由戈林、希姆莱通过他们各自的情报机构来进行。戈林的情报机构是普鲁士地方的政治警察改编而成的，戈林把这支队伍命名为"国家秘密警察"，而一名负责把单位名称缩写成免费邮戳的邮局职员发明了"盖世太保"这个词语；希姆莱的情报机构是希姆莱野心勃勃的副手莱茵哈德·海德里希指挥的党卫队保安处（缩写SD）。他们利用一些冲锋队领袖酒后的胡言乱语编造了一份单薄的报告，说罗姆即将举行暴动。希特勒对此深信不疑。1934年6月30日，他命令戈林、希姆莱和海德里希发动了后来被称为"长刀之夜"的大清洗运动。

　　天刚蒙蒙亮时，希特勒本人飞往慕尼黑，在避暑小城巴特维西逮捕了正在那里疗养的罗姆和他的主要部属。抓来的冲锋队领导人都被装上大轿车，在准备送往慕尼黑施塔德尔海姆监狱时，一辆坐有40名武装冲锋队员的卡车开了过来。他们是罗姆"司令部的卫兵"。威廉·布吕克纳高声命令他们立即返回慕尼黑，他们不听，只愤怒地望着那位副官。希特勒走上前来："难道你们听不懂他的命令吗？""是，我的元首。"这伙卫兵异口同声地答道。卡车开走了。但是，他们在走出一段距离后便停了下来，在路的两边架起机关枪，等待着希特勒的到来。而此时，希特勒选择了走另外一条路兜了一个大圈离开。

　　元首警卫旗队奉命担任主要的行刑任务。"泽普"·狄特里希亲率2个连乘坐向军队借来的飞机赶到慕尼黑，在施塔德尔海姆监狱内枪毙了罗姆及其僚属。上巴伐利亚冲锋队首领奥古斯特·施奈德胡贝尔看到监刑人原来是老战友狄特里希，冲着他大声喊道："泽普，我的朋友，发生了什么事？我们都是无辜的呀！"狄特里希板着脸孔，唰地立正，说："元首已经判处你们死刑！现在开始执行。希特勒万岁！"枪声随即在院中回响。狄特里希监斩了几人，轮到施奈德胡贝尔时，他的神经也受不了了，"我已受够了！"说完就离开了现场。

▲ 1934年6月30日早晨，罗姆正在图中这座宾馆里治疗风湿病时，希特勒发动突然袭击，以叛逆罪逮捕并处死了他。

　　与此同时，在首都柏林，党卫队进行了第二次行动。一批又一批的"罗姆叛逆分子"被抓进利希特菲尔德军营，不审问、不开庭就排在一堵墙前被警卫旗队的行刑队枪决了。运尸体的卡车还未开出大门，新的犯人又已运到。而在德国各地，党卫队和盖世太保的行刑小分队也大开杀戒。受害者不仅限于冲锋队，还有很多对纳粹持批评态度的反对派人士，其中就包括曾于1923年镇压过啤酒馆暴动的古斯塔夫·冯·卡尔。

　　在这次清洗中到底有多少人被杀，数字一直没有确定过。行刑队的枪声平息后，戈林亲自命令有关机构立即销毁全部档案和记录。各报也接到宣传部的指示，不准发表任何私人的讣告和悼词。恐怖的凶杀被说成是国家的正当防卫，是合法的。官方宣布枪决了61人，其中包括19名冲锋队高级领袖，还有13人因"拒捕"被杀，3人"自杀"，总共77人。实际上，已经有几百名所谓的"国家公敌"的反对者或"不受欢迎"的人未经审判就被杀害，而被投进由党卫队管理的集中营遭非法关押的则高达数千人，其中既有左派也有右派。

鉴于党卫队在镇压冲锋队行动中的杰出表现，希特勒奖赏了希姆莱和他的部下。狄特里希得到了高官厚禄，但同其他这场大屠杀的参与者一样，他也必须发誓对这几天里所见和所干的事永远保持沉默。7月20日，希特勒又下令，"提升党卫队为一个独立的组织"。两个月后，元首批准希姆莱成立了2个新团，和警卫旗队一起，组成"党卫队特别机动部队"。他决定，这支新部队不应只是庆典警卫的工具，还要成为一支真正的战斗部队，从而提供了未来武装党卫队（即党卫军）成长的胚胎。

1934年9月5日，当希特勒让人在纽伦堡举行的全国党代表大会上宣布，国家社会主义革命业已结束时，德国处于公墓般的平静中。上千万

▲ 党卫队特别机动部队的成军式。起初大部分时间用在检阅以及担当元首的侍卫上，到后来逐步发展成一支残忍高效的作战部队。

的德国人受到恐吓，不得不保持沉默。幸存者，凡未遭迫害而又没有流亡的，都纷纷转入地下，开始形成早期的抵抗运动，伺机东山再起。反对派组织最初都是自发形式，有一定的偶然性。他们认识到，只能以牙还牙用暴力来推翻这个暴君，从而涌现出一些企图刺杀希特勒的刺客。这些刺客，不论个人还是组织，专家还是外行，都是独立行动，和其他方面尚无联系。

贝波·勒默尔便是其中之一。他是参加过第一次世界大战的战斗英雄，当过"自由团"首领，起初加入纳粹党，后来又投奔了共产党。此人思维缜密，处事谨慎。他单枪匹马在总理府附近窥测多时，对保卫措施中的漏洞——做了记录，探索着刺杀的时机和可能性。他喜欢冒险，为了自己的信仰，可以牺牲生命。希特勒也认为"世界上还没有一种良药，可以对付为了自己的目的而不惜拿生命当儿戏的、具有理想主义思想的谋杀犯"。但是希特勒既不减少在公众场合抛头露面的活动，也

▲ 希特勒把对领袖的个人迷信推到了无以复加的地步，并尽力展现自己是群众崇拜的偶像。追随者的崇拜对制造这种崇拜的人来说是一种享受，但也带来了安全上的某种隐患。

不克制自己乘车或飞机出游的兴致。国家大事很少能让元首长期待在首都，他总是不停地带着随从出游德国各地。

希特勒早年很热衷汽车，1923年他就已拥有一辆红色的 梅赛德斯-奔驰轿车。之后，他又获得了一系列汽车，主要仍为 梅赛德斯-奔驰大型高级轿车。这些车用于私人事务或是政治活动。希特勒上台后，所有车辆都经过特别改装，成了有防弹轮胎和5厘米厚的车窗的装甲车。据说这种车既可以防御炸弹，还能防轻武器射击。但是为了表现自己，他经常"故意接近人民"。希特勒最喜欢坐敞篷车巡视，尽管它有明显的安全缺陷，对他来说，频频出现在公众视野里显然比人身安全更重要。他还偏爱高速飞车，时常命令司机开快车，把警卫车远远地甩在身后。

这对希特勒来说也许是种享受，但往往也会带来麻烦，特别是在农村。在农村，当有人透露，元首的车队将从某一路线经过时，有关的村长和地方纳粹党组织领导就会组织群众欢迎，还要装腔作势地致欢迎辞。凡是遇到这种情况，如果希特勒有急事在身，他就会让人拨开人群，夺路而走。可是，一些欢呼雀跃的农民为了不让元首轻易走掉，甚至干脆把粪车横在路上，迫使他停车。后来，若是他坐车中途要经过农村，那么他情愿夜间行车。另外，出行的目的地直到临出发时，方才通知陪同。

当时还没有高速公路，且有的道路质量很差，因此有时不得不绕道，所以，只要有可能，这个独裁者更情愿乘飞机。新总理拥有一支私人飞行队，使用当时很普遍的运输机——"容克Ju52"。希特勒是那时第一个动用飞机作为竞选工具的政客。30年代初期，他就开始了全新尝试，多次乘坐飞机在德国全境东奔西跑，风雨无阻地参加各地的竞选活动。飞行的安全措施极其严格。只有元首的私人飞行员汉斯·鲍尔才可以驾驶飞机，他永远不能透露目的地，甚至对机场官员也不可以透露。这架编号为D-2600的飞机平时停在柏林机场一个牢固的机库内，由警

▲ 希特勒身穿遮风挡雨的皮衣，头戴皮帽，正和他的私人飞行员汉斯·鲍尔（右一）研究飞行路线。在一个大多数人从未坐过飞机的年代，希特勒经常乘飞机旅行。纳粹分子鼓吹这种"勇气"正是德国所需要的。

卫旗队派专人负责看管，一组经过严格审查的工程师进行维修。每次起飞前，都要进行15分钟的试飞，而且严禁携带未经许可的包裹、邮件和行李。

希特勒的随从虽然不能透露元首的活动，但刺客总可以从纳粹的机关报——《人民观察家》上发现他的行踪。作为老兵和爆破专家，贝波·勒默尔在能力和知识上都具备枪杀希特勒或炸毁其坐车的条件，可他在1934年6月的大清洗中被捕，虽幸免于大屠杀，但被投入了达豪集中营。他能活着简直是个奇迹。像他这样的冒险家，到处都有自己的朋友，哪怕敌人的集中营也不例外，因此他不是那么容易被消灭的。

此后，一个以赫尔穆特·米利乌斯博士为首的反对派组织，和由保罗·约瑟夫·施蒂默尔博士领导的另一个抵抗支部，也都在蓄谋行刺。可惜他们的伪装并不巧妙，都在动手之前就被破获，有关他们以后的命运，档案中没有记录。还有一个"马克维茨"小组，主要由社会民主党人、工会活动家和资产阶级组成。他们也在地下活动，任务是张贴传单，散发禁书，隐藏受迫害者或者把他们送到国外，并设法与其他企图刺杀希特勒或推翻纳粹统治的人建立联系。盖世太保成功地把一名探子打进了该组织的通讯机构。1935年5月，小组被破获，其成员有的被处决，有的自杀，有的逃亡国外。

他们的行动就像口袋里藏着打开保险的手枪在柏林街道上窥视希特勒的犹太青年达维德·弗兰克福特一样，是一种绝望的反抗。弗兰克福特曾是法兰克福大学的一名医科新生，但入学不久就逃亡瑞士。在背井离乡的日子里，他读到纳粹迫害犹太人的报道。对他来说，比侮辱和掠夺更为严重的是嘲弄犹太人是胆小鬼。他认为必须奋起反抗，向全世界证明犹太民族并不缺乏消灭独裁者希特勒的勇气。但是因为不可能接近希特勒，所以他想至少也要杀死一名纳粹地方大员。1936年，弗兰克福特成功进行了一次近乎完美的刺杀行动。

弗兰克福特决定选择刺杀生于德国的瑞士国家社会主义运动领导人威廉·古斯特洛夫。他回到瑞士后，便开始研究古斯特洛夫的日常生活，记住他的行踪，并随身携带他的照片。他还买了一把左轮手枪，在伯尔尼的一个射击场练习。2月3日这天，弗兰克福特买了一张去达沃斯的单程车票。第二天去了古斯特洛夫的住处，平静地按下门铃，请求接见。他被带进书房，坐在希特勒画像下等候。等古斯特洛夫一进门，弗兰克福特就对准他的胸部和头部连开5枪，然后逃离了现场并打电话到警察局自首。他束手就擒时说："我开枪，因为我是犹太人。我非常清楚自己所做的事，没有一丝遗憾。"

与此同时，一些流亡国外的改弦易辙的前国家社会主义分子和在不久前还曾受到他们迫害的人走到了一起。这些过去的敌人如今有着共同的目标，于是结成了某种盟友关系。格利戈尔·施特拉塞曾是纳粹的第

▲法庭上的达维德·弗兰克福特（中）。他来自南斯拉夫，他的父亲是一个犹太教拉比（Rabbi，犹太人中的一个特别阶层，担任犹太人社团或犹太教教会精神领袖或在犹太经学院中传授犹太教教义者）。

二号人物，负责纳粹党的组织工作。他和他的兄弟奥托——一个激进的记者——被认为是希特勒在意识形态上的主要对手。他们对纳粹党的"社会主义成分"看得远比希特勒认真。格利戈尔主张与工会结盟，支持罢工，把重工业和大地产收归国有。最终他同希特勒反目，于1930年夏被开除出党，后来他成了反纳粹的"黑色阵线"领导人。

格利戈尔没有立即离开。1932年12月，兴登堡曾任命库特·冯·施莱彻尔将军出任政府总理，后者有一个分化纳粹党的计划。他企图把格利戈尔及其所领导的"左翼纳粹党人"拉到自己一边来，和工会再加上其他政党重新在国会中取得多数席位。格利戈尔左右为难，他对纳粹党仍是忠心的，所以最后辞去了党内一切职务，从此退出了政治生活。希特勒立即清除了他的支持者，但始终耿耿于怀，在6月30日那个血腥的夏天周末，他和他们算清了旧账。

那天早晨，在柏林郊外施莱彻尔的别墅门口，一队穿便衣的盖世太保在按门铃。将军的厨娘领着他们来到书房。他们看到将军正在写文件，其中一个便问他是否是施莱彻尔本人，前总理抬起头回答说"正是"。话音未落来人便开了枪，施莱彻尔当场被击毙。几小时后，格利戈尔也遭遇了同样的命运。他是中午在自己寓所的餐桌前被捕的，然后被关在秘密警察总部地下室的牢房里，行刑手从观察孔向他射击，他企图在空旷的牢房里寻找掩护，最后终于身中数弹倒地，直到这时那个行刑手才开门进来，给他补上了致命的一枪。官方宣布前总理是因拒捕才被打死的，而格利戈尔的死因则是自杀。

哥哥死后，弟弟便开始筹划复仇，奥托·施特拉塞一边募集资金、收集情报，一边网罗愿意潜入德国击毙希特勒的刺客。施特拉塞兄弟曾多年待在希特勒身边，了解有关其行止的情况。为防有人加害元首，保安处曾试图打入这个流亡者圈子刺探情况，但是一无所获，只是警告说可能会发生谋杀事件。直到1936年底，奥托终于找到了志愿者，准备作第一次尝试。为了使这次行动具有象征意义，他计划在纳粹党举行党代会的"圣城"纽伦堡采取行动。希特勒每年都要在那里利用声势浩大的游行、演说和阅兵来进行宣传。

一个自告奋勇的学建筑的犹太大学生赫尔穆特·希尔施具体执行这

▲ 1927年，在纽伦堡举行的第一个建党日集会上，站在希特勒身后的就是格利戈尔，他是个身材魁梧而人很随和的药剂师。他不愿按希特勒的要求绝对效忠，声称自己是一个同事而非追随者，被视为希特勒在纳粹党内领导地位的挑战者。

次任务。这个刺客出生在斯图加特，能讲士瓦本方言，因此可以在德国各地自由行动，而不会引起怀疑。希尔施已学会使用炸弹，届时他将潜入会场，把炸弹放在讲台附近，然后在关键时刻引爆。不过行动一度由于希尔施的固执产生了麻烦。他坚定地表示，除了希特勒还要同时消灭德国最臭名昭著的反犹分子尤利乌斯·施特赖歇尔。后者是反犹周刊《冲锋队员》报的出版人，主要刊登一些语言粗俗下流的文章和漫画，指责犹太人犯下了许多骇人听闻的罪行。

由于内容过分粗鄙，连一些纳粹高官都感到难堪。尽管如此，希特

▲ 戈林（左）、施特赖歇尔（中）和戈培尔（右）。

勒却特别喜欢这份报纸，称这是唯一一份他从头读到尾的报纸。他非常欣赏这位主编的活力和狂热，施特赖歇尔则忠心耿耿地追随元首。他的努力自然而然地赢得了主子的欢心，野心也得到了丰厚的回报：在纳粹的政治版图上分得了一杯羹，当上了上巴伐利亚地区纳粹党的领袖，其辖区就包括纽伦堡。奥托好不容易才找到一个两人将同时出席的大会。在从布拉格秘密返回德国之前，希尔施曾要求奥托做出确实保证，他相信，希特勒一旦被炸死，他的委托人将接管纳粹党，他希望奥托届时能够缓和他的施政纲领，特别是取消反犹目标。

1936年12月20日，希尔施到达斯图加特。他用护照上的名字在旅馆登记住下，然后提前来到纽伦堡，同几百名好奇的游客一起，参观了纳粹举行党代会的齐柏林广场，同时设想着炸弹的应用结构和爆炸力。三天后，他将在约定地点取出由某位信使从其他途径带来的炸弹。但是，希尔施还不知道，送炸弹的信使已经在入境时被发现并遭捕获，在盖世太保的残酷刑讯下很快就招供了。由于他知道刺客的姓名，因此警方只要查阅德国各旅馆报来的住宿登记表即可。警察在斯图加特查到了线索，并一直追查到纽伦堡。希尔施被捕，在审讯中他供认是其后台奥托·施特拉塞提供的情报和炸弹。希尔施后来被判处死刑，当即执行。

尽管如此，奥托·施特拉塞并没有停止战斗，他继续在维也纳、布拉格和巴黎策划新的刺杀行动。党卫队经常发出通报，要求人们注意一些知名或不知名的流亡者、重返故乡的叛变者，可往往是虚惊一场。但是，两年后，又有两个名叫德普金和克雷明的男子被怀疑是刺客，还有另外三人——卡尔·霍夫曼、埃里希·舒尔茨和威廉·托施以犯有蓄意用炸弹谋杀的罪行在柏林普洛岑西监狱被处决。该案的案情从未透露过。在奥地利、捷克和法国被占领之前，"黑色阵线"始终悄无声息地给希特勒头上投下巨大的阴影。

另外，还有一些狂人、酒鬼和精神病患者扬言要杀死希特勒。刺杀

◀ 赫尔穆特·希尔施生前的照片及为纪念他而立的墓碑。

威胁频频袭击总理府。警卫们费尽心机，但是往往一疏忽，事故就接连发生。1937年1月11日下午2点30分左右，一名失业的商业掮客越过街边的栅栏，从厕所窗户爬进了政府大楼，身上带着手枪，警卫旗队居然毫无察觉，反而是一个机警的清洁女工发现了他，后来他未经深入盘问就被释放了，直到卫队司令回来知道此事后，才重新逮捕了他。一个月后，即2月14日，一个名叫弗兰茨·克罗尔的屠夫毫无阻挡地混过了重重岗卡，他喝得酩酊大醉，不知不觉走进了政府大楼，直到他想去元首办公室控告警察没收他135马克时才被抓获。

事后，有关的违纪警卫受到了处分，值班制度也得到了加强，但是，欲与元首"谈话"的不速之客并未因此而绝迹。在戒备森严的总理府花园里——喜欢动物的希特勒下午有时在这里喂松鼠或带着他的猎犬"布隆迪"散步——有一次发现了两个女人，她们佯装散步混进了警戒区，其中一人身上藏着匕首。1937年11月26日又发生了一件事：一个前不久刚从某家精神病院出院名叫约瑟夫·托马斯的病人，带着一支压满子弹的手枪混进了政府大楼，但是被及时发现。被捕后他声称，他只是想来此"找元首或赫尔曼·戈林谈话"。此人后来被移交盖世太保，结果如何，没有传闻。

面对前仆后继的刺客和层出不穷的刺杀威胁，希特勒对自己的安全也持矛盾态度。一方面，为了表现自己是群众的崇拜偶像，必须尽量显得在其四周没有任何警卫，特别是穿制服的；但是，另一方面，他的内心仍被深深的恐惧所噬啮，害怕在实现自己的"抱负"之前被某个"罪犯或白痴"谋害。希特勒不愿意再毫无必要地冒险，并下令大力加强自己在公众场合出现时的保安措施。

在此期间，希姆莱已被希特勒任命为德国全国警察总监，之前一直属于各地方自行管理的警察，以及秘密警察——盖世太保，都被集中交给这位党卫队全国领袖统一领导。它们与党卫队、保安处和集中营相辅相成，成为纳粹实施恐怖统治的绝好工具。盖世太保和保安处后来被整合为党卫队中央保安局（RSHA），由赖因哈德·海德里希出任局长，它的工作之一就是负责第三帝国全部权贵的安全保卫事务。

海德里希成立了一支由专业警察组成的新的元首护卫队。该护卫队最初只有45人，后达到200多人。队长是粗暴好斗的警察上尉汉斯·拉滕胡贝尔。其成员主要穿便服，任务是防止暗杀元首的危险的发生，侦查这些阴谋，把它消灭在萌芽阶段。起初，没有计较队员的政治可靠性，有些人不是党员——难怪希特勒除了他信任的警卫旗队，拒绝任何其他机构的保护。最后，希特勒总算接受了这支卫队，不过仍然坚持在他周围工作的每一位警官都必须要由自己亲自挑选。

保安局的便衣警官们和元首的警卫旗队并列存在，它们之间相互猜忌、竞争，也常因争权夺利发生一些摩擦。当然，希特勒本人也是祸根，因为他的命令往往自相矛盾，再则他极其讨厌在公众场合躲在随行的彪形大汉身后。所以，在职权范围相互重叠的情况下，不得不重新进行了明确分工，建立起各自的势力范围。解决办法是：由警卫旗队承担元首在总理府内和外出参加重大活动时的护卫和仪仗工作；保安局则提供专业的技术支持，包括对元首将要访问的地点持续进行监视，检查进出的人流和车辆，以及逮捕可疑人员。

◀ 海德里希曾在海军服役，后因行为不检被开除，但这似乎并未影响他与妻子的关系。作为狂热的民族主义者，海德里希的妻子设法安排他与希姆莱见面。侥幸通过面试后，海德里希得到了组织党卫队的情报机构——保安处的工作。

▼ 盖世太保总部位于柏林阿尔布莱希特亲王大街8号，这个地方随着他们的到来很快变得声名狼藉。盖世太保刚开始只有35名成员，到1935年增至607人，而在其最高峰时，雇用了2万人充当特务。

　　这种严密的保安措施形成了一道难以攻破的屏障，使单枪匹马的刺客没有能够进入射杀元首范围之内的可能。从此以后，要想谋杀元首，刺客必须来自他的核心权力集团。有一些有影响力并且身居要职的文职人员，还有一些不那么知名，并且大多都比较年轻，从一开头就反对纳粹的人，逐渐结成了各种各样的反抗集团。不过，对于这些反对希特勒的人来说，他们极为微弱，不仅人数少、力量弱，还没有统一的组织，更没有武装，也没有群众基础。第三帝国只有一群人有能力完成这样的任务——他们就是德国军队的军官们。

▲ 1936年，希姆莱（左二）参观一个扩大后的达豪集中营模型。它的扩建和同年萨克森豪森集中营的建立，及次年布痕瓦尔德集中营的建立，标志着党卫队决心将预防性拘捕作为一个永久性的武器来使用。

1934年2月，希特勒在柏林国家歌剧院外欢迎兴登堡总统参加某次纪念仪式。当时兴登堡和他的那些保守派官僚还认为能控制住希特勒，但结果正好相反。

第三章

原形毕露

1933年2月3日，成为德国总理四天后，在庆祝外交部长康斯坦丁·冯·诺伊拉特60岁生日的晚餐会上，希特勒首次会见了他的军队的高级将领。双方都想摸清对方的底。希特勒以十分得体的语调讲了大约一个半小时的话，将军们也以得体的姿态洗耳恭听。他说，他在写作《我的奋斗》（10年前在服刑期间口述的一部体现自己世界观的回忆录）的时候就已经说过，德国必须要在东方有生存空间，而且必须准备用武力来取得它。为此，现在就应当着手国防军的建设。他发誓要重振德国军事力量，并且将整个国家"紧密团结在一起"。

不过，在那天晚上的大部分时间里，这位前下士和他的将军们在一起时看上去有点拘束，毕竟这些人不是出身于容克贵族，就是军人世家的后裔，身上深深地打着自豪感和优越感的烙印，他们对希特勒这个出身低微的狂妄的暴发户总不免投以几分不屑的眼光。希特勒的话使在座的军官们与其说是振奋，倒不如说是惊讶。但是，这些将领并不反对希特勒，他的那些扩充军队、振兴德国之类的响亮口号，他们也不能不无所动，甚至抱有一定的幻想。他的书被认为只是"一种宣传"。最重要的，也许是他已重新唤起了德国人民对国家的信心和使命感。只要他能继续给德国带来安定，他们对他还是准备采取容忍的态度。

而希特勒也不信任这些将军。他已经意识到他们之所以拥护他，只是想利用他为他们自己的目的服务。既然这个保守的贵族和军官阶层很难被争取过来，那么他本能地就认定他们对自己的绝对权力无论如何都是个永久性的威胁，因而把他们看作是心腹之患，处心积虑地想要把他们紧紧地控制住，或者彻底消灭掉。但是，至少目前，在表面上，希特勒还是尊重他们的，而且忙着恢复他们的军旗、乐队以及礼仪和特权。只有少数比较正直、进步和开明的德国军官的内心出现不安，他们担心这个"疯子"对外的野心图谋、对内的违法乱纪的举动以及制造恐怖的骇人伎俩，会给德国人带来灾难，把德国推上走向灭亡的道路。

此时希特勒还没有最后掌握军政实权，有几个人准备向他提出挑战，陆军总参谋长路德维希·贝克就是其中的一位。从出身来说，贝克将军既非容克贵族，也不是军人世家，他的父亲是个工程师兼商人，并拥有一处铁矿。贝克在中学毕业后，就选定军人作为终生职业。这位将军身材修长，举止儒雅，才智出众，外表和气质都显示出他更像是个善于思考的哲学家，或者知识渊博的学者，而不大像职业军官。他为人处事十分机智、圆滑，长于辞令，特别善于调和争端，做到不伤双方感情，不使任何一方有所难堪。贝克将军还是个保守的民族主义者，不信任他的新主子。他与希特勒在1934年6月底就从根本上发生了冲突。

自从德国开始秘密重整军备以来，贝克被任命为陆军总参谋长，并擢升为上将。对于这一次晋升，他在给朋友的信中诉说了自己内心的烦恼："说实在的，我是被迫接受这个荣誉的，我是违心的。"1934年6月29日同希特勒会面时，贝克对他说，他接受高位的目的，不是要建立一支征服别国的军队，而是要建立一支能保卫国家的军队。希特勒用威胁的口吻反驳了他的话："将军，军队存在的目的不是准备打仗，就不

▲ 贝克（中）对科学技术有着浓厚兴趣，与其说他是个军队统帅，倒不如说是个军事理论家。贝克一直未能亲赴前线指挥作战，向世人展示他的才能，而命运注定他要发动一场自己从未想过的政变，并最后为此付出了生命。

可能建立起一支具有存在价值的军队。为着和平而准备的军队是不存在的。军队之所以存在就是为了赢得战争。"在离开之前，贝克预言性地提醒希特勒说，新的战争将成为多条战线上的冲突，德国也将灭亡。

贝克返回了位于班德勒大街13~14号的国防部大楼，在那里他接到和他同一天成为国防军保卫部（情报侦查和反间谍机关）负责人的威廉·卡纳里斯海军少将打来的电话。后者警告他，有消息说，希特勒正在着手清洗，消除所有反对他的政权的人，被监视的人中就有他们的老同事、前任总理库特·冯·施莱彻尔将军。贝克知道他必须迅速行动，于是派了一位朋友前去警告施莱彻尔他即将面临的危险。这位朋友正好要动身去日本，他愿意带施莱彻尔同行。然而，施莱彻尔却不以为意，表示拒绝，"因为他不愿意开小差"。第二天中午12点刚过，施莱彻尔就被盖世太保击毙于自家别墅书房的写字台前。那天和其后的几天，还有不少希特勒认为对他掌权有威胁的人都被暗杀。

国防军一直不满冲锋队过火的暴力行为，希望除掉他们，但又不想直接参与，而使自身名誉受损，便为党卫队提供枪支弹药和交通工具。可希特勒不光杀死了罗姆和他的部下，还谋杀了其他所谓国家敌人的无辜的人，包括施莱彻尔这样的军界元老。可以想象，这很有可能会招致国防军采取对抗措施，这种担心使希特勒不免胆寒。然而，什么事情也没有发生，军队没有采取任何行动，一些高级军官只不过提出抗议而已。这是一个无可挽回的错误！他们没有想到，希特勒总有一天也会像对待冲锋队长们那样对付他们。

已退役的前陆军总司令库特·冯·哈默施泰因·埃克沃德男爵和埃尔温·冯·维茨勒本将军认为暗杀施莱彻尔是对军人无可原谅的侮辱，激起了他们无比的愤慨，不懈地试图要求为施莱彻尔恢复名誉。希特勒不得已，只好扯了个谎，说将军是被误杀的。贝克和新任命为卡纳里斯副手的汉斯·奥斯特上校参加了为施莱彻尔送葬的行列。他们穿着全副军装，拿着放着已故将军获得的勋章的绯红色坐垫，跟在佩戴黑色荣誉标志的黑马和殡车后面到火葬场。兴登堡总统也要求法院对施莱彻尔被枪杀一事进行调查。希特勒应允了一切，因为他清楚地知道，这位老头儿已经活不了几天了。

◄ 施莱彻尔（右）被同事形容为"幕后的角色比在大庭广众之下抛头露面更适合他"。事实上，施莱彻尔名字的德文意思就是"阴谋家"或"鬼鬼祟祟的人"。但施莱彻尔相信自己所做的都是为了国家远离政治混乱。

1934年春，兴登堡病重，回到他东普鲁士的庄园养病。到了夏天，他的身体一天比一天坏。这年8月2日上午9点，他终于逝世了，享年87岁。贝克和其他的将军悲痛万分，忙着安排和举行葬礼，施莱彻尔的事被放在了一边。当全军和全国还在哀悼他们的老元帅时，希特勒却在策划一场"政变"。兴登堡去世的前一天，希特勒擅自宣布了一项内阁特别法令。他无视宪法的规定，以内阁总理的身份继任了总统的职位，接手了领导国家和武装部队总司令的最高权力。总统的职衔被取消，其职务与总理合并。希特勒的新头衔将是"国家元首"，用他自己的话来说，"总统"一词显得"太民主化了"。

老总统死后的第二天，希特勒又对国防军发动了一场突然袭击。他迫不及待地要军队全体官兵对他个人而非对德国或对宪法宣誓效忠。德国各地的国防军都举行了类似的仪式，军官和普通士兵一手握着国旗，一手拿着圣经，背诵着誓言："我在上帝面前作此神圣的宣誓：我将无条件服从德国国家和人民的元首、武装部队最高统帅阿道夫·希特勒，作为一

◀ 1934年8月，国防军全体官兵按照希特勒的命令向其个人宣誓效忠，而6个月前，国防军已在军装右胸及军帽上加上了象征国家复兴的鹰徽和纳粹卐标记。

个勇敢的军人，愿意在任何时候为践行此誓言不惜牺牲我的生命。"

贝克将军也背诵了同样的誓言。仪式结束以后，他大踏步地向僻静的街道走去，并悄悄地跟他的同伴说："今天是我一生中最悲惨的日子。……这是决定命运的时刻。（这个誓言）意味着身体和精神上的自杀。"再走几步，贝克又停下来说："他给我们来了个措手不及。我们没有意识到这是一种全新的誓言。"后来，贝克将军头脑逐渐清醒后常常抱怨自己，当时为什么就不能拒绝宣誓，一走了之？不仅他没有这样做，也没有任何人这样做。在那个时刻之前他们还能抛弃希特勒，而自此以后国防军就将自己与这位元首捆绑到了一起。

1934年9月的纽伦堡党代会召开后的第三个星期，希特勒下达了一个秘密手令：将国防军扩充到30万人，军费预算也将提高。1935年3月，希特勒正式对德国人民公开宣布，德国将再次实行普遍义务兵役制，建设一支兵力为50万人的军队，并组建德国空军。同年6月，被《凡尔赛和约》解散的总参谋部再次复出，被关闭的军事学院也重新开学招生。次年3月，希特勒又在国会上宣布，德国部队将开进莱茵兰非军

▲ 科隆市民欢迎一队德国步兵跨过霍亨索伦桥，进入莱茵兰非军事区。18年前，失败的德军就是通过同一座桥从法国撤回的。

事区。后来他承认，他也极度紧张，担心他的西方列强不会采取任何行动的推测是否会变为现实。随即他决定只为这个过于冒险的行动派出一个师的兵力，实际上只有3个营渡过了莱茵河。

然而这几次行动并未使伦敦、巴黎和其他国家的政府立即认识到希特勒战争狂人的本质，他们认为他只是要扫除《凡尔赛和约》强加给德国的羞辱。希特勒自鸣得意地说："世界属于勇敢的人！"英法的无动于衷触动了意大利。这个国家在两次世界大战中都是以投机者的面目出现，它在加入据其判断最有可能取胜的阵营前，总是先在一旁守候着。意大利首相、法西斯党魁本尼托·墨索里尼认为希特勒正在动摇欧洲旧的权力平衡，这将使他和他的国家受益。希特勒识破了墨索里尼的图谋，并开始称他为伟大领袖，以迎合其虚荣心。1936年秋天，两国元首同意统一外交政策，墨索里尼把这一阶段与希特勒德国的双边关系描述为"柏林–罗马轴心"。第二年，德国又开始与日本谈判，很快就达成了《反共产国际协定》。

1937年11月5日下午4点30分，希特勒召集了德国最有权势的一伙人，来到总理府的内阁小会议室召开秘密会议。其中包括国防部长瓦尔纳·冯·勃洛姆堡元帅和陆海空各军总司令瓦尔纳·冯·弗立契、埃里希·雷德尔和赫尔曼·戈林，以及外交部长诺伊拉特。开会的目的是为了解决空军和陆海军之间的尖锐矛盾。为了加速扩充军事力量的进程，希特勒于1936年10月提出了关于扩军和经济自给的"四年计划"，以便"在四年内具备投入战争的能力"。戈林负责这一计划和空军建设，他利用自己的地位在分配钢铁和其他稀有原料时偏向空军，与陆军和海军的高级将领产生了纠纷。

窗外东风怒号，柏林笼罩在晦暝之中。这些人刚在壁炉旁的大椅子上就座，希特勒就让他们宣誓保守机密。接着，他宣布了一项令人震惊的政策，这个政策将给欧洲和德国自己招来厄运。他用四个小时传达了

▲ 在总理府举行的某次官方活动上，希特勒接见国防部长和陆海空各军的总司令。左起依次为：勃洛姆堡、戈林、弗立契和雷德尔。

他要进行战争的不能更改的决定。他说，不管用外交方式还是武力，先吞并奥地利、捷克斯洛伐克和波兰，等武装部队准备好以后，再最后占领苏联，就是引起全面战争也在所不惜。他预言英法等国不会干预。他要求他的下属们无条件服从，并且，指令这些军队首长行动的具体日期——他们必须在明年，即1938年开始，于1943年结束。

希特勒讲完时，天色已慢慢黑了下来。他问大家有什么意见，勃洛姆堡和弗立契双双表示反对。德国还没有准备就绪，现在就发动战争，在军事上是蠢举，有招致灾祸的危险。若没有一半以上的胜算，他们是不想打仗的。勃洛姆堡和弗立契的行为对希特勒来说，是绝对不能容忍的，他觉得陆军从来没有完全服从过他，而且，也妨碍他实现他的野心。特别是弗立契，或许甚至还有随和的勃洛姆堡。再过两个月就是希特勒执政5周年纪念日了，他打算要在军队中间进行一番清理来纪念这个日子。看来一场较量已为期不远。这种冲突的爆发是必然的，不可避免的，然而其起因却有一定的偶然性。

作为一个鳏夫，已经59岁的勃洛姆堡爱上了国家粮食局蛋品管理处的一个女秘书，她名叫埃娜·格鲁恩，芳龄24。勃洛姆堡对她实在倾心，到1937年底，提出要跟她结婚。他知道德国陆军的一个高级军官跟一个平民出身的女人结婚是不会得到骄傲的、贵族气很重的军官团的允许的，但令人费解的是他偏偏去跟戈林商量。他告诉戈林，自己爱上了一个出身低微的女士，并说如果地位不成问题的话，他准备和这个普通人家的孩子结婚。这位肥胖的空军司令表示出同志式的理解，安慰他说，国家社会主义早已排除了门第偏见，"这样一种婚姻完全符合纳粹思想。你放心同你的那位女士结婚吧！"

1938年1月12日，勃洛姆堡和埃娜·格鲁恩正式结了婚，证婚人是希特勒和戈林。奇怪的是报纸对此既不登照片，又不进行报道，仅刊登了一则简单的启事。大家只知道这位年轻女孩很朴实，与纳粹的宣传完全吻合。坐在柜台后面和办公室里面的柏林姑娘感到十分高兴，一个来自民间的女子竟然嫁给了一位真正的元帅。然而这些浪漫的梦想很快就破灭了。当这对新婚夫妇离开柏林去度蜜月后，莫名其妙的谣言就开始不胫而走，大家都在窃窃私语，说这位年轻的新娘原来是一个"妓女"。

过了几天，报纸终于刊登了一张他俩的新闻照片。有一个新闻记者在莱比锡动物园里发现了这对夫妇，并有幸在猴山前为他们拍摄了一张照片。这张报纸连同埃娜·格鲁恩的一份档案恰好同时放到柏林警察局长沃尔夫·冯·赫尔道夫伯爵的写字台上。结果是惊人的：主管"查禁猥亵照片和书籍科"的刑事警察查获有人出售裸体照片，其中发现有埃娜·格鲁恩。当时她才19岁。他连忙把这份材料交给刑事警察总监阿图尔·内贝。内贝看后也吓了一跳，急忙带着照片去见赫尔道夫。赫尔道夫把档案里的照片同报上刊登的照片进行比较，毋庸置疑，微笑着站在栏杆前面的年轻女士就是照片上搔首弄姿的那个女郎。

赫尔道夫本来应该把这份档案呈交给德国警察首脑、党卫队头子希

▲ 勃洛姆堡（右二）和埃娜（右一）参加社交聚会时，与戈林（中）、戈培尔（左一）的合影。战后埃娜坚称，是海德里希安排他办的"伪造工厂"里的一个业余画家将她的头像加在另一个裸体女人的身上，炮制了那批下流照片。

姆莱，但他也清楚他这位顶头上司一定会用这些材料进行讹诈，因此应当竭尽全力不让希姆莱知道这件事。那么，该把这些材料送给谁呢？赫尔道夫记得国防部办公厅主任威廉·凯特尔将军是勃洛姆堡最亲密的同事和朋友，便把全部真相告诉了他。伯爵希望凯特尔也许会毁掉这份案卷。但凯特尔只是个惯于阿谀奉承的小人，对自己缺乏信心，没有担当，他所能采取的行动，结果反而加剧了危机：他建议赫尔道夫先报告给证婚人戈林。

戈林看到照片感到愕然，但凭着敏捷的头脑，他迅速看到可以利用这个机会达到自己的目的：这位空军司令、纳粹党的二号人物早就觊觎国防部长这个肥缺了。1938年1月24日，戈林迫不及待地把这条爆炸性新闻告诉了希特勒。元首勃然大怒，立即决定，勃洛姆堡必须立即离婚，最好宣布他是严重受骗上当，此桩婚姻无效。戈林奉命把这一决定转达给勃洛姆堡。这位陆军元帅被这件具有威胁性的丑闻吓了一大跳，但他已经不能离开他的那位年轻而又如此迷人的妻子了，于是便主动选择了辞职。勃洛姆堡元帅的名字从陆军名册中永远勾销了，后来他再也没有重新得到任何职位。

对于已经把自己看作国防部长的戈林来说，他的道路已经铺平，但是还得克服最后一个障碍：陆军总司令瓦尔纳·冯·弗立契男爵，他是等级制度中的第二把手，很有可能成为勃洛姆堡的继承人。弗立契从来没有受过批评，被他的下属视为廉洁和诚实的典范，而且，他的生活方式看来也是无懈可击的。这个将军是个自得其乐的单身汉，很少参加社交活动，但在赛马场里经常能够找到他，他喜欢和马交朋友更甚于和人打交道。

现在希姆莱的机会来了。他一直希望找个机会挤进将军们的上层社会，使党卫队成为陆海空军之外的第四军种。戈林给希特勒看勃洛姆堡新夫人档案的那一天，他还给元首看了一件更加使人作呕的材料。这是

▲ 希姆莱（左三）等党卫队官员和一众国防军将领同桌共餐，其中包括勃洛姆堡（左四）、雷德尔（右三）和弗立契（右二）。

由莱因哈德·海德里希提供的材料，意在表明弗立契犯了德国刑法第175条"鸡奸罪"。两年前，海德里希曾抓到过一个名叫汉斯·施密特的勒索者，他的主要嗜好是专门窥探同性恋者男色活动的秘密，然后冒充警察，趁此敲诈一笔钱作为保密费。盖世太保对他进行详细的审讯。他乐意讲述有关他的顾客和"牺牲者"的事情，并把所有的人列举出来：官员、医生、律师、商人、工业家、艺术家，等等。

其中，施密特提到一个"跟弗立契或者弗里希有类似名字的人"，他曾经在1935年底向这个人勒索过钱财。盖世太保如获至宝，立即抓住这个意料之外的机会。如果这位先生果真是陆军总司令弗立契男爵的话，那该有多妙啊！不过当时希特勒并不同意追查此事，命令销毁审问笔录，对"所有这些肮脏的事"要保守秘密。然而海德里希并没有听从希特勒的命令，此时他又把两年前封存的档案重新发掘出来，不过这一次希特勒并不反对，甚至也不问为什么以前不按他的命令烧毁这份档案。

元首要求弗里契辞职。这位贵族感到十分惊骇，听说了解雇他的理由，更是气得说不出话来，半天才说了一句："全是卑鄙的谎话！"在他平静下来后，他以军官的荣誉发誓保证说，这些指控是毫无根据的。弗立契拒绝不明不白地辞职，要求由军事荣誉法庭来进行审讯。但希特勒不想这样，至少在目前是如此。这是个天赐良机，可以粉碎不肯屈从于他的意志的将军们的对抗。他命令弗立契无定期休假，第二天就开始研究由哪两个人来继承勃洛姆堡和弗立契的问题。陆军司令部还有整个武装部队组织都将进行彻底改组，这种改组的结果将最后使军方就范。

1938年2月4日，那天早晨，德国各地"电台监察人"挨家挨户地检查，让同胞们都守在收音机旁收听广播。希特勒在那一天的内阁会议中很快地通过了一项命令，并于午夜前不久在电台上的一则"特别报道"里向全国宣布。到1点钟，广播里播出贝多芬第三交响乐时，全德国都在聚精会神地听着。消息播出来了，德国人听了感到震惊——一个接一个的知名人士倒台了——驻德外交使团和新闻记者都立即向各自国家发报，消息顷刻间传遍了全球。

希特勒在这项命令的开头说："从现在开始，我亲自接掌整个武装部队的统率权。"国防部被解散了，取而代之的机构叫作武装部队最高统帅部（OKW），陆海空三军都隶属其下。在希特勒下面有一个参谋长，这个职位授予了凯特尔。凯特尔总喜欢热情地附和上司的话——为此还得了个"点头驴"的绰号——很快就不由自主地沦为了跑腿或听差差不多的角色。最高统帅部的作战部长是阿尔弗雷德·约德尔将军，他也坚信元首具有过人的天分，对其他将领的不同意见总是坚决进行压制。希特勒没有说明国防部长勃洛姆堡退职的原因，而谈到陆军总司令弗立契时也只是说，考虑到他的健康情况而解除他的职务。瓦尔特·冯·布劳希奇将军被挑选继弗立契统率陆军。他和凯特尔一样软弱，与约德尔同样恭顺。

同时，纳粹党人约阿希姆·冯·里宾特洛甫取代诺伊拉特男爵任外交部长，驻东京和罗马的大使也都换了人。里宾特洛甫原是个酒类经销商，他靠说服一个姨妈在她丈夫继承爵位后认自己做干儿子，从而获得了"冯"这个贵族姓氏。1932年，里宾特洛甫投奔希特勒。后者对其社会关系和所谓的"外交才能"——只是会说英语和法语，并出国到过加拿大这样遥远的国度而已——特别感兴趣，就让他担任了外交事务的主要顾问。

第二天，《人民观察家》报上刊载的标题触目惊心：一切权力高度集中于元首手中！这次这家纳粹党报没有过甚其词。1938年2月4日是第三帝国历史上的一个重大转折点，是它走向战争的道路上的一个里程碑。就在这一天，妨碍希特勒走上他久已决心要在德国一充分武装后就走的道路的最后一些保守分子已被清除了。外交和军事的决策大权已经集中在他的手里，武装部队也直接在他的统率之下。

希特勒以前没有给弗立契一个洗雪名誉的机会就把他解职了，现在为时过迟地给了他这种机会，设立了一个军事荣誉法庭来听取这个案件。该荣誉法庭由戈林充当主席，陪审的包括新任陆军总司令布劳希奇。陆军抓住了这个反击希特勒的机会。已改组为最高统帅部下属的谍报局的保卫部，会同司法部合作进行的彻底调查，很快就确定弗立契是希姆莱和海德里希所唆使的秘密警察诬陷阴谋的无辜受害人。据查，施密特确曾发现一个陆军军官犯鸡奸罪行，并且因此讹诈了他好几年，但是，这个军官的名字是弗里希，不是弗立契。他是一个退休骑兵上尉。所有这一切都是由于两个人的姓名同音，且两个人的相貌极为相似。

将军们高兴极了。不仅他们的总司令可以洗清罪嫌和官复原职，而且那两个在国内握有至高无上的权力的不择手段的人——希姆莱和海德里希的阴谋将被揭露，这样他们和党卫队将走上4年前罗姆和冲锋队的路。如果希特勒要掩盖这个罪行，那么由于真相大白而问心无愧的陆军，就可以采取行动了。但是，又一次，这些将军们被命运所彻底击败。这次不许报界和公众旁听的军事审讯于1938年3月10日在柏林开始，但是在这一天还没有过完就突然中止了。36小时之后才知道出了什么事：希特勒发动了强夺奥地利的军事行动。

希特勒扩张主义野心的第一个目标是他的出生地奥地利，很久以前他就发誓要把自己的祖国同他已经归化的国家统一起来。但是他首先不得不面对一个敌人——奥地利总理陶尔斐斯，这个人强烈地支持奥地利独立，并且准备在必要时采取激烈措施保护他的政府，防止极端分子的颠覆。不过，奥地利和德国一样，由于经济大萧条的影响，希特勒在奥地利的支持者和同情者人数急剧增长，德国纳粹可以依赖这些人的援助。

首次攻击发生在1934年，希特勒曾批准了一项计划，煽动同德国保持密切关系的奥地利亲纳粹组织，发动一场政变。政变定于这年7月25

日中午，亲纳粹组织企图捉拿陶尔斐斯和他的内阁成员。但是陶尔斐斯提前收到警报，及时解散了内阁会议。几分钟后，伪装成警察和士兵的政变者便乘卡车到达。陶尔斐斯在试图逃跑时中了2枪，几小时后便死了。不过，绝大部分内阁成员已逃到国防部，他们在那里召集部队回击叛乱者。到黄昏时分，政变已被镇压下去。接下来的数周里，奥地利政府又逮捕了几千名亲纳粹分子。

这对希特勒来说，是一次惨重的挫折。在逐步重组战争机构和完善军队建设的过程中，他暂时还谨慎地避免公开的冲突。德国政府在温和外貌的掩盖下，否认与谋杀陶尔斐斯有任何关联，元首本人也热情地表示要和奥地利重修旧好。1936年7月，两国达成了一个协议，表面上看似是一个平等条约：德国承认奥地利的全部主权，维也纳则承诺它不会参加任何反德同盟。还有一项秘密补充规定：奥地利答应赦免所有政治犯，德国还要求在维也纳政府中应包括国家"反对派"，也就是那些奥地利的亲纳粹分子。

1938年初，一些从监狱释放出来的亲纳粹分子参加了新的颠覆活动，使奥地利很快陷入无政府状态。2月，希特勒向奥地利总理许士尼格

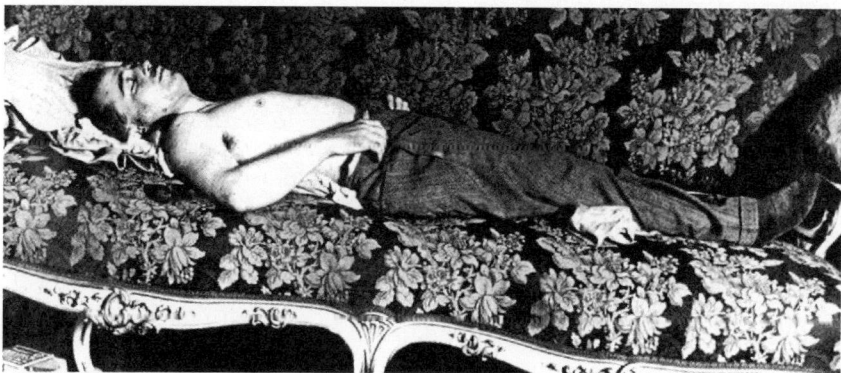

▲ 横陈于沙发上的奥地利总理陶尔斐斯的尸体。他出身于保守的农民家庭，虽身材矮小，但高傲、勇敢。因强烈反对德国吞并，被德国支持的亲纳粹分子刺死。

提出了一连串要求：奥地利应接纳亲纳粹分子进入政府，并在外交、国防和经济方面与德国开展紧密合作。3月，柏林给奥地利政府下了最后通牒：如果不答应全部要求的话，德军就将开进奥地利。在这种情况下，许士尼格被迫屈服，其政府由亲纳粹分子接管。希特勒趁机把早已准备就绪的部队派往边界。

1938年3月12日破晓，德国军队进入了奥地利，在探求生存空间的征途上迈出了决定性的第一步。当天下午，希特勒荣归故里，回到了他成长的地方——林茨，将一个花圈放在父母的坟前。他在市政厅的阳台上发表演说时说道："我一直相信我的工作，我为它而生，并且为它而战，你们都可以见证我现在成功了！"两天后，他耀武扬威地进入维也纳，成了曾经摈弃他的这座城市的主人。他宣布奥地利现已成为德国的一个新省份——奥斯特马克，奥地利联邦军也同时被并入德国国防军。当英法抗议他的举动时，得到的答复却是：是奥地利新政府请求德国派军队来保障公共安全的。实际上，德国国防军是根据戈林的电话指示这样做的。

对弗立契的审讯在3月17日恢复，但是由于不发一枪地征服了奥地利，希特勒的声望大增，德国公众对他的态度由敬畏转为崇拜，现在国内没有谁再去为弗立契操什么心了，甚至那些将军们也是如此，所以此案必然变得虎头蛇尾了。在经过戈林的一些威吓后，施密特顶不住了，供认他是受骗上当的。他起先认为，那位先生是弗立契，后来当他发现弄错时，由于害怕后果，不敢承认当初是弄错了的。第二天，审讯结束，法庭坚持认为，弗立契是一次遗憾的误会的牺牲品，没有犯所控罪行，宣告无罪。至于施密特，戈林以名誉向他保证说，他可以免于一死，但是几天后盖世太保把他枪毙了。

弗立契洗雪了个人的罪嫌，得到平反，但是并没有复任原职，也没有使陆军恢复它以前在第三帝国中有一些独立性的那种地位，因为这次审讯是秘密进行的，公众并不知道这回事，也不知道其中所牵涉到的问题。3月25日，希特勒致电弗立契表示祝贺。仅此而已。最后这位被黜的将军采取了一个姿态：要跟党卫队头子决斗。由总参谋长路德维希·贝克亲自严格按照过去的军人传统拟就了挑战书，交给了卡尔·冯·伦斯德，要他作为陆军年资最长的将军将其转交给希姆莱。但是伦斯德有点害怕，把这封信在口袋里放了几个星期，后来竟给忘了。

随着顺利地吞并奥地利，希特勒又把目标对准了邻国捷克斯洛伐克，准备采取下一步行动了。希特勒一面向布拉格当局花言巧语地保证说，他对他们的国家没有任何企图，一面准备"绿色方案"，即用武力或者诡计去占领它。不过，捷克斯洛伐克是一个比奥地利强大得多的国家，拥有一支富有战斗力的军队和现代化的工业体系。但是，它的弱点在于居住在边境上苏台德地区的300万德意志少数民族，他们被纳粹妖言所惑，声称他们的根在德意志，希望苏台德从捷克斯洛伐克脱离出去，重归德国母亲的怀抱。

1938年4月，当德国士兵还在拔除奥地利的界桩时，希特勒已经开

▲ 德国吞并奥地利后，一群纳粹党徒、党卫队员和海关官员在拆除两国边境上的界杆。盖世太保进入前，大多数奥地利人赞成合并，盖世太保进入后，这种热情消减。

▲ 伦斯德（左）和勃洛姆堡（右）、弗立契（中）一样，都对政冶缺乏兴趣和了解。他同希特勒有争吵，也有亲近和妥协；希特勒对他有时也不信任，多次委以重任又多次免职。

始着手解决捷克斯洛伐克的问题了。这个国家被夹在德国和已被其占领的奥地利中间，战略处境已变得岌岌可危。这年春夏，纳粹分子在苏台德煽动闹事。他们谴责捷克人对境内的德意志居民强施暴虐，并制造谣言说德军正向边境集中。布拉格当局根据错误情报进行了局部动员，这对希特勒来说是一个向世界谴责捷克斯洛伐克的大好机会。一场侵略战争成了合法的行动。

1938年5月23日，希特勒突然在柏林总理府召集国防军高级军官，召开了一次会议，宣布为弗立契将军"恢复名誉"，但同时又下达了一项重大决定：我决心要一劳永逸地、彻底地解决苏台德问题。他命令：应当进行准备"绿色方案"，务须保证最迟到这年10月1日能够付诸行动。行动的思想基础是战略突袭，以装甲部队在摩托化部队支援下，抢在法国发动攻势之前，迅速取得决战胜利，计划在4天内决出胜负。

元首的野心立即遭到路德维希·贝克的反对。然而，当时他还只是从狭隘的本职范围以内的专业理由来反对他的元首。贝克决心用他能想得出的最有效的方法——即附上一份意见书——去挫败这一命令。他的意见是目前还不能动手，他向希特勒指出，西方国家肯定会干涉，不仅会导致英法参战，也会使美国卷进来，德国将会再次四面受敌，而目前德国还没有强大到足以与他们相抗衡。可希特勒拒而不听，仍然坚持他要消除捷克斯洛伐克的"威胁"的决心是"不可动摇的"，要求总参谋部继续进行入侵的准备工作。

贝克意识到，希特勒并不理睬他的警告，于是便在5月30日给布劳希奇上了一份措辞极为尖锐的意见书，逐点批评了希特勒的论点。为使那位谨慎的总司令能充分了解自己的意思，贝克亲自向他读了这个意见书。他强调指出，在"最高级军事领导人"中间存在着危机，曾经造成混乱，如果不予解决的话，军队的命运，事实上，也是德国的命运，将是"一片漆黑"。6月3日，贝克又给布劳希奇发出了另外一个意见书，声明"绿色方案""从军事上看是不妥当的",总参谋部对此不置可否。虽然如此,希特勒还是一意孤行。这年夏天,他变得越来越疯狂,下令例行的秋季演习必须提前,以便军队能准备就绪,可以随时出击。

贝克决定不顾一切,作一番最后的努力,不论用什么方式都要把事情闹大。7月16日,他给布劳希奇呈上了最后一份意见书,要求告诉希特勒停止备战。贝克亲自把这个条陈递交布劳希奇,并且口头补充一项建议:如果希特勒固执己见,陆军将领应采取一致行动,立即全体总辞职以示抗议。他说,当良心、学识和责任不允许执行某项命令的时候,一个人对最高统帅的忠诚就有了"限度"。他觉得,将军们已经达到了

▲ 布劳希奇(左)在将领们中间名声颇好,但后来证明,在喜怒无常的希特勒面前,他的表现和勃洛姆堡一样软弱恭顺。

这种限度。如果希特勒坚持要战争，他们就应当集体抵制。没有人来领导军队了，战争就打不起来了。

为了达到这一目标，他安排在8月4日召集高级将领举行一次秘密会议。他准备了一篇发聋振聩的讲稿，准备请陆军总司令来宣读，要高级将领一致要求，不容许任何冒险引起武装冲突。出乎意料的是，布劳希奇竟没有勇气来宣读。贝克无奈，只好让他的助手和朋友、一个有名望的贵族的继承人卡尔-海因里希·冯·施蒂尔普纳格尔将军——用审慎而婉转的说法——"衡量一下以军事手段支持集体行动的可能性"。施蒂尔普纳格尔同一些指挥部队的将军们进行了交谈，但是，大部分军官说，贝克要他们采取行动的建议也就是要他们参与政治、反对政府，而这是同他们在军队中受到的训练完全背道而驰的。他们还说，如果需要有人去赶走希特勒，那只能是德国人民，因为是他们选举了他。

贝克考虑再三做出了痛苦的决定，采取了在此种情况下一个老派军官只能采取的最后一步：到总理府拜访元首，请求他做出不想发动一场新的全面战争的"具体保证"。希特勒向他保证他没有这种打算，但同时又用威胁的口吻提醒这位总参谋长说，军队是政治家的工具，它的职责是设法执行政治家所交给的任务。他还说，军队没有责任对自己的任务提出疑问。贝克知道，要是反对元首的计划，那就是自找倒霉，结局会比勃洛姆堡和弗立契还惨。但是，他仍大胆和直截了当地回答说，他不执行他不赞同的命令。说完，就向希特勒告辞了。

贝克知道自己的前途已经完了。他别无选择，只有一条路可走。1938年8月18日，他辞去了陆军总参谋长之职。在离任之前，他曾设法使布劳希奇步自己的后尘，但是，这位陆军总司令骨头太软，没有勇气要元首悬崖勒马，拒绝支持他。布劳希奇耸一耸肩说："我是一个军人，服从命令是我的天职。"这使贝克十分愤懑，后来每当提到他的这位上级的时候，他总是激动得浑身发颤，喃喃自语："布劳希奇在紧要关头把我甩掉了！”

贝克的一切计划都落空了，他在离开自己在总参谋部的办公室之前，召集其同事，非常镇静地对他们说，瑞典国王查理十二世带领军队进行了一次又一次的军事冒险，最后在俄国草原上全军覆灭，希特勒也将和他一样。最后，他以警告的口吻说：“如果德国发动战争，除了她所攻击的国家外，其他国家也会立即参战。而在对付一个世界性联盟的战争中，德国必然会战败，并听任这个联盟的摆布。”说完，贝克以德国人特有的风度向在场的人微微一鞠躬，就转身走出了他的办公室，留下他的部下在那里忧郁地思索。

在通常情况下，陆军总参谋长，特别是像贝克将军这样德高望重的人，在国家用兵之际辞职引退，本来会引起极大震动。但是，希特勒在这里又一次表现了他的权术。虽然他立即接受了贝克的辞呈，却严禁报纸，甚至政府和军方的官方公报中提到这件事情。贝克本人，从爱国和忠于军队的感情出发，也并没有想把他辞职的消息引起公众的注意，他答应了那位独裁者不张扬辞职一事的要求，并且命令他的同僚也严守秘密。由于辞职过早，再则知情者不多，故而对事态的发展未能产生预期影响。假如再晚几个星期，到危机高峰时刻，即世人都注视德国的时候辞职，那么就可能会产生巨大的作用。

◀ 查理十二世是三个从西方进攻俄罗斯腹地的人之一（另两个是拿破仑和希特勒）。西欧对其评价很高，认为在波尔塔瓦战役中，假使他的左脚没有负伤（如图），结果将完全不同，俄国的崛起就会被遏止，世界史也将被改写。

继贝克出任陆军总参谋长的是弗朗兹·哈尔德上将——但是这一任命被希特勒保密了几个星期，一直到危机过去才宣布。哈尔德的品德与才干都无愧为贝克的继承人。问题是，他是否会在时机到来之际，能够不顾自己效忠于元首的誓言而毅然决然起来反对他呢？实际上，是贝克推荐哈尔德做自己的继承人的，因为他知道，他同自己的见解是一样的。还在做贝克副手的时候，哈尔德便已开始敦促他的上司与希特勒公开决裂，但是遭到了贝克的拒绝。"德国军官的字典里是没有哗变、叛乱或革命这类词汇的！"现在贝克准备收回自己说的话。"我已经明白了，"他对哈尔德说，"你是对的！"

▲ 图为哈尔德（左）和布劳希奇（右）正在研究作战地图。哈尔德以及贝克等人的行动使国际军事法庭撤销了关于德军总参谋部是一个罪恶组织、对二战爆发负有决定性责任的指控。

希特勒和他不喜欢、不信任的将领们在一起；而他们也不喜欢他。但是其中的大部分人只想当一个军人，后来成了元首的追随者，盲目地效命于他；一些人幡然醒悟，毅然加入了反对希特勒的行列，甚至不惜为此牺牲生命。

第四章

分道扬镳

　　希特勒批准贝克的辞呈后如释重负，这正中元首的下怀。他曾说过："（在我的将军中）我唯一害怕的人就是贝克，只有他有能力干出什么事。"但希特勒错了。在擦去了障眼的尘翳以后，贝克终于看清了，希特勒不顾高级将领的忠告，处心积虑，不惜冒与英国、法国甚至美国作战的风险，如果这一政策付诸实施，就必然会使德国毁灭。他决心用后半辈子阻挠希特勒的计划。贝克引退后仍留在柏林，人们看到一个瘦长、挺拔的老人的身影常常在庭院里徘徊。表面看来这位将军似乎形单影只、无所事事，实际上他在政治上仍然非常活跃。从那时起，他在柏林的府邸的客厅成了反对派们秘密聚会的场所。

　　还有其他人和贝克抱有同样的看法，他们最后甚至会冒着叛国罪的危险来反对希特勒。除了哈尔德，参加者有最高统帅部谍报局局长威廉·卡纳里斯海军少将，及他在局内的副手汉斯·奥斯特中校，为了搞垮希特勒，他们设法将希特勒秘密的政治军事计划一次又一次透露给德国的敌人，以此作为挫败这些计划的最好措施；有施蒂尔普纳格尔，他不会忘记贝克的临别赠言；还有最高统帅部通讯主管埃里希·菲尔基贝

◀▲ 卡纳里斯（左图）曾是海德里希在海军服役时的上级，为了保护手下反对希特勒的军官，他与海德里希这个党卫队保安处头子保持着较好的关系（上图），多次成功化解抵抗运动的危机。

尔，他是贝克的挚友，对希特勒的反感不仅出于社会或道德的原因，而且出于作为军人的信念，决心要在自己的权限内，尽一切力量阻挠其实现计划。这些人将构成一个核心，展开更为活跃而坚定的密谋活动。

卡纳里斯其貌不扬，身材矮小，体格瘦弱，总是一脸疲惫的神态，气质举止一点不像个军人。他和贝克一样，也是个实业家的儿子，却选择海军作为职业。但狡黠的天性、极高的语言天赋和对阴谋诡计的热衷，使他最终还是干起了间谍这一行当。在政治立场上，卡纳里斯也是个民族主义者和反共分子，纳粹上台之初他表示过欢迎，把他们当作是新德国的一个开端。但是希特勒及其同伙对政敌的野蛮杀戮以及无耻抹黑使他大感震惊，从而清醒过来。对卡纳里斯而言，他面临着一个左右为难的尴尬处境：军人的责任感和荣誉感要求他应该立即辞职，然而，他也知道，如果自己真的那样做，就等于将职位主动拱手让给纳粹。卡纳里斯的解决办法是继续留任，表面上忠于职守，但是暗中要把谍报局变成反抗希特勒的武器。毕竟，从事秘密活动，还有哪家机构比情报部门更合适的呢？

卡纳里斯利用职务之便，把与自己有着相同观点和想法的人安插进了谍报局的领导层。在这些人中间，最重要的要属他的副手、顾问，也是知心朋友的汉斯·奥斯特。奥斯特出生于萨克森的一个牧师家庭，思维敏捷，善于交际和讲究享受，"似乎总在追求漂亮的女人和马匹"。他中等身材，相貌不凡，衣冠整洁，仪表堂堂，与他的上司形成了鲜明的对照。他在第一次世界大战中由于骁勇善战而平步青云，战后一直在国防军服役直到因一桩桃色丑闻被迫离开，后来通过后门被保卫部–谍报局所录用。作为虔诚的基督徒和保守的爱国主义者，他毫不掩饰对纳粹及其所谓的新秩序与日俱增的厌恶之感。

　　对密谋活动来说，奥斯特是个不可多得的"灵魂"人物。他善于牵线搭桥、网罗同谋。他着手同政府部门内的反对派、一些政党和工会领袖以及日益明显地受到排挤的教会神职人员都建立了联系，小心谨慎地将他们和各种各样的民间反抗集团整合成一支抵抗力量，就差起一个名字了。"黑色乐队"这个名字是党卫队保安局和盖世太保后来给他们起的。一个同事把奥斯特的办公室描述为"是一个港湾，召唤着保卫处中所有的志同道合者，他们自认为反对纳粹主义"。另外一个认识他的人把那里称为"鸽子笼"，说"笼中满是神秘人物"。

　　政府各部和其他行政部门有很多本来就不是纳粹党的文职人员，同军方人士一样，他们中大多数最初都曾对纳粹主义抱有热忱，直到开始认识到希特勒正把德国引向一场几乎肯定要失败的战争时，这种热情才归于消失。其中一个是前莱比锡市长卡尔·格德勒，他将成为这个密谋集团的精神领袖。纳粹上台后，他被希特勒在提升民族自豪感、抑制投机倒把、降低失业率等方面的成就所吸引，而这位精明干练的行政长官也是元首急需的人才，因此他得到了国家物价管制局局长和外汇管理处处长的职务。尽管如此，这个保守的官僚却拒绝加入纳粹党，并终因反对纳粹党人疯狂的排犹运动而同他们决裂。

▲ 奥斯特是卡纳里斯最重要的"参谋长"和知心朋友。对密谋活动来说，他是"灵魂"人物。

▲ 格德勒（中坐者）是反希特勒密谋集团的精神领袖和中心人物。

1936年春，莱比锡的纳粹分子向柏林报告说，元首执政已有3年之久，但在该城市政厅对面的音乐厅前，竟然还立着一尊犹太作曲家门德尔松的纪念碑。当局认为这座塑像的存在显然是种大不敬，当即派人与格德勒交涉，要求他拆除它，但后者用一句"一旦雕像被撤走，那么我就辞职"，毅然回绝了这一无理的要求。无奈之下，柏林派来的那个代表交给市长一面纳粹党旗，命令他悬挂在市政厅里，但格德勒却将对方逐出了市政厅并锁上了大门，还出动了警察守在大楼周围，准备与纳粹党徒对峙。

因为格德勒在市民当中很有威信，所以他虽然同纳粹对立，但他们却不能解除他的职务。一计不成，又施一计。半年以后，纳粹分子趁这位市长出差之际推倒了纪念碑。格德勒回来后为表示他矢志不渝，在当天就提交了辞呈。后来他在斯图加特的公司老板罗伯特·博施那里寻得了一份金融顾问的职位。后者是最早看清希特勒面目的实业家之一。以这个工作为掩护，格德勒一心一意地进行着反对希特勒的工作。在合法商业旅行的幌子下，他到全国各地去游说，也访问了很多国家，寻机警告他们防范纳粹。

格德勒精力旺盛，不知疲倦。他是抵抗运动的中心人物和传动机构，但也是个噪音很大的传动机构。格德勒在动肝火时说话也不压低嗓门，和他志同道合的人经常觉得他缺乏理智。有一天，格德勒在一个军官陪同下去德国著名的外科医生，也是"黑色乐队"成员的费迪南·沙尔勃鲁赫教授的别墅登门拜访。这一晚他们谈得很激烈，说话声音也很大。其间，他们的司机——一个正直的士兵，碰巧在旁边的房间里等候，无意中成了个旁听者。待那位军官把客人送回家后，司机突然回头问了个问题，让坐在车内的那个军官惊恐不安。"什么时候动手？"他说，"到底什么时候干掉希特勒？"

　　贝克起初对纳粹运动并没有强烈的反对意识，哈尔德却不同，他在慕尼黑任参谋时亲睹了希特勒的起家经过。哈尔德决定，一旦希特勒真的引发战争，在他能为政变赢得部队指挥官支持的前提下，他将奋起自卫。在一次聚会上，当人们再次痛斥希特勒的时候，哈尔德突然激动地

▲ 由于纳粹拆掉了犹太作曲家门德尔松的雕像（如图），格德勒辞去公职以表抗议。

▲ 希特勒和外交部长里宾特洛甫坐在元首专列外面铁路路基上的凳子上研究文件。

大声说道，他现在需要的不是讲话，而是行动。他不反对除掉希特勒，甚至考虑不如用暗杀的办法。主张炸毁希特勒的专列，然后宣布元首在一次空袭中死于非命。他希望用这样的方式来阻碍希特勒神话的产生，还可以隐瞒自己和总参谋部参与推翻国家元首一事。

从1937年起，希特勒使用了一列专车——"元首专列"，代号"亚美利加"，由两台机车牵引，由15节同样大小的深绿色卧铺车厢组成。据乘坐过的人描述，专列上各类设施完备——座椅可变成舒适的床；车厢内饰有抛光木制镶板，卧铺上还铺着丝绸外罩，奢侈豪华；餐车的饭菜也非常可口；还有一节特挂车厢，里边能洗热水澡，既有喷淋，也有浴盆。更重要的是，它几乎全由高等级的增强钢材制成，足以抵御所有轻武器及部分重型武器的攻击。车上配备60多名固定的工作人员，包括警卫、副官、仆人和维修人员。元首专列每时每刻都处于优先地位，任何时段的普通客货列车都不允许超过它，而其后的列车也必须在间隔5分钟后才能继续行进。尽管有这些措施，但是要使火车动向完全脱离公众视野仍然极其困难。

受运行时刻表编排的限制，任何火车离站至少需要提前两个小时通知铁路局，以便调整时刻表，减少混乱状况，因此，专列出动的命令每次必须要迅速传达给铁路工作人员、火车站站长还有其他相关人员。哈尔德本想等到敌对行动开始后才实施，但一旦希特勒发动战争，他们将无法阻止其计划的实施，有些同情密谋分子的军官就会重新权衡自己的立场。他们虽然准备背叛这个独裁者，但不愿背叛国家，当战斗打响，军人的义务要求他们必须尽其所能，为了不使战局有利于敌人，他们需要为祖国的胜利而努力，就不会再有时间考虑除掉希特勒的问题了。但很多密谋分子（如贝克）则认为"暗杀仍属于谋杀"。对他们来说，背上谋杀国家元首的罪名是无法想象的。他们认为应该生擒希特勒，然后将他送交法庭，接受公审，以便向全体人民公布其罪行。

时间日益紧迫。迫切需要的是联络上当时实际指挥部队的将领，以便一举事就能立即采取有效行动。他们很快就发现了有几位处于要害地位的将领愿意协助：埃尔温·冯·维茨勒本将军，自从腓特烈大帝时代起，他家里就一直有人在总参谋部任职，他认为纳粹的血腥清洗和栽赃诬陷是对职业军人的无可原谅的侮辱，激起了他无比的愤慨，他当时是第3军区司令，这一军区包括柏林及周围地区，正是军事政变必须控制的地区；伯爵埃里希·冯·勃洛克道夫－阿尔菲尔德将军，他是波茨坦驻军司令，该部由一个步兵师组成；埃里希·霍普纳将军，他指挥驻在图林吉亚的一个装甲师，必要时能击退任何企图来解救柏林的党卫队；保罗·冯·哈泽将军，他指挥驻扎在兰茨贝格的一个团，可以作为行动的预备队。

▲ 维茨勒本（右）和贝克（左）一样，都是推翻希特勒行动的组织者之一。他反对纳粹主义的思想，绝非德国面临崩溃时才有的，而是在他心目中早就扎下了根子。

前政府参事汉斯·吉泽维乌斯为军区司令部内的密谋集团充当协调人，并在维茨勒本的办公地附近得到一间会议室。由于文职人员出现在军事区域内会引人注意，因此当有人问时，维茨勒本便托词这是他的远房亲戚，来为他整理家庭文件的。其间，一些警察部门的高级官员也加入进来。刑事警察总监阿图尔·内贝，他是个纳粹党老党员，但已对之前犯下的过错而产生了罪恶感，十分后悔，于是当了"背叛者"，想通过与反纳粹组织合作来洗刷自己，恢复名誉。他向密谋分子提供了很多情报，如有关党卫队在全国的兵力分布资料。此外还有柏林警察局长赫尔道夫伯爵，密谋分子向其透露了政变计划的内容，他保证至少保持沉默。

与此同时，"黑色乐队"第一次开始策划一项周密的夺权行动。由卡尔-海因里希·冯·施蒂尔普纳格尔将军准备的整个计划比较全面，可谓细致入微：在希特勒最后下令进攻捷克斯洛伐克的时候，菲尔基贝尔就切断全国的通讯联络，维茨勒本指挥部队立即占领柏林政府区，控制各党政机构。希特勒的卫队将被包围，被迫解除武装。本来准备用于进攻捷克斯洛伐克的霍普纳的那个装甲师，将停止向预设地域开进，以便在必要时阻止其他党卫队部队向柏林开进。希特勒，还有戈林、希姆莱、海德里希——所有这些人，无一例外都将被逮捕。然后在一个短时期内先实行军事独裁，再成立由社会上知名人士领导的临时政府；在一定的时间以后，组织一个保守的民主政府。

维茨勒本将亲自去总理府解除希特勒的职务。估计守卫总理府的党卫队不会轻易放他进去，因此应该派出一支由年轻军官组成的突击队陪同其前往。在不得已的情况下，他们将用武力为维茨勒本扫清道路。这支部队由40人组成，对外称为特别军训班——他们自称"是密谋集团中的密谋集团"。队长是弗里德里希·威廉·海因茨少校，他是前自由团战士和钢盔队队长。1928年，受从众心理的影响，海因茨也曾加入过纳粹党，然而，作为奥托·施特拉塞的追随者，他最终还是在两年后被

▲ 总理府建于18世纪，19世纪70年代起作为德国总理的官邸和办公地点。希特勒就任内阁总理后，也在此举办了多次会议。

开除出党，由此，他成了一名反希特勒分子。1935年，他受雇进入保卫部，到1938年时，已是奥斯特计划中的重要人物。

海因茨最初的任务是招募突击队人员。他主要从谍报局中挑选，同时也从认识的朋友和熟人里物色适合的人选。这些被挑中的人，均政治清白，胆量过人。其中大部分是军官，其次还有大学生和工人。人员之所以这么复杂，目的在于使这一政变不至于被舆论称为纯军事政变。他们纷纷表示，为了消灭国家的仇敌希特勒，即使赴汤蹈火也在所不辞。特训班成员分别被安排在柏林周围的各处安全住所中，中心设在埃泽纳赫大街118号。他们使用的武器弹药全由谍报局负责提供，暗地里在秘密进行训练和演习。

国家法院参事、律师汉斯·冯·杜那尼负责准备好审判的程序。在法庭上，他将控诉希特勒犯有严重的渎职罪，恣意妄为地把德国投入欧洲大战，因而失去了执政的资格，不适于担任元首和总理的职务。杜那尼还拿到了第一次世界大战期间希特勒在部队服役时的病历，其中记载着他曾因中了毒气而疯狂。一个专家组成的医务小组将检查希特勒的精神状态，然后宣布他患有精神病，并在严密戒备下送往巴伐利亚的一座城堡里去。

奥斯特看问题比谁都深刻，在他的办公室里始终挂着一条格言——"老鹰不抓苍蝇。"事实也是如此，他从来不在小事情上花工夫。对他来说，在反纳粹的斗争中，不存在胆怯二字，反而有些鲁莽了。这个"爽直的撒克逊人"——内部都这样称呼他——"很容易激动"，和他的文职搭档格德勒一样，都缺乏克制和谨慎。他说得太多，而且不注意场合与对象。然而，虽然有这些缺点，奥斯特仍然是第一个看清，只有杀死希特勒才能诱发政变的人。这种意见无疑是正确的。

奥斯特不希望陷入无休止的争论，对他来说，通过法律程序指控希特勒耗时太多，反而容易出现新的"背后一刀"的事例。一方面，他仍然同意逮捕希特勒，接着把他送交法庭或精神病医生的计划；但是，另一方面，他又背着其他密谋分子，单独与海因茨做了一番交谈，暗中准备了一个更为有效和符合实际的解决办法：考虑到逮捕希特勒必然会引起他的贴身警卫的抵抗，假如发生这种情况，那么突击队就应主动开火，首先击毙希特勒。

勃洛克道夫-阿尔菲尔德将军和吉泽维乌斯乘坐由谍报局提供的专车查看了那些必须占领的战略要地。这些地方是总理府，政府各部——包括宣传部、空军部，党卫队和盖世太保总部，纳粹党的下属各机构，广播电台、邮政局、电报局、电话中心，交通要道、飞机场、火车站，等等。实地侦察没有引起注意或怀疑。勃洛克道夫-阿尔菲尔德将军边观察、边估计占领这些地方所需的兵力，结果证明他们现有的兵力足够使用。

哈尔德同最高统帅部安排好，在希特勒下令进攻捷克斯洛伐克的最终时间的基础上提前48小时通知他个人，这样可以使他有时间在德军越过捷克边境前就把政变的计划付诸实施。如此一来，不但能推翻希特勒，而且能阻止战争爆发的致命的一步。不过，他们还需要另外一种保证。贝克必须使德国人民相信，如果希特勒决意进攻捷克的话，英国和法国一定会对德宣战，从而酿成欧洲大战，而德国对这一战争并无准备，必然走向失败。所以只有推翻希特勒才能保全德国，使它免于一场会自我毁灭的欧洲战争。为此，一些在权势阶层中有地位、有威信、有影响的德国人，奉贝克和卡纳里斯之命秘密地前往英国，揭开希特勒和纳粹的真实面目。他们不但要弄清英国政府的意图，而且如果必要，还要影响英国政府的决策。

格德勒率先作为密使奔赴英国执行这项极其冒险的外交使命。他受到了英国外交部的首席顾问、反对姑息希特勒的主导人物之一的罗伯特·凡西塔特爵士的接见。格德勒告诫凡西塔特要警惕纳粹发展的危险

▲ 英国外交部首席顾问罗伯特·凡西塔特爵士。

倾向，并企图谋求若德军越过捷克边界，英国必将打击希特勒的明确保证。然而，这位密使既无法出示必要的身份证明，也不愿透露他们的后台是谁和说明密谋的详情，伦敦官方不能肯定他是说客、诈骗犯，还是纳粹的特务，也不能肯定他的介绍是否真实可信。双方的谈话是在极不信任的气氛中进行的，凡西塔特打断格德勒的话斩钉截铁地说："您的言论是一种叛国行为！"会谈未能取得积极效果，格德勒两手空空，失望而归。

埃瓦尔德·冯·克莱斯特·施门岑男爵的情况要比这位莱比锡前任市长好一些。克莱斯特是个君主主义和民族主义的坚决拥护者，还是个虔诚的基督徒。他确信，希特勒那套计划是直接与一切人类文明和自己所信奉的宗教宗旨、人道主义精神相违背的。这就很自然地使他与纳粹政权势不两立，站在反对死敌希特勒的志趣相投的伙伴一边。他还认定，从国外取得支持是十分必要的，且必须动员国外的公众舆论。

在伦敦，克莱斯特也同凡西塔特进行了几次谈话，恳切而直率地说出了他来访的全部意图，特别强调了希特勒蓄意侵略的野心，以及发动进攻的准备和他既定的日期。"一切都已经决定了，"他说，"动员的计划已经完成，……指挥官也都接到了命令，9月底将按计划全面开始行动。"当被问到是谁派他来的，克莱斯特直截了当地说是总参谋部中的朋友，并明确告诉说，大部分将领反对希特勒发动战争。"英国政府如果向希特勒让步，就会失去两个重要盟友，即德军总参谋部和德国人民。"

克莱斯特也谈到了政变计划，如果英国人能肯定地证明，他们绝不袖手旁观，一旦德国侵略捷克，就和法国一起参战，援助布拉格，那么，有指挥权的德国将军们就将有所行动，很可能会制止希特勒并逮捕他，从而将纳粹政权推翻。克莱斯特还说，他是"脖子上带着绞索来到这个岛国的"，因为，如果不慎走漏风声，就有被盖世太保逮捕的风险，结果只有死路一条。这位勇敢的使者一番热诚坦率的陈词给接待他的英国主人以深刻印象，并赢得了同情和尊敬，但是，英国方面的反应却是含含糊糊的，与克莱斯特所希冀的相去甚远。

只有温斯顿·丘吉尔表明了他坚决反对希特勒的观点。这位著名的政治家在他的乡间别墅接见了克莱斯特。后者以"极端坦率而严肃的态度"，讲了他已同凡西塔特谈过的相同的观点，并请就他的要求做出保证。丘吉尔走到写字台前挥笔写下："我……肯定地认为，英国会同法国一道进军，而且美国现在也是坚决反对纳粹的。……如果德国进攻她的弱小邻国，这一行动及其随后的浴血苦战会激怒大英帝国的全体人民，迫使他们做出最不希望做出的决定。请你们在这个问题上不要有误解。这样的战争一旦打起来，就得像上次大战那样打到底。"

据说丘吉尔在写完后曾对克莱斯特说："你们的一切条件都可以答应，但是，首先得把希特勒的脑袋拿来。"可惜的是，丘吉尔此时仍为在野之身，他写的和说的话只能算是代表他自己的"个人意见"，远远不是贝克和格德勒需要的官方公开声明。克莱斯特只好惆怅归来。返回柏林以后，他向卡纳里斯单独报告说："在伦敦，没有任何人愿意利用

▲ 丘吉尔是英国政界中清醒意识到如果不阻止希特勒可能给欧洲带来灾难的少数人之一，他督促英国应当加强军力，但当时大部分英国人视其警告为危言耸听。

这个机会发动一场先发制人的战争。我感到，他们几乎希望不惜任何代价避免战争……"

8月底，奥斯特又派了一个使者去告诉英国人："如果外国能以强硬行动使希特勒于最后一刻宣布放弃其目前的打算的话，他在受到这一打击后必将垮台。同样，一旦发生战争，法国和英国如能立即干涉，也会使这个政权倒台。"哈尔德也在9月2日派了自己的密使前往伦敦，同英国陆军部和谍报局取得联系。虽然见到了某些重要人物，然而他对希特勒真实面目的揭露，似乎并没有给英国政要们留下什么深刻的印象。

贝克、哈尔德、格德勒商量之后，一致同意应由德国驻英大使馆的参赞西奥多·科尔特去对唐宁街发出最后的警告。科尔特在9月5日见到了张伯伦的亲信霍拉斯·威尔逊爵士，他直率地告诉对方，希特勒已计划在9月16日下总动员令，并且已确定至迟在10月1日进攻捷克斯洛伐克，德国陆军已准备在最后下进攻令时起事反对希特勒，如果英法态度坚定，此事定能成功。然而，仍旧毫无结果。英国政府仍然相信可以同希特勒做出某种妥协。时任英国首相的内维尔·张伯伦深信，只要答应希特勒的要求，他就会乖乖地收场。

捷克危机日益激化，希特勒用尽一切办法争取民族自决权，打乱这个多民族国家的内部秩序。9月12日，他一方面对组建有秘密武装的苏台德德意志人给以支持，一方面对布拉格政府发出威胁："在捷克斯洛伐克的德国人既非手无寸铁，也不是孤立无援的。这一点，我想他们应该认识到。"第二天，苏台德大批城镇就爆发了骚乱。捷克警察被困在他们的警察局里，捷克人和犹太人的商店被洗劫一空，纳粹旗帜迎风招展。直到布拉格当局宣布戒严令并派兵进驻后，该地区才得以恢复秩序。

一场战争似乎已经迫在眉睫，张伯伦感觉自己必须作最后和最大的努力拯救和平。经过反复考虑，9月14日，张伯伦给希特勒发了一封电报，要求举行一次面对面的会晤，寻求和平解决问题的办法，后者迅速

◀希特勒在伯格霍夫的台阶上欢迎张伯伦。初次会谈，英国首相就被蒙蔽了，认为德国元首是真诚的，"我感觉非常满意，每个人都充分理解对方的想法"。

答复第二天将在贝希特斯加登接待他。卡纳里斯听到消息时，正在和他的同僚吃饭。"什么？！"他放下刀叉，抱怨道，这个消息破坏了他的食欲，他气急败坏地说，"他——去拜访那个人！"过了一会，他从桌边站起来，在屋子里走来走去。他非常烦恼，再也没吃东西，向他的部下告辞后，便早早上床休息了。

9月15日，这位年迈的英国首相飞往贝希特斯加登去见希特勒，这是他第一次坐飞机。会谈中，希特勒似乎有些回心转意，他说倘若英国同意割让苏台德部分地区，那么和平解决也许仍有可能。张伯伦答复说要同他的内阁和法国政府协商。三天后，张伯伦告诉来伦敦听取英国建议的法国政府代表说，解决问题的唯一办法就是布拉格向德国割让苏台德德意志人口占一半的地区。争论了几小时后，法国人同意了，并与英国一致向布拉格当局施加了"友好的压力"。捷克政府被它的伙伴卑鄙地遗弃了，被迫违心地让了步。

9月21日，乐观的张伯伦再次会见德国元首，这次是在莱茵河畔的戈德斯堡浴场。尽管英法两国政府勉强同意了一个星期前希特勒在贝希特斯加登提出的无理要求，但现如今希特勒却一点都不为所动，"对不起，首相先生……这个解决方法已不再适用"，还提出了更加苛刻的要求：德军必须立即占领整个苏台德地区。张伯伦气坏了，会谈不欢而散。第二天，希特勒发出最后通牒威胁这位英国客人，规定9月28日为捷克撤出苏台德的最后期限。奥斯特搞到希特勒给张伯伦通牒的副本交给了维茨勒本。维茨勒本又带着它去见哈尔德。对这位总参谋长来说，实现推翻希特勒的密谋的时候已经到来了。他们不得不以这样的方式来挽救自己的祖国，使它不至于投入一场注定要失败的欧洲大战。

由于德国元首出尔反尔，形势日益恶化，欧洲进入了战争准备状态。9月25日，捷克政府开始动员军队，法国正在征募后备军，英国也命令海军舰队进入战斗状态。翌日，伦敦宣布，如果在苏台德问题上爆发战争，它将有义务支援法国。另外，德国驻华盛顿大使报告：如果英德发生战争，美国将支持英国。希特勒在与凯特尔和布劳希奇会商后，便命令所有部队自9月28日进入"绿色训练地域"。9月27日下午1点30分，哈尔德接到重要指令：进攻部队应于9月30日开始行动。这就意味着9月30日之前必须在柏林采取行动了。

于是，密谋分子选定了发动政变的日子：9月29日。他们手里有着足以轻而易举地把希特勒和他的政权扫除掉的军事力量：维茨勒本在柏林城内外有整整一个军；勃洛克道夫-阿尔菲尔德在波茨坦附近有一个精锐的步兵师；霍普纳在南边还有一个装甲师；再加上哈泽一个团的预备队；此外在首都，赫尔道夫还掌握着一支数量可观的警察部队可为臂助。一切已经准备就绪。维茨勒本在他的司令部激动地宣布："时机终于到来了！"只要哈尔德一声令下，所有这些军官就可以以压倒性的兵力应声行动，而被希特勒将挑起战争一事吓到的柏林百姓会自动地起来支持这一政变。

负责在X点钟（即行动的时刻）为特遣队打开总理府大门的外交部参赞埃里希·科尔特——西奥多·科尔特的弟弟——故意日益频繁地进出总理府，以便把守大门的党卫队都熟悉他。作为里宾特洛甫的办公室成员，埃里希随时都可以去那里。他注意到，总理府内外的警戒力量未见增强。显然，成功的希望是很大的。他恳求"别等到今天下午或者明天，我们现在就必须动手，以免被发现"。而在谍报局，奥斯特坐在他的办公桌前，准备向海因茨发出行动的命令。特别军训班的成员们无论白天黑夜都神经紧张地在他们的驻地待命，完全陷入了暴风雨前的不安之中。每当电话铃一响，他们就应声惊起，然后又失望地坐下。吉泽维乌斯写道："时间一分一秒地过去，进入到了最紧张的时刻。"

9月28日，希特勒在柏林体育馆发表演讲，说捷克不断发动对苏台德德意志人的迫害，现在他的忍耐已达到极限，他将收回苏台德，是战是和，布拉格必须做出抉择。他完全不知道的是，一个不知名的被吓坏了的失望的党卫队队员，差一点用快刀斩乱麻的方式解决了这个难题。此事发生在希特勒即将发表演讲前，这位党卫队队员在讲台旁安放了一颗炸弹。正要拉响时，这个刺客突然急需去解手，后来被某人偶然反锁在厕所内。直到大会结束，他也未能将炸弹引爆。"这是本世纪最大的玩笑"，这个未成为杀手的人的一个朋友回忆说，"要不是他去上厕所的话，那么世界的历史或许已改变成以另一种方式进行。"

为了在群众中激起战争狂热，希特勒还下令在那天黄昏时分，趁几十万柏林老百姓下班的时候，在首都检阅一个坦克师。但结果令他大失所望。路旁的行人，除了一些希特勒青年团员外，并不感到欢欣鼓舞，相

◀ 在柏林的一座体育馆里，听众座无虚席，他们正聆听戈培尔发表演说。这张照片拍摄于1943年德军在斯大林格勒战败后。

反，人们的反应十分冷淡。第一次世界大战的恐怖及战后的动荡情景历历在目，老百姓无法接受一场新战争迫在眉睫的现实。他们默默地站在道路两边，垂头丧气，表情木然，显得忧虑，甚至恐惧。希特勒就站在总理府的阳台上，他的脸色由阴沉而转为恼怒，很快就回到了屋里。希特勒恼火地对戈培尔说，用这种人民简直没法打仗。不久他就降低了调子，同意将进攻捷克斯洛伐克的最后期限延长到10月1日，并建议张伯伦再次出面调停。

英国首相松了口气，这次他拉上了意大利领袖。张伯伦给墨索里尼发了一个紧急电报，请求他出面进行调停；而后者也很担心自己会被拖入一场世界大战，因为他知道意大利军队尚不具备作战的条件。墨索里尼提出了一个调解建议，并派了他驻柏林的大使敦促德国元首接受：英法德意四大国首脑之间召开一次会议，以和平方式解决苏台德问题。希特勒顺水推舟，表示同意。他平静地告诉意大利大使："告诉你们的领袖，我接受他的建议。"伦敦和巴黎立即声明，愿与墨索里尼和希特勒会面。已"陷入了忧郁中"的戈林闻讯以后，情不自禁地高呼："感谢上帝！"

1938年9月29日，会议在慕尼黑举行。会上一致决定：德国将得到全部苏台德，但德国将与意大利一起保证捷克其他地区的领土完整。慕尼黑协定的签署这一消息犹如炸弹爆炸，给希特勒带来了迄今为止最大的成功。在他看来，迟疑不决的将军们和满腹狐疑的总参谋部丢尽了脸。他不用再期望将军们理解他了，他们必须服从他。他在人民心中的威望也有增无减。数以百万计的人盲目相信，他并不需要战争，反而是他阻止了战争的爆发。但目光敏锐的格德勒对未来正确估计道："张伯伦先生怕冒风险，结果反而招致了战争的必然爆发。英国和法国人民现在必须拿起武器来保卫他们的自由，除非他们甘愿过奴隶般的生活。"

可是暂时不会有战争了，这也意味着政变不需要了。在这可怕的形势逆转中，人人都陷入极度的思想混乱之中，不知所措。哈尔德无奈地

◀ 张伯伦回到英国后，告诉机场上欢迎他的群众，他带回了"我们时代的和平"。他屈从于希特勒的要求，却不经意破坏了反纳粹的德国军人企图发动的政变，也使战争不可避免。

说："我们现在怎么办？他总能如愿以偿……"每一个参与密谋的人都明白，整个行动已经失去了基础。是否能在这种情况下动员民众来反对他，即使可以避免一次大战，也是值得怀疑的。只有吉泽维乌斯仍然绝望地企图说服大家继续按原计划采取行动，但特遣队长海因茨认为，一个活着的元首本身就比他们手中的所有部队都强大，而维茨勒本也解释道，军队绝不会在希特勒取得最伟大胜利的时候起兵造反。几天以后，一小伙反叛者聚集在维茨勒本家中的壁炉旁，回想着他们的失败以及"欧洲遭遇到的灾难"，"把原先美好的计划和设想一起投进了炉火里"。

1938年10月1日，德军开进苏台德——一天不差，而且，没遇到抵抗，未费一枪一弹。对此捷克只能提出强烈抗议而已。10月18日，贝克将军退役。11月1日，新闻界被允许刊登一条简短消息。关于其中的内幕，舆论界几乎无人知晓，只有极少数人知道这意味着什么。这位隐居中的前总参谋长，情绪极度沮丧，说现在什么都不需要做了，德意志的命运已任由希特勒摆布了。密谋分子匆忙散伙，并在设法向他们所在的单位解释其间缺席的原因，以及消灭可能暴露他们的任何蛛丝马迹。直到一年以后，他们才有机会再次策划反希特勒的行动。与此同时，首批外国刺客已经来到德国，他们企图解决希特勒，阻止世界大战的爆发。

在里宾特洛甫的注视下，希特勒在慕尼黑协定上签字；在他身后，戈林和墨索里尼正在交谈。慕尼黑协定签署以后，希特勒被神化了，在人们的盲目崇拜下变得更加为所欲为。

第五章

殊途同归

在1938年10月和11月间，有一个名叫莫里斯·巴沃的22岁的神学院学生曾多次企图刺杀希特勒。巴沃1916年1月出生于瑞士纳沙特尔的一个虔诚信奉天主教的市民家庭。家里有7个孩子，他是老大，性情开朗，好动。他的家境虽不富裕，但日子过得还可以。父亲是邮局的经理人，母亲照管一家水果店，孩子们为了多得零用钱常在店内帮忙。中学毕业后巴沃在弗里堡上专科学校，后曾在一家建筑公司当过描图员。

虽然大部分瑞士人都努力维持他们国家的中立地位，但是瑞士绝不是一个不受侵害的世外桃源。当时，大部分报纸（在政府允许的范围之内）对希特勒德国的报道是符合实际的，不过也有一批亲纳粹组织出版的煽动性报刊。年轻的巴沃见什么读什么，对一切都感到似懂非懂。当时，天主教青年组织"圣约瑟夫协会"依然是一支强大的对抗力量，随着宗教思想的加深，巴沃决心把自己培养成为法国圣灵修会的主教。1935年秋入学考试通过后，他就进了布列塔尼的圣布里厄神学院，并开始严肃认真地为自己将来要从事的神职打基础。

许多在圣布里厄上过学的同学后来在回忆巴沃时，都说他是个冷静、敏感、智力平平、倾向神秘主义的年轻人。他酷爱唱歌，经常吟诵瑞士的传统民谣，还参加过教堂的格利高里合唱团。他喜欢神学院的课程，也喜欢那里轻松的气氛。虽然这是个超脱尘世的地方，但有个人却对巴沃产生了重大甚至致命的影响，那就是马塞尔·热尔博埃。热尔博埃是白俄遗民的私生子，尽管出身卑微，但是他相信，儿时就已去世且身份不详的父亲与罗曼诺夫皇族有关，常想自己就是沙皇太子。在神学院学习期间，他被各种错觉和幻象包围，一度由于患阵发性精神分裂症休学一年，1935年秋天才重新回到学校。

敏感的巴沃和神经不正常的热尔博埃关系特别密切，是极其亲密的朋友。他们组建过一个无明确目标的神秘修会，名叫"求知会"。该组织未引起人们的重视，除了后来的纳粹政权外。他们热烈地讨论世界大事，其中包括纳粹主义的问题。这个组织提出过许多言论，一个同学曾公开提出，只有用暴力消灭希特勒，世界才会重新走向安宁。这是一种理论上的呼吁，并不要求立即采取行动。但是巴沃有着坚决反国家社会主义的基本思想。后来，他得知，在德国，天主教徒不能够顺利地做礼拜，纳粹政权鼓动教徒退出教会。巴沃很担心一种新异教在纳粹的宣传运动中兴起。在热尔博埃的影响下，巴沃如痴如狂地认为，必须除掉希特勒，才能使天主教会免遭其害。

1938年夏天，巴沃决心在纳沙特尔的父母家里度完三年级假期后，就不再回神学院去了，而是去德国完成其"伟大事业"。他从母亲经营的蔬菜店里私自拿了六百法郎作为旅费。若是父母知道他要派大用场的话，也许会原谅他的这一偷窃行为。他给家人留了一张非常简短且语焉不详的告别信，只有两行字："亲爱的母亲：望勿为我担心。我要自食其力。莫里。"一场天真的外行刺客的悲剧，就这样荒谬地开始了。

1938年10月9日，巴沃带着一本法文版的《我的奋斗》以及另一本题为《我的学说》的希特勒的演讲集，乘早班火车离开纳沙特尔。10点钟到达巴塞尔，他用538.38瑞士法郎换到一张555马克的旅行支票，然后就去巴登–巴登拜访他祖母的姐姐卡洛里妮·古特雷尔。由于语言不通，双方只能用手势来说话。老祖母终于明白，这孩子是来找一个描图员的工作。古特雷尔夫妇是一对早已退休的房管员，他们表示愿意帮助莫里斯，于是带他去劳动局登记。

古特雷尔又通知儿子来奥波尔德——一个飞黄腾达的纳粹分子，是宣传部的一个局长——他们的一个远房亲戚突然从瑞士来到巴登–巴登，并想参与大德意志帝国的建设工作。巴沃和古特雷尔两家已经多年未联系了，尽管他伪装成一个狂热的纳粹仰慕者，但这个新来的表亲仍旧引起了对方的警觉。来奥波尔德立即向盖世太保告了密，并指出他的亲戚有侦察正在建设的"西壁"防线的嫌疑，但是告密材料被秘密警察忽视。此外，他还派自己的老婆带着六岁的儿子去巴登–巴登提醒其父母注意与巴沃保持距离，并告诫他，在任何情况下都不得利用来奥波尔德的名号作为找工作的敲门砖。

▲ 单枪匹马来到德国，企图行刺希特勒的瑞士籍神学院学生巴沃。

▲ 在重新占领莱茵兰后，希特勒采取的第一个举动就是建造"西壁"。为此，50万劳工日夜不停地工作，修建地堡、掩体和反坦克障碍。图为希特勒视察工地时，受到被组织好的工人们的欢迎。

来奥波尔德的冷漠态度使巴沃确信，该采取下一步行动了。10月20日，巴沃对他的亲戚说，他要去设在曼海姆的瑞士领事馆洽谈找工作一事。实际上他去了巴塞尔。此时这个自发的刺客还从未摸过手枪。他在石门大街13号的比尔京武器商店用30法郎买到一支6.35毫米口径的施迈赛尔式手枪和10发子弹，然而这是一支女式手枪，只有在很短的距离内有杀伤力，所以如果巴沃用这支手枪行动，自己也难免会被当场逮捕或击毙。

第二天，巴沃来到柏林，住在米特尔大街的亚历山大饭店，他在住客登记表上写的是自己的真名实姓。他常去市中，一是想找一个便宜的住处，二是去总理府周围观察和寻找下手的机会。巴沃知道，他必须首先学会使用武器。这一时期在德国很容易搞到弹药，他在弗里德里希大街的一家武器商店里又买到25发子弹。后来，他在柏林大街146号一个名叫安娜·拉德克的寡妇家里找到一间带家具的房间。他费力地和房东达成了交易后，从饭店取回行李搬进新居。拉德克夫人带巴沃到阳台上，指明了去警察局的路，他答应立即去登记。

在继续等待行刺机会期间，巴沃从某外国报刊上读到一条希特勒正在上萨尔茨山上的消息。他立即去找女房东，说他必须到德累斯顿去几天，然后直奔贝希特斯加登。他走得那样仓促，以至把衣物和书籍都忘了带走。这引起了那位对外国人本来就有偏见的拉德克夫人的怀疑，并报告了警察局。但是，她的报告和来奥波尔德的一样，都未引起警方的重视。

巴沃到贝希特斯加登后，住在史蒂夫茨凯勒饭店。为了熟悉道路和摸清希特勒山庄的情况，他每天都要出去转悠几个小时。伯格霍夫现在已成了一座方圆七平方公里的庄园，原先朴素的小木屋被改造成了更适合帝国元首工作和居住的规模宏大的楼房，周围竖起了一排排客房、警卫宿舍、车库等其他房子。在新建筑的前后左右一共有两道铁丝网，外圈长14公里，内圈长3公里，日夜有武装警卫巡逻。不过，想要收集希特勒在山上的生活情况并不困难。接受巴沃打听的当地人态度非常友好，也往往很熟悉希特勒的这些秘密习惯。但是由于语言障碍，巴沃进展甚微。有一次，他竟敢贸然向一个警察打听，怎样才能进入庄园，这位警官客气地告诉他，需要一张专门的通行证。

巴沃引人注目地游逛了几天，却从未受到过阻拦、盘问或者被告发。这位年轻人对所住饭店的经理抱怨说，他感到百无聊赖，连说话的人都没有，经理建议他去找一个名叫维利·艾伦斯佩克的兼课老师，他在当地高中教授法语。于是，巴沃去走访艾伦斯佩克，后者正在上课。他们约定下午在洛溪霍夫咖啡馆见面。艾伦斯佩克把他的同事埃米尔·罗伊特也带来赴约，交谈是用法语进行的，三人非常高兴。巴沃尽情发挥他对希特勒的吹捧之词，骗取了两位听客的信任。当这两位新朋友在学校讲课的时候，巴沃就独自到上萨尔茨山附近的树林里去，在树

▲ 伯格霍夫刚开始时只不过是一座松树环绕的普通山林小屋，它是希特勒上台前用《我的奋斗》一书的版税购买的。

桩上绑上一个靶子，练习在7米之内击中目标的技术。这是他准备向希特勒开枪的距离。虽然他的手枪没有消声器，但是建筑工地上连续的施工爆炸声吞噬了他的枪声。

巴沃曾对他的两位教师朋友说，他最大的愿望是能亲眼见一次希特勒。当时，负责上萨尔茨山安全事务的警察少校卡尔·德克特也偶然在场，他是艾伦斯佩克的私交，负责保卫元首安全和监视该地区的外国人。艾伦斯佩克问德克特，有无见到元首的可能。这个高级警官回答说，现在不行，元首很忙，他建议巴沃到慕尼黑去，希特勒必定会在那里参加11月8日和9日举行的传统庆典。艾伦斯佩克甚至补充说，几年前他曾在慕尼黑的"都市"咖啡馆前亲眼看过这种纪念游行，游行队伍正好在他所站的地方停顿下来，因此有幸在最近的距离内长时间地见到元首。"是否也有可能和元首说几句话？"巴沃问。"不太容易，"这位无意中帮助巴沃的"顾问"答道，"这要有一位显要人物的证明信才行。"

10月31日，巴沃来到慕尼黑。数以十万记的人正千方百计为求得一张观礼台票而奋斗着，很多人高价租用市内临街住家的窗户和阳台，以便获得一个好位置，能在11月9日看到元首像1923年暴动时一样同他的老战友一起向英烈祠游行的盛况。巴沃在维也纳城饭店住下，然后直接去市政府、外国新闻处和英烈祠警卫处，企图搞到一张登上观礼台的票子。

◀执勤的警察、冲锋队和党卫队员正站在著名的贝格勃劳凯勒啤酒馆的拱形大门边，一年一度纪念1923年暴动的游行即将开始。

巴沃自称是一家瑞士报纸的记者，但又没有记者证。即便如此，他也未引起怀疑，因为当时在国外也有很多希特勒的追随者，尽量优待亲纳粹的外国旅客已经成了一种不成文的制度。一名官员建议巴沃去请求专门为此次活动而成立的"十一月九日局办公室"。这位所谓的"记者"成功地找到了该办公室主任埃米尔·森夫廷格。巴沃不会讲德语，只上过几年学的森夫廷格也不会讲法语。为了不使巴沃失望，他请了"外国报刊工作协会"的负责人阿尔贝特·宾茨帮忙。巴沃滔滔不绝地说了一通赞美希特勒和第三帝国成就的话，于是未经任何审查就赢得了一张圣教堂对面的主席台观礼票。

巴沃准备在观礼台的第一排伺机击毙希特勒。他观察了地形，默默地估算距离。如果元首经过时的距离超出射程范围，那么他准备越过封锁线向他冲去，在马路上向他开枪，然后趁群众惊乱之际逃之夭夭。当天，他在阿贝勒武器商店买了两盒子弹，接着立即去帕幸附近的树林进行实弹射击类练习，直到他发现自己引起了人们的注意为止。于是，他乘郊区火车去阿梅尔湖畔的赫尔申，在那里租了一条小船，叠了一只小纸船放到水里，然后以11月9日那天他离希特勒的假想距离从船上开枪打纸船。经过80余次练习，他已习惯于高速连发产生的后坐力，射击命中率也得到了极大的提高。

11月9日清晨，巴沃比游行开始的时间提前几小时就离开了饭店，以便在观礼台的第一排占据一个座位。街上行人稀少，巴沃已经孤身一人坐在观礼台上了，清洁工们还以为他是个夜游神。天亮后，各条街道上渐渐站满了有组织的夹道欢迎者。观礼台上你拥我挤，人声鼎沸，紧靠巴沃右边的人甚至碰到了他大衣口袋里的已经打开保险的手枪。在这喧嚣和疯狂的嘶叫声中，巴沃静静地坐着，耐心地等待时机的到来。巴沃所处的位置一直很好，距离很合适，对实行计划极为有利。巴沃曾经在新闻电影中看到，在狂热的场面中，总是有个别群众越过警戒线冲向希特勒和他握手，或者献上一束鲜花。巴沃想，如果有必要，他也不妨一试。

中午刚过，游行队伍就开始沿着原来暴动时走过的路线开始行进了。走在最前面的是尤里乌斯·施特赖歇尔，他身旁是一面据传沾着当年暴动牺牲者鲜血的卍字旗，身后紧跟着两排纳粹党的元老级领袖，其中包括阿道夫·希特勒本人。他们10人一排，并肩缓缓前行。他们后面是"老战士"和党卫队、冲锋队以及希特勒青年团等纳粹组织的各个方队。游行队伍从暴动发起的贝格勃劳凯勒啤酒馆出发，一直走到被它镇压的英烈祠。在那里，活动达到高潮。仪仗队鸣枪，希特勒献上花圈，鞠躬，默哀，最后独自进入殿里的墓室，围绕16个在暴动中"牺牲"的"烈士"的铜棺走一圈，才算礼成。

希特勒快到了，还有200米，150米……群众的呼喊声像火山爆发一般，人们纷纷涌向前方。冲锋队员组成了两道人墙，用以阻挡歇斯底里般欢呼的人群。一道人墙面对游行队伍，另一道转而面对观众。他们费了九牛二虎之力才把人潮挡住。观礼台上，人们也开始站在凳子上欢呼雀跃，后面的人在谩骂，然后也学了前面人的样子。在疯狂的呼喊声中，巴沃看到了赫尔曼·戈林，接着是海因里希·希姆莱，最后是希特勒。然而，游行队伍不在马路中间，而是在马路对面的人行道边。这个距离实在太大。而且，巴沃只能在侧面或者后面向希特勒射击，可击中

◀ 走在游行队伍最前面的是施特赖歇尔，身后是面据传沾着当年暴动牺牲者鲜血的卍字旗，后面紧跟着纳粹党的元老级领袖，其中包括希特勒以及戈林等人。

的面积很小，目标也不时被其他游行者和他两边的人盖住。

正当巴沃要拔出手枪时，后边的人涌到他前面，举起双手挥舞，挡住了他的视线，巴沃无法瞄准射击。除此之外，最大的障碍是密集的冲锋队警戒线，直接在观礼台的第一排之前。冲向马路的想法也是不可行的，因为巴沃肯定无法离开拥挤的观礼台，越过两道人墙。当元首出现时，面对游行队伍的冲锋队员都举起右手敬礼，这就完全挡住了巴沃的视线和射击目标。在沸腾的人群包围下，他只能眼睁睁地看着希特勒踩着鼓点缓慢地从眼前步行而过。巴沃并不就此善罢甘休，但是他的旅费几乎全部花光了，虽然他极其节约。即便如此，他仍然不愿离开德国，并试图再次以有效的射击距离接近希特勒。

巴沃伪造了一封前法国总理佛朗丹的亲笔信，然后直接前往上萨尔茨山。在射击场桥头堡旁，他被卫兵挡住。他出示了那封所谓的"证明信"，声称他肩负重要使命。卫兵有些束手无策，于是打电话请示山庄，然后告诉巴沃说，元首根本不在这里，而是还在慕尼黑。巴沃当即返回巴伐利亚首府，他想，要是有一封法国民族激进党议员皮埃尔·泰但热的证明信，他一定会取得成功。于是他借了一台打字机，用两个手指敲击键盘打了一封信："阁下：我请求您友好接见莫里斯·巴沃先生。我委托他向您当面转交一封私信，当然也涉及政治。请允许我向阁下致以崇高的敬意。巴黎市议员和法国民族激进党主席：皮埃尔·泰但热。"

▲ 图为改造后的伯格霍夫，它背倚巍峨耸立的阿尔卑斯山，风景秀丽，既为希特勒提供了一个舒适的度假胜地，也让来访的客人（如张伯伦）难以忘怀。

11月12日上午，巴沃来到纳粹党地区党部，出示了那封"证明信"，门卫让他去见值班的党卫队官员卡尔·科赫。但科赫不会法语，于是叫来了一名女秘书。后者好不容易才把那封所谓的"泰但热的证明信"翻译出来。科赫听后未对巴沃多加盘问，就让他去和中央党部书记的办公室联系。负责有关事务的巴伐利亚地方法院院长库尔特·汉森博士表示愿意接见这位瑞士客人。听取了这位说话结巴的来访者的陈述后，汉森斩钉截铁地说，晋见元首不可能。巴沃顽固地赖着不走，并声称，泰但热嘱咐，必须把信亲自交给元首。汉森答道，元首目前在贝希特斯加登附近的比绍福斯维森，然后建议他到那里去试试运气。

当巴沃到达贝希特斯加登时，天色已近黄昏。此时他身上只剩下5马克，因此只能步行过去。途中，他曾向好几个行人问路。他觉得自己走不到比绍福斯维森了，于是决定中途返回。但是巴沃并未就此放弃刺杀希特勒的计划，他决定先回瑞士，想等到有钱时再来实施这一计划。巴沃买了张去弗莱拉辛的车票，手头只剩下1马克50芬尼。到弗莱拉辛后，他立即登上一列途经法国边境的列车，准备在边境下车，然后步行通过三国交界地带返回故乡。巴沃筋疲力尽地坐在车厢里时，发生了一件意料之外的事：火车检票员艾格在查票时查出巴沃没有买票，让他补票，巴沃说没钱，于是他就把巴沃带走，交给了铁路警察。

如果莫里斯·巴沃是德国人的话，铁路警察看过身份证，让他补票和罚款后，就会立即释放他，但巴沃是外国人，于是被送交盖世太保。直到此时，人们才开始搜查他的口袋，结果翻出了他没有毁掉的两封伪造的证明信，以及没有扔掉的上了子弹的施迈赛尔式手枪和剩余的6颗子弹。巴沃由于乘黑车和非法携带武器被判2个月零7天的徒刑。服刑期间，盖世太保对他进行了全面调查。盖世太保又从慕尼黑旅馆的房间里发现一张贝希特斯加登地图和19发子弹。巴沃对自己的刺杀企图供认不讳。

1938年11月9日晚上，当德国观众看完夜场电影《火山之舞》走出电影院时，火山真的爆发了，整个德国到处升起了冲天大火。纳粹分子奉命在各个城市发泄"群众自发的愤怒"达24小时之久。一共有191座犹太会堂被焚，171处犹太人住宅被毁，840家犹太商店被抢；犹太人死亡和重伤者各36人，超过2万人被投入集中营。起因是两天前，德国驻巴黎使馆三等秘书恩斯特·冯·拉特在接待一个"陌生的来访者"时，这人突然向他开了5枪，2颗子弹击中其胃部。拉特被送往医院，但因伤势过重，医治无效而丧命。刺客当场被捕。这名刺客名叫赫舍尔·格伦什潘，是个犹太流亡者，1911年生于德国汉诺威，父亲是个波兰裁缝。由于纳粹政权的种族主义政策，格伦什潘找不到工作。1936年他去了比利时，在布鲁塞尔一个亲戚家住了段时间，次年又来到巴黎投奔叔叔。1938年10月28日，1.5万名犹太人被德国政府强行迁往波兰，格伦什潘的父亲也在其中。通过姐姐寄来求助的明信片格伦什潘才得知这一消息，愤怒的他弄到一把手枪，踏上了前往德国使馆的路……戈培尔在和希特勒进行简短的谈话后，导演了后来在历史上被称为"水晶之夜"的

▲ 劫后的柏林街头，一家残破的犹太人开的商店，路人中有的露出赞许的表情，有人步履匆匆，视而不见。

行动。人们心惊胆战地目睹着暴徒们的兽行。在这些义愤填膺而又束手无策的目击者中，有两个人是苏维埃政权派来探访刺杀希特勒的可能性的间谍。

自1918年苏联退出第一次世界大战后，苏联政府希望能从战争转到

▲ 格伦什潘（左）正被法国警察带走。他的个人行为实则是个悲剧，因为他搞错了报复的对象：被打死的拉特其实是个受到盖世太保监视的坚定反纳粹人士。

建立社会新秩序这一任务上来。但是，却注定要再打三年多的仗，以对付反革命的反扑。后者还得到了对布尔什维克退出对德战争和争取世界革命感到恼火和不安的协约国的支持与援助。新成立的苏联很自然地怀有被敌人包围的担心。以此为纽带，它们与同样为西方轻侮对象的德国建立了亲密的伙伴关系。

1922年，苏德两国在意大利热那亚附近的拉巴洛秘密缔结条约，彼此给予贸易最惠国的待遇。德国帮助苏联的工业建设，提供需要的技术和经济援助。这种合作长达10年，范围不断扩展，还促进了非官方的军事交往。德国国防军设立了一个特别小组，同苏联军方打交道。经过谈判，双方商定：苏联允许德国将被《凡尔赛和约》禁止的军工厂和学校转移到苏联境内。1924年，身穿便服的德军官兵秘密在那里学习驾驶坦克和军用飞机，研究机动战法。

希特勒上台后，苏联表示仍愿一如既往地与德国新政府保持友好关系。但希特勒还是放弃了与苏联的同盟，解除了德军与苏军的联系，在外交政策上另辟蹊径，竭力与他认为的理想盟友——意大利和日本结好。于是，苏联也改弦更张，转而同它曾经深恶痛绝的西方国家重新恢

◀▲ 1933年2月底，德国国会大厦遭人为纵火焚毁（左图）。长期以来历史学家都认为这把火是纳粹自己点燃的，目的在于制造迫害共产党人的契机（上图）。

▲ 位于慕尼黑布里纳尔大街45号的纳粹党部"褐色之屋",这是希特勒用实业家的捐款购置的。1931年正式启用前,他对其做过重新改造。

复了政治和外交关系。1934年,苏联先后与法国和捷克斯洛伐克签订了协定,建立起联盟体系,并进一步试图与英国和美国接近,力争也建立牢固的友好关系。

这时,苏联已需要详细了解有关德国的新情报,包括德军的兵力、部署、士气、作战计划和武器装备的技术性能等情况。执行这一任务的苏联特工属于本国的国家安全机构,即内务人民委员部(NKVD,简称内务部)。与纳粹党卫队相似,内务部也负责处理苏联的敌人或国内外的奸细。苏联间谍虽然较晚才展开针对德国的情报活动,但他们很快就迎头赶上,甚至确立了优势地位。

20世纪30年代中期开始,苏联精心设立和发展了几个高效的针对德国的情报组织,如著名的"红色乐队"和"三套车"。苏联情报机构有一条安全规定,任何组织的头目都不能待在其所从事间谍工作的国家内,因而它们的主要基地都设在中立国境内——"红色乐队"活跃于法国和比利时，"三套车"则在瑞士活动——从那里搜集德国情报。这样做当然很有利，因为德国人无法进行干预。常驻瑞士的苏联谍报网的领导人是匈牙利人山多尔·拉多，代号叫"多拉"。拉多巧妙而广泛地安插和招募了间谍。最主要的情报员是一个反纳粹的德国流亡者鲁道夫·罗斯勒，该谍报网因其使用的代号而又名为"露西"小组。罗斯勒在德国拥有不少消息提供者，包括最高统帅部的一些军官，其中可能有"黑色乐队"的成员。

从1937年起，拉多利用瑞士一家地图绘制公司的合伙人的身份作为掩护开展活动。他手下还有2名无线电报务员，其中一个是来自英国的有才干的左翼青年亚历山大·艾伦·富特——别人总是把他和他的电台称为"吉姆"。有人认为他是个坚定的共产党员，适合于当间谍，便把他推荐给苏联人。1938年，富特隐瞒身份经法国潜入瑞士，来到日内瓦湖畔的洛桑，并根据拉多的指示，在格朗莱街2号租了一套公寓。表面上他装作是个不问政治的外国人，对别人说他是为了逃避征兵才来瑞士的，过着一种富裕闲散的生活。他很受邻居喜欢，常请客，也常被请，因此结交了许多朋友，建立了很多关系，但是谁也不知道他是个间谍。

苏台德危机期间，莫斯科积极鼓励布拉格增强反对德国的勇气。富特也接到任务，和另一个名叫比尔·菲利普斯的苏联间谍一起，带着假护照，以接受纳粹宣传并指责自己的报纸"报道有倾向性"的英国记者的身份去德国旅游。他们来到慕尼黑，这里是最容易寻访希特勒踪迹的地方。那个独裁者经常在星期五下午或晚上离开柏林前往慕尼黑，最早要到星期一晚上才回来。这种周末的南方之行早已成了规律。他会先到褐衫党总部，然后在博根豪森的公寓过夜，如果不愿光顾城里的咖啡馆、茶室和饭店的话，第二天就驱车直接去上萨尔茨山。

富特和菲利普斯进行了实地考察，谁料刚坐下就注意到门口一阵骚动，然后看到希特勒在副官布吕克纳、私人摄影师霍夫曼和其他2名随从

▲ 希特勒居住的这幢公寓位于慕尼黑最隐秘的一条街道上。

的陪伴下走了进来。在向莫斯科总部报告了这个情况后，富特他们被命令继续监视，关注希特勒及其随扈的动向，记录下他们每次光顾的细节和明显疏忽的安全措施。

"奥斯特里亚-巴伐利亚"餐馆有一间前厅和一间较小的后厅，中间是一条很短的通道。后厅里专门为希特勒设立了一张固定的餐桌。两个苏联间谍很快就打听到：希特勒经常光顾这里，但不定期，老板直到他临来时才得到电话通知，接着赶紧有礼貌地请后厅的客人都到前厅去。因为希特勒来时必须先经过前厅，所以顾客们都能看到元首的光临。每次总是先来两三个党卫队员，接着希特勒本人及其陪同随后就到。警卫人员通常会在通道口拉起一根绳索，作为唯一的警戒线。

富特和菲利普斯决定做个试验。当希特勒再次来到这家餐厅时，他们分别坐在通道两侧的桌边。当希特勒一行从他们之间走过，富特发出事先商定好的信号，然后菲利普斯把手伸进口袋拿烟盒，像是要掏枪的样子，同时观察在场的党卫队员。令他们惊讶的是，那些警卫中居然无一人对此动作有所反应。这说明，刺客在这种场合下有拔枪向希特勒射击的可能。然后希特勒在离两人只有几米远的地方就座。其间谁也没有注意他俩，虽然他们很容易被看出是外国人。他们还看到有个别好奇的顾客走到警戒线旁，伸头探脑地想看一眼希特勒。

这两位苏联间谍确信，击毙希特勒不存在任何困难，当然刺客也几乎没有逃脱的可能。不过，细心的富特和菲利普斯还注意到：在希特勒的专桌后面的墙上还有一排衣帽钩，完全有可能在大衣、雨伞和帽子下，不引人注目地放一只装有定时炸弹的公文包。放炸弹的人有足够的时间，在爆炸之前撤到安全地带去。经过周密的考虑并与其他办法相比较后，他们觉得这是个切实可行而且万无一失的办法。侦查行动结束后，富特和菲利普斯返回瑞士。他们建议莫斯科，希望批准在"奥斯特里亚-巴伐利亚"餐馆用定时炸弹刺杀希特勒。

但莫斯科那边杳无音讯，计划也因此石沉大海，始终未得到答复。在此期间，苏联方面已经开始考虑再次改变对德政策了。自从慕尼黑协定签订以来，斯大林便认为同西方合作的计划已经失败。随着德国节节胜利，他担心西方国家会继续对希特勒纵容让步。他越来越怀疑，这种外交政策的根本目的是要使德国转而向东方扩张，最终以牺牲苏联为代价。最好的解决办法看来还是由自己直接和希特勒取得谅解。

希特勒耀武扬威地进入布拉格以后，在哈拉德卡尼堡广场上检阅德军仪仗队。

第六章

失之交臂

慕尼黑协定敲响了捷克斯洛伐克国家的丧钟。布拉格不仅失去了苏台德，而且还刺激了境内其他少数民族的分离倾向。斯洛伐克人也提出条件，要求获得更大程度的自治权，并得到了德国人的支持。1939年3月15日，在希特勒的授意下，斯洛伐克宣布独立；同日，希特勒命令德军占领"残存的捷克"，成立所谓的"波希米亚-摩拉维亚保护国"，他自己也决定像一年前耀武扬威地进入维也纳那样再次威风凛凛地前往布拉格。

从1938年起，为了保卫元首到新的占领地视察时的安全，从陆军"柏林卫戍团"中抽调连队组建了一支警卫部队——"元首护卫营"，由一个名叫埃尔温·隆美尔的年轻上校率领，与党卫队警卫旗队一道行动。"柏林卫戍团"的历史可追溯到1919年，为了抵御来自左右翼力量的袭扰，这样一支武装应运而生。起初被称作"柏林卫戍队"，这个番号自1921年开始使用，直到1934年。这期间他们主要承担着首都的警卫和仪仗工作。希特勒掌权后，经过几次变更后终于在1937年为其定名为"柏林卫戍团"。其成员几乎每天都是在训练场上度过，而到了星期天，全团所有的官兵们还要在军乐队伴奏下，到公众场合举行换岗仪式或阅兵式。

在布拉格的暴风雪中，党卫队警卫队来迟了一步，在隆美尔的陆军护卫队保护下的希特勒，与指挥装甲部队的埃里希·霍普纳在边境不期而遇。霍普纳故意提议元首何不驱车直入捷克首都，以显示眼下谁是这个国家的真正主人，隆美尔也随即附和。这个主意固然使其他人感到震惊，但希特勒欣然接受了。后来隆美尔对他的朋友自夸说："我就是那个劝希特勒径自前往布拉格的人，在我的护卫下，我们一直驱车来到哈拉德克尼城堡。我告诉他，除了沿着这条路长驱直入这个国家的心脏——首都布拉格外，他没有别的选择。在一定程度上我使他顺从了我，他完全由我摆布，并一直没有忘记我向他提出的那个忠告。"

那天夜里，元首车队在装甲车护卫下驶进布拉格。隆美尔自布拉格给妻子的信中写道："结果好就证明一切都好。"希特勒也轻描淡写地对恭候在那里的将军们说："两周之内将不会再有人谈论此事了。"然而这一估计是错误的。希特勒撕毁了自己亲笔签订的协定，暴露出他所谓不再有领土要求的保证不过是个虚伪的骗局，从而导致了英国政策和舆论的全面逆转。现在连张伯伦也不会再相信他了，承认同这样的人不能缔结任何条约，他在伯明翰发表讲话，正式宣告英国政业已放弃了它的绥靖政策。在此期间，希特勒又强迫立陶宛交出了德国根据《凡尔赛和约》割让给它的默梅尔地区。波兰在他的日程表上被列为下一个牺牲者。

1939年3月24日，即德国军队开进默梅尔市的第二天，柏林就波兰走廊问题，向华沙提出了要求。希特勒故伎重演，公开声明：他只想得到两条经波兰走廊通往东普鲁士的享有治外法权的公路和铁路。但是张伯伦随即发表声明，独立的波兰一旦遭受侵略，英国保证给予全力支持。同时，英国加强了备战的步伐，包括开始实行义务兵役制，提高军用飞机的月产量。那年的复活节，在伦敦举行了首次防空演习，警报器

▲ 霍普纳（右）和古德里安一样，同为德国装甲部队的建军领袖。

发出了凄厉的响声……张伯伦的下一个行动是于4月15日开始与苏联人谈判。但到这时，双方相互间已很不信任，因此，没有取得什么进展。

德国人还并未领会到继续执行希特勒无限制的扩张外交必将导致战争的道理，他们正为自己的担惊受怕又一次变成了"不流血的征服"而欢欣鼓舞。1939年4月20日正好是希特勒的50岁生日，这是神化元首的天赐良机。戈培尔操纵的宣传机器将把这个昔日的外国人当作史上"最伟大的德国人"加以大肆吹捧，届时会在柏林举行隆重的阅兵式和盛大的火把游行等各种丰富多彩的庆祝活动。

庆典开始前几天，英国驻德武官、炮兵上校诺埃尔·梅森－麦克法兰站在他位于柏林索菲大街1号的寓所的客厅窗边，俯瞰新近才竣工的作为德国首都东西轴线的凯旋大道。他看着工人们正为阅兵式在观礼台上布置装饰，悬挂起纳粹卐字旗，在道路两边竖起顶端镶嵌着镀金雄鹰的柱子。他和一个同事交谈着，思想却游离到楼下那幕徐徐展开的场景中。"用步枪射杀非常容易，"麦克法兰说，"我可以从这里射中那个杂种，就像眨眼那么简单。"短暂的沉默过后，他接着说："当然，我一定会自身难保。但只有把那个疯子干掉，才能还世界一些理智。"当他的同僚小心翼翼地承认这是"一个主意"时，他又补充道："是的，这个主意很残忍，也很血腥，但是我早已为此做好准备了。"

诺埃尔·梅森－麦克法兰1889年出生于一个军人家庭，曾在皇家军事学院学习，后于1909年加入炮兵部队。他参加过第一次世界大战，在法国和美索不达米亚服役，获得过由法国政府授予的英勇十字勋章以及由英国政府颁发的十字军功勋章。战后，他去过土耳其、阿富汗和印度。麦克法兰是位才思敏捷的诗人和一流的板球手，曾被同时代的人描绘为"推崇直接行动"，"强烈渴望亲手扭转乾坤"。他有时会怒气冲天地和别人吵得面红耳赤，使人看不出他会做一些背地里的勾当。尽管并不具备外交官的品质，他仍然在1931年以武官的身份被派往奥地利，此后的5年中又先后以同样的身份在瑞士和匈牙利任职。

麦克法兰是个刚毅不屈的军人，知道如何把不可能变为可能。青年时代，他在一次马球比赛中从马上跌落，摔伤了颈椎；后来在布达佩斯任上又出了一次车祸，伤了脊椎。他不能像正常人那样抬腿，走路拖地；由于颈椎无法直立，头向前倾。但他以令常人难以想象的力量不顾病痛，精力过人地与这些缺陷作着顽强的斗争。1936年，麦克法兰被派往柏林。在那里他以警惕的目光和日益增长的愤怒注视着希特勒的征服政策。

麦克法兰断定这个和他同年出生的人不值得信任，坚信德国只要一在军备上占优势，希特勒就会亲自点燃战火。他认为英国不能坐以待毙，主张用主动出击的政策来对抗德国。此外，他还了解一些德国将领的反希特勒态度。他曾向他的朋友、《时代周刊》驻柏林记者埃文布特勒表示：只要希特勒活在人世，战争就不可避免；只有用暴力铲除他，才能防止战争的爆发；德军总参谋部仇视这个独裁者，并冀望利用他的死一举消灭纳粹制度。

希特勒生日阅兵数周前，梅森-麦克法兰在一份寄往伦敦的备忘录中，提出了深思熟虑一段时间后才想出来的办法。上校认为自己的住所距离希特勒所处的主席台只有不足百米，在阅兵过程中，一个镇静的狙击手可以用一只带望远瞄准镜及消音器的自动步枪，从他的浴室窗户内从容不迫地开枪射击，结果那个正在检阅游行队伍的寿星的性命，而且绝对不会被人发现，军乐队嘈杂的演奏声完全可以淹没射击声，希特勒中枪后围观人群也会立即发生混乱，谁也判断不出子弹是从哪里打出的，刺客便可趁此绝佳的机会逃脱。

麦克法兰的态度十分严肃，甚至表示愿意亲手扣动扳机。他不是被盲目的虚荣心所驱使，而是对现实真真切切的关注和忧虑。他告诫英国政府，除非希特勒"出人意料地被送入阴曹地府"，否则将面临灾难性的后果。然而，伦敦方面却对这一看似粗鲁的要求不屑一顾。外交大臣哈利法克斯勋爵严正申明："我们还未发展到这种地步，非得用暗杀作为正常外交的替代品不可。"希特勒因此再次免于一死，也许可以阻止第二次世界大战爆发的最后一次机会，就这样被白白丢弃了。

　　尽管1939年4月20日当天清晨乌云密布，但完全没有减弱全柏林的人们去膜拜那位"历史创造者"的热忱。当早上元首醒来时，耳畔听到的是把凯旋大道挤得水泄不通的200万市民嗡嗡的说话声。在那个春日的中午，接近11点时，希特勒坐着敞篷奔驰轿车，离开了新总理府的院子，向新竣工的凯旋大道驶去。紧随其后的是由7辆载着保镖的车辆组成的护卫队，其他重要官员的车则跟在它们后面。沿途布满了党卫队的警卫。围观的人群为了看得更清楚，甚至攀上了树或爬上了灯柱。当车队经过时，人们激动不已，歇斯底里般地欢呼，整条马路顿时沸腾起来，场面几近失控。

▲ 希特勒50岁生日的阅兵式（如图）。这天本该成为这个独夫民贼的末日，但英国人在可能面临的风险前退缩了，由此使得战争变得不可避免了。

11点25分，元首来到了检阅台。他登上架高的主席台，纳粹党和政府高层以及陆海空军将领分别在位于两侧的观礼台上。在接下来近5个小时的时间里，4万名步兵、伞兵、水兵和党卫队士兵踩着威武而庄严的步伐逐一走过台前，其后是骑兵、摩托化部队、由牵引车拉着的火炮和100多辆坦克，头顶空中162架战斗机和轰炸机隆隆飞过……受邀前来观礼的外交使团在主席台对面的看台上就座，其中也包括梅森–麦克法兰。他的身影被拍了下来，并留在了官方的纪念相册中。上校的表情只能用轻蔑地皱着眉头来形容。

　　两个月后，麦克法兰被调回英国。作为一个服从命令的职业军人，他执行了伦敦要他离开的指示。直到1971年，即麦克法兰去世17年后，德国《明镜》周刊根据在英国帝国战争博物馆发现的他的备忘录登载了一篇文章，说他得出的结论是"希特勒如果在那时毙命，本来可以促使纳粹统治的完蛋，可以拯救千百万人的性命免于刀兵之祸"。文章接着

▲ 希特勒50岁生日当天，勃兰登堡门和周边的建筑物上悬挂着巨幅纳粹党旗，道路两边的石柱顶端嵌着镀金的雄鹰和卐符号，党卫队希特勒警卫旗队踩着威武而庄严的步伐接受检阅。

说，但是，英国政府否决了这个计划，说这种手段"不光明正大"，用含蓄的语言来说，"有违运动道德"，还说"民主国家在原则上是反对暗杀的"。

在和平的最后时刻，贝克和卡纳里斯为了防止即将到来的灾难也做了最后一次尝试。德军总参谋部的一名军官公开地以军事观察员的身份被派到英国，这位名叫格哈特·冯·施威林的伯爵和陆军中校在伦敦停留一事，对于英国人和德国人来说，都不是什么秘密。在欧洲史上，直到当时，英德两军的总参谋部一直有互派观察员的惯例。施威林毫不隐瞒自己所扮演的角色和公开使命，但是，几乎无人知道他伦敦之行的真正目的——实际上是为了"黑色乐队"同英国"军队和情报系统的军官"联系。

早在这年（1939年）3月28日，施威林就警告过英国驻德使馆，说"希特勒已经决定推行向东方扩张的政策"。这次来伦敦是为了再次警告英国人，希特勒已于5月23日宣布，他决心"一有机会就立即进攻波兰"。施威林会见了"经过细心挑选的外交部官员、情报人员和国会议员"，他对见到的所有人都讲了同一个问题：防止希特勒进攻波兰的唯一办法，就是英国"以它的实力和决心对希特勒施加影响和压力"。

1939年7月14日，施威林应邀出席了一次晚餐会，参加的还有英军副总参谋长和三军情报局的局长们。席间，他重申了说过的话，要求英国在海上和大陆上做出一系列姿态。他说，希特勒将进攻波兰，但是，只要英国海军派出一支分舰队在波罗的海显示一下强大力量，就可能制止希特勒的行动。他还建议英国派一些轰炸机进驻法国，并把齐装满员的现役师也派往法国。第二天，施威林的话被转达给各有关方面，包括首相。但是很遗憾，他的"种子"落在贫瘠的土壤上了。张伯伦明确表示，英国在现阶段不采取任何行动。这位首相断言，那只会起到刺激希特勒的作用。最后，施威林仅带着英国人友好的致意返回了德国。

在此期间，苏联的外交政策已经发生了重大的变化。斯大林终于下定决心，想要重新恢复和德国的联盟关系。1939年5月4日，斯大林派冷酷无情的老党员维亚切斯拉夫·莫洛托夫出任外交人民委员（即外交部长）。莫洛托夫在首次讲话中说，他相信继续与西方民主国家谈判不会妨碍苏联与德国贸易关系的加强。当德国人要求莫洛托夫阐述改善贸易关系的观点时，后者回答说他还想改善"政治关系"。这是一个清晰的信号——苏联准备再次向德国靠拢；而为了避免陷入一场两线作战的战争的危险，希特勒也早就希望同斯大林签订一项条约。7月，双方关于签订一项经济协定的谈判在莫斯科开始了，德国得到能够经常不断地从苏联获得粮食和原料供应的保证。

1939年8月21日，德国外交部的一个声明打断了柏林广播电台的音乐节目，像一颗炸弹在欧洲上空"爆炸"——广播宣告德国和苏联已经

▲ 苏德互不侵犯条约签字后，斯大林（中）、里宾特洛甫（左一）和莫洛托夫（右一）微笑着，面对照相机镜头拍下了这张合影。似乎双方都认为自己成功欺骗了对方。

缔结了一个政治条约。第二天，里宾特洛甫乘坐希特勒的专机飞抵莫斯科，与莫洛托夫正式签订了《苏德互不侵犯条约》，同意缔约国之一若与他国交战，另一国将保持中立。最重要的内容没有写进这一公开的条约，而是附在一项秘密的补充备忘录里。两国划定各自在东欧的利益范围，它使德国可以自由入侵波兰西部，同时也允许苏联对波兰东部以及芬兰、波罗的海沿岸国家——爱沙尼亚、拉脱维亚（后来又加上立陶宛）采取任何行动。虽然这两个谈判伙伴内心都有着各自的打算，但是仅就波兰而言，这意味着一场灭顶之灾即将降临。

同一天，德国军队的最高指挥官们接到命令，到上萨尔茨山上的元首别墅开会。他们的一长串汽车呜呜地沿着高速公路驶入贝希特斯加登，来到山脚下的目的地。党卫队卫兵一按电钮，两扇大铜门被打开。司机把车子鱼贯开入墙壁镶着大理石的横向隧道，直到山的正中心，停在宽敞的地下车库里。将领们进入备有皮座椅的电梯里。待门再打开时，他们发现自己已经到了山顶上一个装饰豪华的独立茶室，名为"鹰巢"——这项工程从1936年夏就已开始，用了近3年时间，到元首50岁生日那天才结束。

希特勒无比自信地告诉将军们，虽然以前他还认为进攻波兰就意味着同英法开战，但是现在可以确信不会有战争了。"我已经从西方国家手里打掉了这个手段，现在可以进军波兰了！"他宣布8月26日是"X日"，即对波兰发动不宣而战的日子；行动的具体时间是凌晨4点30分。关于冲突的引发，他目空一切地说，手段无关紧要，胜利者在事后不会被问起他当初发动战争的理由是否站得住脚。

希特勒的讲话使一部分军官欢欣鼓舞，另一部分则心急如焚。战争似乎不可避免了，怎样才能阻止它呢？卡纳里斯驱车从贝希特斯加登迅速赶到慕尼黑的"四季"旅馆，写了张便条交给奥斯特。后者于当夜乘快车奔向柏林。火车刚一离站，他就在卧铺外边的过道里会见了一个穿便服的人。此人是荷兰驻德使馆的副武官吉斯伯特斯·雅各·沙斯少校，他和奥斯特是多年的朋友。奥斯特把卡纳里斯的条子交给他。到8月23日的傍晚，关于希特勒讲话的报告就已经放在荷兰及其友好国家的情报机构的办公桌上了。

此时，波兰已宣布实施动员，英法也相继采取预防措施：法国政府立即通知边境防御部队进入战斗状态；英国方面也命令军队集结起来，防空部队全部进入阵地，大量后备役军人被征召入伍。为了让希特勒知道他说话算话，张伯伦还透过英国外交部公开宣布，他刚已同波兰结成攻守同盟。而更使希特勒震惊的是墨索里尼的"临阵脱逃"。当罗马通知柏林，说意大利不准备打仗，明确表示信守中立时，哈尔德以嘲讽的笔调写道，"元首几乎要昏倒了"。希特勒至少暂时地犹豫了。8月25日的晚上，他推迟了入侵日期，命令中止一切行动。

密谋分子欣喜若狂。他们认为，发出命令又转而把它取消的这样一个人，是不会得到将军们尊重的。奥斯特把这个消息告诉吉泽维乌斯时嚷道："元首完蛋了！"再也没有必要去为推翻他而操心了，他会因为自己出尔反尔的言行自行倒台的。卡纳里斯甚至比奥斯特更加想入非非。"希特勒绝对经不起这次打击，"他声称，"今后20年的和平算是有了保证。"可是事实并非如此。希特勒已经决心要干下去。他只是

◀ 在两人交往的早期，"希特勒对墨索里尼的崇拜非常明显"，墨索里尼的妻子回忆说，"但我丈夫并不欣赏他"。墨索里尼曾贬斥希特勒头脑糊涂，其政治理论"毫无逻辑"。他把意大利与德国的结盟看成权宜之计。

把行动的日期改在8月30日，但最终又推迟了一天。希特勒对布劳希奇说，给他8天的时间用以谈判，但同时部队要时刻做好准备。此后，希特勒以最后通牒的方式对波兰提出了"最低"要求，但波兰高估了自己的地位，希特勒提出的波兰应向柏林派遣的进行谈判的特命全权代表始终没有出现。

8月28日下午，哈尔德出席了在总理府举行的一次形势报告会。希特勒狂躁地说，华沙没有接受他的提议，"……那就只有战争。……他将亲临最前线……战争将十分艰难，也许毫无希望……"特别引人注目的话是，只要他活着，就不要妄谈投降。德国的进攻准备再次启动。8月31日，希特勒重新下达了于9月1日凌晨发动进攻的命令。那天天刚蒙蒙亮，在黎明前的微曦中，德军跨过了边界。在宣布已进兵波兰的讲话中，希特勒声称不成功则成仁。"如果在这场斗争中有什么不幸降临到我的头上，那么我的继任者将是党员戈林同志。"

希特勒计划在英、法还踌躇不定的时候，便以一场突袭占领波兰，给他们造成一个既定事实，但是他没有预料到，这两个国家的领导人和人民改变了温和态度，不想再迁就德国元首的单方面行动了。英国是以最后通牒的形式在9月1日晚向德国传达它的态度的。9月3日上午，英国又向德国发出最后警告，德国政府没有做出答复。两小时后，张伯伦首相在广播电台中向全国宣布，英王陛下政府对德国宣战。接着，英国驻柏林大使便向德国递交了宣战书。当天下午，法国也紧随英国之后对德宣战。"黑色乐队"本想阻止的第二次世界大战终于爆发了。

英法宣战之初，希特勒惊呆了，他的直觉是他失算了。用他自己的话说，犹如"当头一棒"。哈尔德在他的日志中对此没有作评论，他并不感到突然，只是说进攻"进展顺利"。波兰西部一马平川，没有任何地形障碍，为坦克突击提供了绝好条件。在空军的配合下，德军装甲部队势如破竹，迅即撕破了波兰军队的防线，席卷其后方。虽然波军作战

▲ 希特勒希望1939年秋天发生的只是场局部战争，他不想与英法发生全面冲突。于是，他设法给波兰扣上了侵略者的帽子。入侵开始的前一晚，伪装成波军的一批党卫队员袭击了德国边境上的格莱维茨广播电台（如图）。

勇敢，有时甚至以骑兵冲击德军坦克，但终究徒劳无功，很快被分割包围在几处互不相连的孤立地域，相继不是被消灭便是被迫投降。9月8日，德国坦克已兵临华沙城下，但被守军逐出。随之，德军发起了不间断的空中－地面攻击，直至波兰人弹尽粮绝。

9月17日，苏联介入，占领了属于他们的那一部分波兰领土。显然，斯大林是想坐享其成，等待最后时刻，以便把苏军的损失减少到最小。直到这天凌晨2时，斯大林曾亲自通知德国驻莫斯科大使，说苏军将在数小时内越过波兰边界。当地时间凌晨4时，在清晨大雾中，苏军越过了边界。据说来到某处地方，苏军战士喊："别开枪，我们是来帮你们打德国人的！"波兰边防军糊涂了，竟在对方领头的车上插上了一面白旗。这样，苏联军队便大摇大摆地通过了，未遭一枪一弹的还击。

与后来的战争中希特勒自己担起全部指挥责任不同的是，在这次战役期间，他虽也密切关注着战况发展，但没有干涉太多，他很少下达指示或调整作战计划，而是把绝大多数决定都留给他的将领们去作。之所以这样是因为战斗简直是教科书式的再现，希特勒认为自己不应该打扰胜利的到来。他心满意足地到前线巡视，用这种看得见的方式，履行曾

▲ 苏联在二战中取得的第一个胜利，是伙同德国瓜分了波兰。图为两军士兵一同出席庆祝的阅兵式，站在右边的是苏军官兵，中间的军乐队和左边站的都是德国兵。

公开宣称的自己是"帝国第一战士"的"职责"。希特勒视察前线不下9次，他再次派埃尔温·隆美尔去指挥他的陆军护卫营。而在这之前，1939年4月12日，希特勒已亲自下令将"柏林卫戍团"改名，冠以"大德意志"团的头衔。

当元首的庞大车队轰隆隆地从行进中的德军队伍、成群结队的波兰战俘和惊恐不安的难民身旁驶过，他们吃了一惊。他们首先看到的是一群摩托车手和紧随其后的两辆装甲侦察车引路，接下来就是希特勒的车队。希特勒车队由两组6轮奔驰越野车组成：在第一组中，希特勒乘坐其中一辆，由司机及若干助手和警卫陪同，后面2辆由安全人员乘坐，其后还有3辆车则由他的副官和军事联络人员乘坐；在同样由奔驰车组成的第二组车队中，坐着的是里宾特洛甫和希姆莱，他们也都带着自己的助手和警卫人员。还有一辆备用车、一辆行李车、一辆战地厨房车、一辆加油车，负责后勤保障的是一个排的通讯兵、一个排的防空兵以及一个反坦克小组。

▲ 希特勒视察前线期间，隆美尔指挥护卫营一直守护在侧（隆美尔站在希特勒左边）。

只要天气许可,希特勒便会坐敞篷车,好让仆从和副官向士兵们扔纸烟,也好让士兵们认识他是谁。这一切很难逃出波兰人的眼睛,虽然在败退之中,但他们仍然有能力发动一场较大规模的突袭。有一次,在维斯图拉河一带的汤普诺,由于收到情报说波兰人可能要发动袭击,希特勒车队于是暂时停止前进。在当天晚些时候,波兰空军就轰炸了3公里以外的一个目标。另一次袭击发生在比得哥什以北的科罗诺沃,一辆德军的辎重车撞上了元首车队的尾车,原因是这辆车的司机被波兰军队的狙击手击中了胸部而死。

此间,还发生了一件事。对退役的弗立契,希特勒本来不打算委任他任何军队职务,但后来作为对这位将军不断要求公开平反的安抚,还是任命他做了其旧部第12炮兵团的指挥官,不过这只是个名誉性质的职衔而已。当这支部队参加对华沙的围攻时,弗立契作为该团观察主任随军开赴前线。9月20日,他到前沿视察部队。由于拒绝隐蔽,成了一个波兰机枪手的靶子,被一排子弹击中身亡。看见他倒下的士兵们感觉到,这大概是将军老早就一直在寻找的死亡方式。希特勒原想为其举行国葬并出席,但后来下令取消了这一活动。

希特勒密切地注视着战斗的发展,他对坦克所造成的破坏感到惊讶,并留下了深刻的印象。陪同元首视察的海因茨·古德里安将军用事实证明了他关于集群和高度机动的装甲部队富有战斗力的理论是正确的,为此,他被授予了骑士铁十字勋章。希特勒巡视战场时,对一切事物都兴趣盎然,使随行人员目瞪口呆的是,元首竟孜孜不倦地研究各次战斗的最微小的细节。他会花上几个小时去视察伙房,强令军官吃士兵的伙食。他俨然以第一次世界大战的前线老兵自居,要求把自己的生活方式搞得简朴到有点苛刻,"总司令与士兵同甘共苦"。只有一件事例外。当他被邀请给第一列车伤员讲讲话时,他拒绝了。他承认,他们受苦的惨象他受不了。

▲ 为德国胜利攻占波兰，希特勒向他的将领们表示祝贺。哈尔德（左一）正注视着元首把勋章递给古德里安（左二）。

　　由于护卫元首巡视战场，"大德意志"团错过了这一阶段的战斗，而党卫队警卫旗队却有幸配属正规军经历了首次实战。他们士气高昂，一路打到华沙城下。希特勒和希姆莱一起视察了他们。但是，陆军总司令部给最高统帅部的报告却认为，武装党卫队表现得很鲁莽。事实上，他们太急于求战，盲目地一心只顾猛打猛冲，使自己陷入不必要的危险中，招致的伤亡比例远大于其他陆军常规部队。陆军总参谋部也想方设法贬低党卫队，可是没能说服希特勒。同时，希姆莱也在为他的部队争取更大的自主权而进行游说。元首允许将党卫队特别机动部队扩建为两个帅，警卫旗队则编成一个加强团，以便今后能扩大成另一个新师。在后来德国的历次入侵行动中，这支队伍将总是充当进攻部队的尖刀。

　　9月27日，在饥饿和伤寒的威胁下，华沙终于投降。希特勒随即在

▲ 希特勒慰问了首次参与实战的警卫旗队，图为他与迪特里希握手。

城里举行了一场庆祝德军胜利的盛大阅兵式。飞到华沙机场后，希特勒在跑道上受到了手下那帮打了胜仗的将军的热烈欢迎，然后他便乘坐敞篷汽车进入市中心。当他行进在刚被清理完战争垃圾的街道上的时候，德军士兵们向他热烈欢呼。作为回应，他站在汽车前排，举起右臂向他们致意。这次华沙之行是在安全保卫措施极为严密的条件下进行的。市中心已经得到了清场。波兰居民要么被强行疏散，要么行动被严格限制，禁止从建筑物的窗户里露头。只有德军士兵才被允许进入阅兵场的附近地区。成百上千的军警在街上巡逻，许多房顶都设置了机枪掩体。除此之外，还有400名社会地位较高的波兰人和普通民众被强行关押起来充当人质，其中包括华沙市长在内的12名高级市政官员。

按照计划，阅兵仪式在华沙市政区的乌亚兹德大道上举行。在这条路上有豪华的别墅和典雅的外国使馆，在这中间，搭建了一个不高的阅兵台，一面巨大的纳粹卐字旗从台后面逐渐枯黄的大树上垂悬下来。在军乐队演奏军乐的时候，希特勒在将军们的左右陪同下，站在秋天耀眼的太阳底下，检阅依次经过的步兵、装甲兵和炮兵部队。"德国人民在骄傲地注视着你们！"元首对他的士兵们说。他甚至下令将举行阅兵的道路更名为"胜利大街"，"务必使那些可怜的（波兰）人铭记我们的胜利"。

与此同时，在阅兵场以北不到一公里的地方，有一小队波兰士兵在一幢被炸坏的大楼深处建立了一个据点。华沙投降以后，在接下来的德军清理行动中，一队投降的波兰工兵接到命令，要清除建在新世界大街和耶路撒冷大街交叉口的路障。在这个过程中，他们神不知鬼不觉成功地把500公斤炸药和弹药埋在路基下面。行动的命令由化名为"西奥多"的弗朗齐歇克·尼伯科尔斯基少校下达，他正确地预见到希特勒将

▲1939年10月5日，希特勒沾沾自喜地来到华沙视察，并举行了一场庆祝胜利的盛大阅兵式。

会视察这个刚刚被打败的国家的首都，于是计划用炸弹来袭击阅兵式。但是占领军的强化保安措施阻止了他雄心勃勃的大胆计划，于是少校选择了市政区和老城区的交叉口作为他实施行刺行动的地点。

　　下午3点左右，正当阅兵仪式接近尾声之际，希特勒决定要短暂巡视一下这个战败投降的城市。他从原波兰总统官邸贝尔韦德宫出发，驱车向北，朝老城区行进，路经废弃的原英国大使馆，最终进入新世界大街。街上拥塞着许多来参加胜利阅兵的德军士兵，使得元首的车队不得不常常减缓速度。希特勒面无表情地坐在后排，举起右手向人群致意。在士兵的欢呼声中，希特勒经过了新世界大街与耶路撒冷大街的交叉

▲元首乘车从贝尔韦德宫出发，视察被占领的华沙。路边站满了荷枪实弹的武装士兵，正在负责警卫。

口——炸药就放在这个地方的下面——进入了老城区。当天下午，希特勒乘飞机返回了柏林。

尚不清楚炸药为何没有爆炸，可能的原因是标志物被德国军警转移了地方，使得信号不能发送给爆炸小组，也可能是由于担心被德国囚禁的人质的安全而没有下令，或者是因为引信出现故障。还有人认为应该归咎于人为的错误，负责实施此次爆炸的军官被授权只要确定希特勒在现场出现，就可以相机行事，然而，考虑到巨大的风险，还有自身的恐慌，他犹豫了，于是就错过了最佳行动时机。无论是何种原因，"西奥多"的袭击行动失败了，希特勒又安然躲过一劫。这是希特勒唯一的一次视察华沙，他此后也曾不定期地巡视过其他波兰领土，但是再也没有视察过华沙。

这是1939年12月在克拉科夫附近，党卫队别动队一支小分队集体枪杀犹太人的场景。他们狂热地执行了希特勒关于"彻底消灭劣等民族"的最高指示。

第七章

节外生枝

现在的形势酷似一年前慕尼黑协定签订后的情况，局势对"黑色乐队"的密谋分子非常不利。战争爆发以来，他们已经遭到过一次挫折。格德勒曾同已退休的库尔特·冯·哈默施泰因-埃克沃德将军有过若干次接触。长刀之夜以后，哈默施泰因加深了认识，对希特勒的反感和厌恶逐渐变成了一种采取行动的强烈愿望。在进攻波兰前夕，哈默施泰因又暂时被起用，在西线担任一个司令官的职务。战争开始后，他曾竭力邀请希特勒到他的司令部去视察一下，以示在进攻波兰的同时也并没忽视那条战线，其实是想要趁机把希特勒抓起来。但希特勒已经嗅出气味不对，不仅谢绝了这位前陆军总司令的邀请，而且过了不久就把他撤掉了。

而由于在波兰的胜利，德国人对希特勒的仰慕又达到了新的高峰。他们同外国完全隔绝，听不到外界的任何消息，在受戈培尔审查的报纸和电台报道的煽动下，在无处不在的秘密警察的威吓下，他们选择服从希特勒的命令，去完成自己认为的应尽的义务。英国和法国没有做好准备，未能及时提供援助。他们毫无兴趣主动出击，把军事行动局限于偶尔对邻近的德国边境地区进行空袭。所以，德国的将军们也没有什么好说的了。

不过，一些不光彩的事件又在希特勒和军队的将领之间打下了一个楔子。根据元首的命令，波兰的管辖权被交给了党卫队。为了达到"波兰将成为日益强大的德意志帝国的奴隶"这种目的，希姆莱采取了赤裸裸的恐怖手段。由海德里希负责，所谓的"党卫队特别行动队"开始消灭犹太人，同时对波兰人中任何可能是潜在的抵抗力量的贵族、知识分子和教士等上层社会团体和个人进行一次"大扫除"。

卡纳里斯很快就得到了党卫队罪恶行径的消息，于是命令部下着手进行系统调查。材料越来越多，事实是那样惨不忍睹。卡纳里斯难过得几乎不能自制，立即向凯特尔提出抗议。他警告说，总有一天，世界舆论将把这些行为归咎于德国武装部队，因为这些事情就是在他们的眼皮子底下发生的。但是这番话根本没起作用，凯特尔只是说，既然军队不愿意干"这些事情"，那么，党卫队干的时候，它就不必指责了。

卡纳里斯和奥斯特故意设法让所有带兵的将军们都知道党卫队的暴行。他们本来指望引起正直军人的深思，然后这些军人就会起来支持密谋集团反对希特勒。但是他们又一次大失所望，没有将军那样做。唯一坚持反对的人约翰内斯·布拉斯科维茨被解除了指挥权，列入了后备役军官的名单。他的下场对其他将领不无儆戒作用，只要他们还珍视自己的仕途，就得执行元首的命令，不管是什么样的命令，哪怕结果会成为这场由纳粹策划的民族大屠杀的帮凶。

在波兰的迅速取胜后，希特勒于10月6日发表讲话，建议英国和法国在既有事实的基础上与德国进行和谈。如果英法接受这一提议，就意味着西方国家失去了对决定欧洲力量对比的任何影响，因此遭到了他们的拒绝。希特勒恼羞成怒，决定孤注一掷，于同一年在西线发动进攻，投入全部兵力占领西欧。于是，他决定进行第二场"闪击战"。为此，希特勒自己就西线作战问题起草了一份冗长的备忘录，于1939年10月

▲ 布拉斯科维茨（右）正与伦斯德（左）一道检阅部队。

9日定稿，次日便亲自在总理府对戈林、凯特尔、布劳希奇、哈尔德和雷德尔宣读。他的决心毋庸置疑：进攻西方，行动的代号为"黄色方案"，所有准备工作应在1939年11月5日前完成。

密谋分子没能采取行动阻止希特勒消灭波兰，他们现在集中力量于避免战事向西蔓延。一年以前，施蒂尔普纳格尔就已精心设计了一个政变计划。现在奥斯特对那份计划做了些补充和调整，以适应各种新情况。这是一个利落而绝妙的行动计划：由波兰向西线进发的两个装甲帅可以立即掉头奔向柏林；密谋分子将在天亮以前，趁天黑采取行动；全面封锁并进而一举占领柏林的政府各部和纳粹党的各机构，邮政局和广播电台，飞机场、火车站和交通要道，以及党卫队的驻地；逮捕从中央到地方的所有纳粹党大小领袖，并送交临时特别法庭；对希特勒犯下的罪行提起诉讼，然后宣布他是个疯子，不适于受审，把他关进疯人院；宣布贝克为摄政者，由军方组织各政党支持的临时政府。

如果希特勒和其他人反抗怎么办？那就枪毙他们。奥斯特亲手写下了要处决的纳粹分子的名单：除了希特勒，还包括戈林、希姆莱、海德里希、里宾特洛甫和"泽普"·迪特里希。为了加剧政变开始后的混乱——这种混乱将决定政变的成败——奥斯特打算制造一种假象，把责任转嫁给党卫队，以戈林和希姆莱联合反对希特勒来解释政变的行动，从而给人一种印象——为了维护国家利益必须打倒希特勒。通过这些手段，甚至能使希特勒的追随者也盲目地来反对他们的元首。不会有街垒战斗和狂乱的呼喊，只会迅速而有秩序地恢复德国的法制和安定。等政变者完全掌握了局势以后，受骗的人即使清醒过来也来不及了。

战争爆发后，陆军总司令部和总参谋部危机时期体制开始启动。陆军总司令和总参谋长离开柏林，进入位于措森部队训练场的战时指挥部。于是这里便成了酝酿新的密谋活动的温床，与一年前的那次密谋活动一样，这次的中心人物仍然是哈尔德。但此时他已变得忽冷忽热，犹豫不定。他解释说，由于大敌当前，不可能举行政变，何况要找到一支可以信赖并且肯于反抗元首的部队是不容易的。随着总动员军队的力量有了极大的增长，由于编制扩大，军官队伍中增添了大量的预备役军官，而他们当中很多是狂热的纳粹分子，同时，大部分的士兵又早就全都被灌了满脑子的纳粹思想。

哈尔德还提出了另外一个问题，就是如果他们发动反对希特勒的政变，英法是不是会利用政变在军队和国家中所造成的混乱，从西线大举入侵，占领德国？并且，如果他们推翻了那个罪魁祸首，英法是否仍然会向德国人民提出苛刻的媾和条件？因此，有必要同英国人联系，以便取得明确的谅解，使盟国不会利用德国反纳粹的政变趁火打劫。密谋分子通过好几条途径同英国接触。其中一条是通过约瑟夫·米勒博士。米勒是个虔诚的天主教徒，认识罗马教皇庇护十二世，并深受他的赏识。这层关系对"黑色乐队"是非常宝贵的。

奥斯特知道这位来自慕尼黑的前律师是反纳粹的，于是把他请来问他是否愿意通过在梵蒂冈的朋友们，在德国新的反纳粹政权和英国政府之间建立联系。米勒同意接受这个使命。接着，奥斯特解释道，还得由他把"黄色方案"告诉英国人，并且搞清楚在推翻或暗杀希特勒之后，对方会接受什么样的条件以实现停战。米勒知道他的任务的危险性，但他义无反顾，道："有希特勒无我，有我无希特勒。"并承诺如果他被捕，就一人伏法，绝不招供。许下这勇敢的诺言，两人握手而别。

米勒于1939年10月初到罗马进行了一次旅行。10月的上半月，米勒通知他的委托人说，教皇没有同意亲自会见他，理由是，他的来访一定会有人监视和报告，于是"黑色乐队"的建议就由圣彼得大教堂圣帛保护人路德维希·卡斯主教和梵蒂冈管理档案的耶稣会教士罗伯特·莱贝尔神甫转达给教皇。卡斯主教和莱贝尔神甫是米勒的朋友，也得到教皇的宠信，都是绝对可以信赖的。奥斯特的这位特使告诉他们，希特勒将把天主教"像一只蛤蟆一样碾死在军靴之下"，如果教廷曾经对他抱过幻想，那么现在应该抛弃了，应允德国密谋分子通过梵蒂冈与英国建立

◀1934年7月，德国代表在梵蒂冈与教廷达成宗教契约。希特勒同意宽容国内的天主教组织，但他们必须"毫无保留地为国家社会主义服务"。代表教廷签字的是红衣主教尤金尼奥·帕奇立（右三），管理档案的莱贝尔神甫从旁见证（左一）。

联系的请求，教皇的权威可以免除对方的戒心。

根据米勒后来的报告，教皇同意自己充当中间人和传声筒，正在和英国驻罗马教廷的大使达西奥斯本爵士进行联系，力促英国政府在交换意见方面予以合作。他从英国公使处打听到，伦敦并不反对与一个反希特勒的德国达成"软和平"。米勒原本只能将此情报口头转达给德国，但他祈求得到一些书面的东西，以便证明这个和平建议是得到教皇亲自批准的。出人意料的是，教皇居然同意这一要求，草拟了一封信，大致谈了谈与英国和谈的主要基础。在此信中，米勒得到了这样的诺言：要实现和平，但有一个条件——英国和法国不得利用推翻希特勒后产生的混乱侵占德国。

在与西方取得联系的各种尝试中，这次是最有前途的。奥斯特大受鼓舞，"黑色乐队"的其他密谋分子也萌生了新的希望，其中一人在日记中这样写道："教皇很感兴趣，认为可以实现体面的和平。他亲自保证，德国将不会像在贡比涅森林那样再次受骗了。"不久后，米勒接到通知，要他去见莱贝尔神甫。莱贝尔神甫透露，教皇已从达西爵士处得知，英国外交大臣哈利法克斯勋爵同意进行接触，米勒的委托人提出停战协议的时机已经成熟。但就在这时，"黑色乐队"却突然受到一次意想不到的打击。

海德里希已经察觉到了"黑色乐队"在梵蒂冈进行的秘密活动，他吩咐一位名叫赫尔曼·克勒尔的有野心的耶稣会教士也去了罗马。多年前，克勒尔罗织了搞外汇投机倒把的罪名，把他修道院的上司给挤了下去。直到约瑟夫·米勒被请来调查时为止。米勒证明投机倒把的罪名是克勒尔捏造的，把他赶到了巴勒斯坦。但是，克勒尔在那里顺利巴结上了耶路撒冷大宗教法务官，这个关系使他加入了谍报局。后来，海德里希认识到渗入耶稣会的重要性，于是，也发展了克勒尔加入保安局当情报员。由于有了党卫队的撑腰，现在，他就有机会和米勒算旧账了。

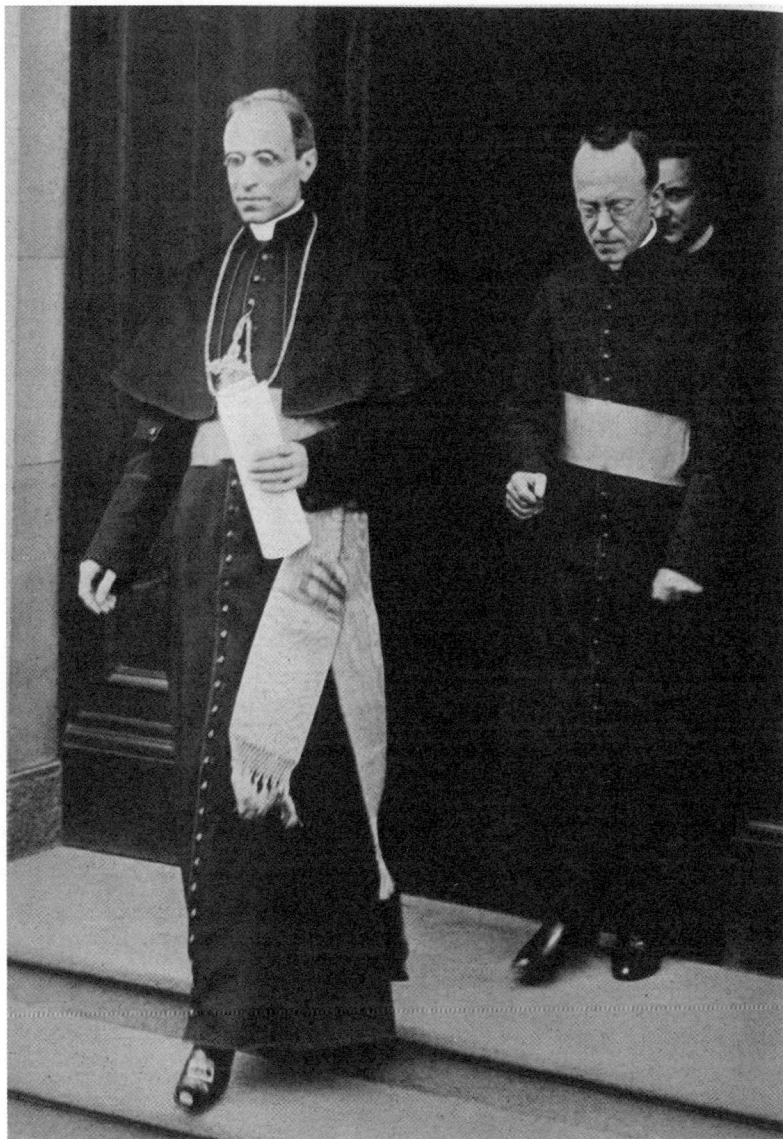

▲ 帕奇立红衣主教（前）与卡斯主教（后）走出圣彼得大教堂。帕奇立曾以教廷国务卿身份，向纳粹德国政府提出几十份照会和备忘录，其中多有指摘。当1939年帕奇立当选为教皇庇护十二世时，德国的反应十分消极。

克勒尔途经巴塞尔时，在一个酒吧里遇到了柏林的一位律师——汉斯·埃特沙伊特博士，此人是谍报局特工，曾把米勒介绍给卡纳里斯和奥斯特。埃特沙伊特也认识克勒尔，后者的教士衣着赢得了他的信任。埃特沙伊特认为，克勒尔是耶稣会的，一定也是反纳粹的，于是就把"黑色乐队"要推翻希特勒的密谋告诉了他，还说米勒当时正为此在梵蒂冈同英国人接触。埃特沙伊特还估计克勒尔是个到圣彼得大教堂朝圣的穷教士，临别时给了他100瑞士法郎，使他穿越阿尔卑斯山时能舒适一些。但实际上，克勒尔并不需要这些钱。他坐着宽敞的火车卧铺飞奔罗马，要看看米勒到底在干什么。

到了梵蒂冈，克勒尔找到奥古斯丁·迈尔神甫打听消息。他不知道这位神甫是米勒的朋友。克勒尔对迈尔说，他听说米勒在和英国人进行叛国谈判，这样的活动会影响梵蒂冈的中立。他还问迈尔是否知道这些情况，对方说不知道。但是，克勒尔一告辞，迈尔就立即赶去找米勒。博士冷静地听着，心里却很着急，他清楚克勒尔这种私人报复可能影响到整个密谋活动，于是马上动身回柏林向他谍报局的委托人报告。与此同时，克勒尔也写了一份初步报告给他保安局的上司，告诉海德里希米勒在策划反对元首的狡黠阴谋。由于他仍是谍报局的特工，也将报告复制了一份给卡纳里斯。然后，他又去见了奥斯特及其主要助手汉斯·冯·杜那尼，告诉他们，他认为米勒是个叛徒，应当立即逮捕。

米勒赶回柏林谍报局总部之后，见到了奥斯特和杜那尼。他们把给卡纳里斯的那份克勒尔写给保安局的报告的副本交给了米勒，还略带幽默地说，他们没想到还得保护他免遭同伙的毒手。米勒读了报告，它仅仅是根据埃特沙伊特的话写成的，还承认梵蒂冈未能证实这一罪行。尽管如此，整个密谋活动显然已处在危险之中。人人都知道，盖世太保有手段使人招供，即使像米勒这样刚毅勇敢的人也不例外。如果海德里希能得到更多的情报，报告中所质控的罪名的严重性足以让密谋者们被绞死。

奥斯特将这一危险告诉了卡纳里斯，后者立即采取了行动。他把米勒召到自己的办公室，让他向机要秘书口述一份报告，就说他在战前得知，一些将军计划发动政变，以防止战争，但不要提及贝克和哈尔德，而应当提已死在波兰的前陆军总司令弗立契的名字，还要提到若干希特勒信任的将军。米勒疑惑不解地去口述，准备好后交给了卡纳里斯，卡纳里斯则带着这份报告到总理府去见希特勒本人。卡纳里斯对元首说，他认为指控的罪行极其严重，但强调，虽然谍报局和保安局都做了认真的调查，却一直未能找到证据。

希特勒认真地读了报告，但当他读到自己信任的将领的名字时，说了声"胡扯"，就把报告扔在一边。卡纳里斯向元首道歉，说浪费了他的宝贵时间，并且向后退一步自信地说，自己也相信这个报告不准确。当天晚上，卡纳里斯到海德里希家里去讨论这个问题，他说："请想想看，我把我派到梵蒂冈去的头号人物约瑟夫·米勒博士关于一次军事政变计划十分重要的东西以报告的形式送给元首，可是他读完后，把它扔在一边，说了声胡扯。"这步棋很起作用，海德里希暂时停止了调查。可是，他向来很谨慎，又再次把克勒尔派去梵蒂冈。

克勒尔终于做过了头。他对一位联系人说，他负有调查反对元首的阴谋的特殊使命。他当然没有想到，这个人也是谍报局的特工。于是，卡纳里斯到海德里希那里抱怨，说克勒尔这个笨蛋扰乱了他为"黄色方案"设置的伪装和烟幕计划。要想成功就必须极端谨慎，可这个醉醺醺的教士却在到处公开地叫嚷他的职业和任务。卡纳里斯告诉海德里希，谍报局已不再需要克勒尔，建议保安局也把他开除。海德里希自然是将信将疑，但是，克勒尔对耶稣会特别了解，还很有用，于是，他被保安局留了下来，但海德里希表示，会把他调到他的舌头危害可能不那么大的岗位上去。

密谋集团险遭暴露，好在逃过一劫。可是，很不幸，梵蒂冈的谈判不得不中止了，而要想在"黄色方案"实施之前同英国达成谅解，时间是最重要的。密谋分子于是在瑞士的首都伯尔尼通过另一条途径继续同英国人进行接触。曾任德国驻伦敦代办的西奥多·科尔特已改任驻瑞士公使馆的参赞，他不时和一个英国人——菲利普·康维尔-伊凡斯博士碰头。后者曾经在德国柯尼斯堡大学担任教授。1939年10月的下半月，康维尔-伊凡斯给科尔特带来了一个讯息——实际上只是张伯伦对下院演说中的一段话，这位首相宣布英国无意"使一个愿意同其他国家和睦相处、互相信赖的德国在欧洲无法获得应有的地位"。

密谋分子认为自己已经取得了英国的保证之后，就满怀希望地转向那些德国将领。时间已经很紧迫了。希特勒已经决定在11月12日侵入比利时和荷兰。必须在这个日子之前发动政变。倘若在德国侵犯了低地国家以后，就不可能得到"公道的和平"了。哈尔德终于同意，只要希特勒进攻西方的最后命令一下，就发动政变。11月3日，哈尔德通知贝克将军和格德勒这两个主要密谋分子，要他们从11月5日开始随时准备行动。

哈尔德曾经同布劳希奇视察了西线的各高级指挥部，"没有一个指挥部认为进攻有任何取得胜利的可能"。指挥官们反对进攻的意见增强了布劳希奇的决心，于是把从前线将领们那里得到的大批论据，再加上他自己和哈尔德等人的论据汇集成了一份备忘录，在11月5日这一天，驱车前往柏林总理府，决心说服希特勒放弃在西线立即发动进攻的计划。如果劝说无效，布劳希奇就将参加推翻希特勒的密谋。结果，布劳希奇一无所获。他的备忘录也好，前线指挥官的报告也好，他自己的论据也好，都没有起作用。

布劳希奇首先阐述了他的顾虑，提出当时是西方一年之中雨水最多的季节，希特勒立即打断他的话，反驳道，对德国人来说是恶劣的气候，对敌人也同样，"敌人那里也在下雨！"他强调说，何况来年春天的天气也未见得就好。布劳希奇继续说，他刚结束对西线的视察，发现部队的战备不够充分，指挥官都反对进攻。希特勒声色俱厉地说："我为什么不早下命令枪毙这些失败主义者！"接着，他痛骂了布劳希奇20分钟，说陆军从来谈不上忠诚，也从未相信过他的天赋，并一而再再而三地放慢扩充军备的速度。最后，希特勒坚持自己的决定，要在11月12日发动进攻。这位没有脊梁骨的陆军统帅计无可施，只好沮丧地退了出来，跟跟跄跄地回到佐森的司令部。

唯一没有惊慌失措的只有奥斯特，他还保持着镇静。他在得知希特勒确定在西线发动攻势的日期后，立即向他的那位好友——荷兰驻柏林的武官沙斯少校发出了警告，要他的国家注意提防即将发动的突然袭击。沙斯把这一消息报告给了他的政府。但是，由于德国空军需要连续5天的好天气才能消灭法国的空军，而11月7日的天气预报不好，希特勒无奈，只好将进攻日期往后拖延。海牙方面见德国军队按兵不动，因而没有重视沙斯的报告。

进攻日期被推迟一事使德军将领们如释重负地舒了一口气，奥斯特则企图利用西线攻势被推迟的这段时间刺杀希特勒。在外交部内，有人提出了一个大胆的设想：再过几天就是希特勒在1923年发动啤酒馆政变的纪念日，届时希特勒将赴慕尼黑拜谒英烈祠和无名战士墓，可以在他敬献的花圈里安装定时炸弹。这个设想很有意思，但是经过充分讨论后，发现执行起来困难极大，因为花圈几乎一直是由两名党卫队员抬着，而奥斯特在这支队伍中没有影响。另一位密谋分子提出了一个更为有效的建议，此人还自告奋勇地要求由自己去完成这项任务，他就是埃里希·科尔特。他表示为了彻底解决希特勒，愿意不惜牺牲自己的生命。

英国对德宣战的那天早晨，科尔特去拜访他的同事，也是抵抗运动一员的恩斯特·冯·魏茨泽克男爵。两人讨论了当时的局势。然后，魏茨泽克问了他一个问题："难道没有其他办法阻止战争吗？"科尔特被此话题深深吸引。理智告诉他，该采取行动了。两个月后，当希特勒蓄谋对西欧国家的攻势准备愈演愈烈时，魏茨泽克认为是时候了，他对科尔特说："我们当中没有人能投炸弹把我们的将军从重重顾虑中解脱出来。我要求你来干这事。"

科尔特经过一番考虑之后，答应了。他说："我的良心告诉我，这是我的职责，我也考虑过成功的概率，认为我成功的概率要远大于我们组织中的任何人。对我来说，进入总理府，是一件轻而易举的事，也无须费太多周折就能走到希特勒住所的接待室，甚至不需要接受检查。当然，我不指望能与希特勒私人会晤。但是，他会出来到接待室接见客人，或者对他的副官发布指令。这不就是行刺他的绝佳时机吗？"

遗憾的是，这位外交官没有受过杀人的训练，于是他去拜访奥斯特。"我们要解除将军们的顾虑，但是我们没有投放炸弹的人。"奥斯特苦恼地说。"有！"科尔特答道，"我就是来向您请求这么做的。"他是密谋分子中唯一可以比较容易地接近希特勒的人。他计划在总理府的前庭里，企图用向希特勒提一个问题或报告一则消息的办法去接近他，然后趁谈话之际拉响炸弹，与希特勒及其周围的人同归于尽。"好！"奥斯特叫道，"炸弹由我提供。"他们商定在11月11日行动。科尔特到奥斯特家里去取装配好的炸弹，然后把它偷偷带进总理府。

▲ 希特勒抱怨旧总理府（左图，铜像右侧）"只适合做肥皂公司的库房"，于是在毗邻的福斯街上另建了一幢宏伟壮观的新总理府（左图，铜像左侧）；这是一幢新古典主义样式的建筑，足有一个街区长（左图），室内全部由大理石构造。

于是，他们立即开始了谋刺的准备工作。科尔特现在又开始每天都到总理府去，好让警卫和大小政府官员都熟悉他。他从未受到检查。后来，警卫们甚至老远就向他打招呼问候。同时，奥斯特也在想方设法搞到行刺所需的爆炸材料。谍报局内的密谋分子同伙表示，可以在破坏与颠覆部门弄到高效炸药，"特工队"经常进行各种爆炸物试验。在情报活动中，因为各自的活动相互保密，所以不必向他们做详细解释。不管行刺的成功与否，都将被看作是政变开始行动的信号。然而，就在这时，发生了一桩险些使希特勒送命的事件，既分散了那位纳粹统帅的注意力，使他无暇考虑在西线发动进攻的计划，也打乱了密谋分子的行动部署。

1939年11月7日晚上，希特勒打算按计划前往慕尼黑，参加1923年暴动参与者每年一次的聚会。几年来，希特勒每年都会在11月8日回到已经声名远扬的贝格勃劳凯勒啤酒馆，向一群激动万分的老战士发表一篇为自己歌功颂德的演说，并在第二天率领他们在慕尼黑的街道上游行，重温当年的经历。但是今年有所不同，德国正在与英国和法国交战，庆祝活动的规模比往年小一些。为了安全起见，重演历史的游行已被取消，元首让其副手代表自己发表一年一度的讲演。不过希特勒突然又改变了主意，决定当晚仍将亲自发表演讲。

翌日晨，希特勒乘专机到了慕尼黑。随即驱车去他位于摄政王广场旁的驻地准备当晚的演讲稿，中间抽空去了趟女建筑师格尔蒂·特鲁斯特夫人的事务所，后者是第三帝国建筑风格缔造人的遗孀。她见元首身边只有一二名警卫陪同，便问元首为何对安全措施如此马虎。希特勒回答说，应该笃信上苍。"喏，您看，"希特勒拍了拍裤袋，"我随身带着手枪，但这玩意儿是毫无用处的废物。若我的气数已定，"他用手捂心，"那么只有这个才能保护我。人们应该听从内心的声音，相信自己的命运。我深信，德国人民的命运也决定了我的命运。""只要对人民

▲ 希特勒和格尔蒂夫人（右三）一起参观一个艺术展览，陪同者中有戈培尔（右一）。格尔蒂夫人被元首请去为其府邸设计室内装潢，她由此成为颇有影响的时尚设计者。

来说他们还需要我，只要我还肩负着我的帝国的生存的任务，我就会活下去。"希特勒又说，"当人民不需要我时，在我完成任务后，那时，人们就会让我归天。"当谈话内容转向建筑后，格尔蒂夫人发现希特勒仍然有些不安。"我必须将今天的日程改一改！"他猛然说。这时天气越来越坏，而元首坚持第二天必须赶回柏林处理"重要的国家大事"。他问他的座机驾驶员汉斯·鲍尔，明天能否飞回首都。鲍尔说，由于秋雾浓重，难以保证。于是，希特勒决定演讲结束后立即乘专列返回。

在日常的铁路运行计划中，特别是在利用率较高的柏林–慕尼黑路段上，寻找空当插入一次例外的车次，需要几小时的调度时间。空当终于找到了。元首的专列必须在当晚9点31分准时开出，第二天上午10点20分便可到达柏林安哈尔特车站。这一安排使得庆祝活动的程序也得跟着改变，各项议程的时间将被缩短。以前都是8点30分开始，大约演讲一个半钟头，而今年将提前30分钟在晚8时开始，而且长度限制在一个小时以内。

傍晚6点左右，大约3000名老战士已提前两小时就在啤酒馆等候了。一部分人穿着黑色党卫队制服或是褐色的冲锋队服装，另一部分人则穿着灰绿色的国防军军装。他们沿着摆满了啤酒杯的长木桌，欢聚一堂，有说有笑，回忆过去的战斗，畅想未来的胜利。大厅内军乐高奏，气氛热烈。四周摆满鲜花，墙上挂着巨大的横幅和卐字旗，讲台也已布置停当。8点零2分，大街上响起了暴风雨般的"胜利万岁"的呼喊声，预示着敬爱的元首即将光临。老战士们纷纷跳上桌椅，疯狂的欢呼声几乎震塌房顶。

希特勒终于在"巴登维尔进行曲"的乐声中走进大厅，最前面的旗手高举着视为纳粹圣物的、染着1923年暴动牺牲者鲜血的卐字旗，走在他后面的陪同者还有戈林、希姆莱、戈培尔和施特赖歇尔等其他一些达官显贵。1923年参战"老战士"代表做了一通简短而又并不连贯的发言后，希特勒便登上了讲台。他停顿了一下，环视了屋子一圈，低头看了一眼笔记，深吸了一口气。他以老一套的开场白对1923年的老战士们赞扬了一番，语调柔和。但当谈到自己的使命时，他突然变得激动起来，开始用恶毒的言语攻击他的敌人英国。

希特勒稿子念得飞快，甚至缩短了为了让听众尽情发泄而故意安排的停顿。他不停地讲着，音量也在逐渐加大。演说持续了大约一个小时，大体上阐述了纳粹取得的成绩和敌人的背信弃义。快要结束时，希特勒充分发挥了他的表演天赋。他的眼睛向上仰视，做出夸张的手势，一会拳头紧握，一会猛抓胸膛。他滔滔不绝地讲着，语调时而充满激情，时而为强调重点又变得抑扬顿挫。

听众听得异常开心。事实上，用不着讲什么，他们便会鼓掌。在一片喧闹的掌声与欢呼声中，希特勒结束了演讲，时间是晚上9点零7分。往常，在演讲完毕后，希特勒总要花相当多的时间与老战士握手、聊天，还

▲ 在雷鸣般的掌声和欢呼声中，希特勒在贝格勃劳凯勒啤酒馆发表演讲。当时正值啤酒馆暴动16周年纪念日。

要共饮几杯啤酒；但今晚，他还要急着赶火车。在奏国歌的同时，警卫们开始疏通朝向出口的道路。元首未与任何人寒暄，便在其他纳粹高层的陪同下，匆匆步出大楼，钻进了早已等候在门外的车子，迅速赶往火车站。为了防止延误开车时间，沿途交通信号灯一律绿灯放行，火车站前的广场也已被清空。希特勒一登上火车，专列马上就启动了。

与此同时，在啤酒馆的大厅里，老战士们相互告别，陆续离开。几分钟后，原有的3000多人，走得只剩下大约百来号。这些人大多是乐队和女招待，正在收拾乐器和清理杯子。9点20分，一道刺眼的火光冲天而起，紧接着是一声雷鸣般的巨响，一股翻滚的浓烟像一堵高墙拔地而起。梁柱断裂，屋顶坍塌。一瞬间，大厅里充满了浓烟和粉尘，一片模糊。水泥、砖石和瓦块滚滚落下，埋葬了还在大厅里的人。幸存者抱头鼠窜，纷纷向外逃命。黑暗中呼喊救命的叫声与痛苦的呻吟声、咳嗽声交织在了一起。许多人都认为他们遭遇了空袭，而其中反应稍灵敏的马上推断出这可能是蓄意谋杀元首的轰炸。

救护队、消防队和警察急速向出事地点开去，救护车、消防车和警车的警笛大作。瓦砾被清理开，死者被抬到一边，并排躺在地上。有6名老战士和1名女招待当场丧生，几天后又在医院里死去一人。另有63人受伤，其中16人重伤。演讲台和附近的桌椅成了一堆碎片，如果希特勒的演说和以往一样长的话，那么他和他的随从必定粉身碎骨。刑事警察对现场进行拍照，对瓦砾做了筛选，收集小碎片，展开细致的检查。到了第二天早上，他们就已准确推断出爆炸的起因，是安放在讲台后面柱子根部的位置的炸弹造成的。

在爆炸发生时，希特勒已在返回柏林的火车上。当晚11点54分专列停靠纽伦堡时，戈培尔下车发几封电报，才从惊慌失措的"党代会城"的警察局长口中得知这一消息。"定时炸弹……"局长上气不接下气地

◀ 元首结束演讲并离开啤酒馆几分钟之后，藏在讲台后面一根柱子里的定时炸弹爆炸了，炸死了8人，伤了60多人。

报告说，"在元首离开后爆炸……在演讲台附近……"回到车厢后，戈培尔声音颤抖，把炸弹一事告诉了车上的人。希特勒猛吃一惊，以为他在开玩笑，直到看见对方苍白的面孔时才相信。他情绪激动、声音沙哑地喊道："我比平常早离开贝格勃劳凯勒，这正是上帝的意旨！这证明上帝有意帮助我达到目标！"希特勒询问了伤亡情况，并命令全力救治。然后，他便开始猜测谁是密谋者。他说他知道凶手是谁："毫无疑问，炸弹肯定是英国秘密情报局安放的！"

剧烈的爆炸使天花板掉了下来，砸在了希特勒站的讲台的位置。

第八章

徒劳无功

　　与德军谍报局和党卫队保安处一样，英国也有同样的两个机构：军情五处（MI-5）和军情六处（MI-6）。与德国情报部门的矛盾重重不同，英国的虽偶有摩擦，但总的来说，它们之间的分歧还能克服。军情五处负责国内保安工作，又称安全局；军情六处领导国外谍报活动，又称秘密情报局（SIS）。运用情报机构维护本国安全是一种十分合法和传统的手段，但是刺探别国事务，总是放不上台面，秘密情报局为掩饰自身的存在，总是设法躲在各种伪装的事业单位背后，比如像设在国外的英国护照管理处一类的合法机关。在全世界，大英帝国的护照管理处都是搞这类活动的一种幌子。

　　由于荷兰是中立国，被认为是指挥间谍活动的理想地点，因此海牙被选中为秘密情报局的西欧地区指挥所。驻荷兰的英国护照管理处位于一条僻静的街上，它的负责人是理查德·史蒂文斯少校，他操纵着一个有着100多个间谍的庞大情报网，主要监视德国的一些活动。而以海牙为基地的，还有第二个情报圈，也归秘密情报局管。它由西格斯蒙德·佩恩·贝斯特上尉负责，此人第一次世界大战时曾在情报部门工作了好几年，后来辞去军职到荷兰，在一个进出口公司的掩护下进行活动。

作为长期居住在荷兰的英国人，史蒂文斯和贝斯特已经引起了在那里打探的德国间谍的注意。战争开始后不久，一个名叫弗朗茨·费希尔的德国逃亡者找到他们，几星期以来，他一直在游说这两个英国间谍，说一部分德军将领组成了一个企图推翻希特勒的密谋团体，问他们有没有兴趣见一下对方的代表。两个英国情报人员已经听说，在德军总参谋部里存在着严重的不满情绪，以为他们将要策划一场政变，于是便回答说他们十分乐意，希望与这帮谋反者取得联系，进而协助他除掉希特勒，重新恢复欧洲的和平。

两个英国人不知道的是，整件事都是党卫队玩弄的奸计，目的是想要从他们口中得知英国对德军高层内部企图推翻元首的阴谋到底掌握什么具体情况。费希尔其实是保安局的一个间谍，代号F479；而他们要见的德国反纳粹高层人士的代表——一个自称为夏梅尔上尉的德国国防军后勤军官，实际上叫瓦尔特·舒伦堡，是赖因哈德·海德里希麾下的反间谍情报部的主任。为了把这场戏演得逼真，舒伦堡特意搬到杜塞尔多夫居住，真正的夏梅尔就驻扎在该地。舒伦堡仔细观察夏梅尔的一言一行，他的外表，以及研究他有关的背景资料。

1939年10月21日，舒伦堡觉得自己伪装得已是天衣无缝，就驾车与史蒂文斯和贝斯特进行了第一次会晤。他首先总结了波兰战役，强调德军所遭受的看似微不足道的损失只是一场更加血腥和残酷的战争的序幕，并宣称，德军将领们希望尽快结束敌对状态，但希特勒不会同意，因此他们计划把他关进监狱，以此来换取和平；但是他们需要得到承诺：英国对他们所建立的反纳粹政权要公平相待。

10月30日第二次会晤时，"夏梅尔"带来了一位"医疗部队的上尉豪斯曼"，并介绍他"是反对派领袖的得力助手"。其实此人是舒伦堡找朋友假扮的。四人乘坐贝斯特的蓝色别克轿车来到海牙，在贝斯特家

▲▲ 文洛事件的发生地酒神咖啡馆（上图）及其策划者舒伦堡，他长着一副和蔼可亲的模样，举止谦逊从容，但光鲜外表下却是内心的冷酷残忍。1939年，这个野心勃勃的人和做裁缝的原配夫人离婚，娶了地位更显赫的女子（左图）。

中享受了一顿丰盛的晚餐，席间舒伦堡要求英国人提供他们可能愿意与之进行停战谈判的德方人员名单。这是一项敏感的请求，如果回答，则可能暴露那些反对希特勒和秘密与盟国接触的德国要员的身份。史蒂文斯和贝斯特没有把这个问题继续谈下去，推说得等伦敦的进一步指示。舒伦堡也说自己头疼，晚餐就此结束了。

贝斯特把舒伦堡领到他的房间，又给他找了一些阿司匹林，然后回到自己的办公室打电话。伦敦方面虽然对谈话的内容有兴趣，但是，由于和别处——可能就是指梵蒂冈——谈判的德国人提出的条件不一致，对其中的差异多少感到有些紧张。不过，这并不等于说，这个新的姿态是圈套。他们同意了贝斯特的请求，答应给德国人一台无线电发报机和一本密码，以使继续进行联络和安排新的会面。

10月31日早饭后，贝斯特给了舒伦堡一部电台和密码本，附有使用说明和联络的时间表。贝斯特告诉德国人使用ON-4的呼号，然后用自己的轿车把他们送到边境。两个德国"军官"越过边界，消失在蒙蒙雨雪之中。11月4日，ON-4发出了讯号。"夏梅尔"说希望在发动政变之前，他将能与一位谋反的将军一起，去伦敦与英国政府协商。他要求英国方面告知使用什么交通工具，以及出发时间，并保证人员的安全和绝对守密。

11月8日，在荷兰边境小城文洛的酒神咖啡馆，双方举行了第三次会见。"夏梅尔"知道了行程安排：时间就定在第二天晚上，英国空军专用机队的一架联络机将执行此次飞行任务。于是，他问英国人，能否次日仍在文洛见面，届时他将把"将军"介绍给他们。史蒂文斯和贝斯特虽然同意了，但在舒伦堡离开后，二人又有了新的决定。"如果将军不能按时赴约，"贝斯特说，"我们就洗手不干了。"他感到恐惧，说文洛"离家太远，太接近德国"。

舒伦堡一回到杜塞尔多夫，就同"将军"研究了前往伦敦的计划。"将军"的身份从来没有透露过，事实上舒伦堡已选中一名德国商人，此人是个忠心耿耿的纳粹分子。不知道他要装扮成哪个人——由于舒伦堡始终没有提到"将军"的名字，英国人猜测可能是贝克或卡纳里斯——以及怎样向对方表明诚意，但看起来舒伦堡确实是有意赴约的。

那天傍晚，舒伦堡早早就休息了，还吃了片安眠药。午夜之后，他睡得正香，床头的电话突然响了起来。他拿起听筒——是希姆莱的声音。他说刚刚在慕尼黑结束的纳粹老战士年会上，有人企图用炸弹谋杀元首，"好几名党内老同志被炸死，损失相当大"。接着，他就指责是

◀海德里希（右）正向他的手下瑙约克斯（左）下达命令，后者是在文洛直接负责绑架的行动队长。他执行的最得意的另一项任务，就是带队袭击格莱维茨广播电台。

英国情报机关发动了这次袭击。希姆莱宣布，元首对舒伦堡原来的危险使命早持保留态度，曾不止一次暗示应该取消，现在，他下达了新的命令："你们明天会见英国特工后，必须立即把他们抓住，押来德国。"

11月9日天刚亮，舒伦堡就起了床。他定了个计划，保安局提供所需人手。然后，一行人就出发了。当天下午2点钟，舒伦堡和"将军"越过边界进入荷兰。而在德国境内一个隐蔽地点，12名身强力壮的党卫队便衣特工站在3辆引擎启动的梅赛德斯-奔驰轿车旁，正等着商定好的行动信号。下午3点8分，英国人员来到了约定地点。舒伦堡看到那辆蓝色的别克轿车正从公路那边开来，他的同伴说："他们来了。"

车子里除了贝斯特和史蒂文斯之外，还有荷兰总参谋部派的一名情报军官——克洛普中尉陪同前来，以便协助他们。出发前，他们已看到早报刊出消息，描述了昨晚在慕尼黑发生了一起针对希特勒的刺杀事件。他们担心此事可能影响会面的计划，每人都携带了一支手枪以防万一。但是，似乎一切都很正常。别克轿车沿着狭窄的街道缓缓而来，在咖啡馆前刹车，然后倒进后面的停车场。正在阳台上喝汽水的舒伦堡起身来到走廊里，向他们挥手致意，似乎在表示一切都好——其实，这就是行动的信号！

于是，出乎英国人意料的事情发生了，3辆奔驰轿车冲过边境上的界杆，车上的党卫队特工们朝天放着枪，驱散了荷兰的边防警察。其中一辆车飞速冲上来挡住了别克车，四五个党卫队员跳出车来。克洛普反应迅速，他跳下车掏出手枪边跑边射击。但只跑出几步，就被打倒受了致命伤。贝斯特和史蒂文斯还没明白怎么回事，便被狼狈不堪地从车里给拉出来，被粗暴地捆绑了起来。他们和奄奄一息的克洛普一起被德国人塞进了车里，然后迅速开回德国境内。克洛普很快被送到杜塞尔多夫军医院，但因医治无效而死亡。这具尸体日后成为德国入侵荷兰的借口。希特勒声称荷兰早已损害了它中立国的立场，竟允许英国间谍在其领土上活动。

这次行动只一眨眼工夫就完成了。由于干得漂亮，希特勒非常高兴，他在总理府接见了舒伦堡和其他行动人员，并授予每人一枚铁十字勋章。"黑色乐队"受到了严重的挫折。谍报局并不知道，也没有参与这次行动，卡纳里斯听说绑架事件后都吓呆了。很明显，这会使今后英国人同密谋集团打交道时更加小心。而且，更危险的是，盖世太保可能会迫使贝斯特和史蒂文斯招供。他们对梵蒂冈谈判的情况知道多少呢？所幸，他们一点也不知道。

贝斯特和史蒂文斯先被押往柏林进行审问，后来进了集中营，在战

▲ 希特勒向啤酒馆爆炸中的遇难者家属表示慰问。

争后半段时期都处于监禁状态。他们未能顶住盖世太保的刑讯，没用多久就供出了大量情报，其中包括他们在欧洲大陆活动的所有细节和数目可观的情报人员姓名。这无疑是对英国秘密情报局的致命一击——首先，它在西欧的间谍网因群龙无首而瘫痪了；其次，德国人根据这些资料编写了《英国情报工作手册》，详细叙述了其组织机构的情况，总部和所属各分支以及它们各自的职责，甚至还开列了一张名单并附有某些人员的照片。纳粹政府心有不甘的是，始终无法找到任何与贝格勃劳凯勒事件有关的让人信服的线索。尽管绑架行动没有达到预期目的，但还是被纳粹政府所利用。

戈培尔的宣传机构立即开始了大肆宣传，新闻媒体的攻击目标尤其要一致对准英国人。有关啤酒馆爆炸的新闻直接上了德国报纸，还必须刊登在每家报纸头版，遣词造句都一模一样。通栏的大字标题读来掷地有声、毋庸置疑："奇迹！元首虎口脱险——张伯伦热切的期望没有得逞！" 这一宣传攻势也在煽动起公众的战争热情上达到了预期效果，尤其是在战胜波兰带来的狂热业已消退的时候，对战争的支持明显回升了。除被用来挑唆起对英国的仇恨外，这次未遂的谋杀还被用来提高元首的知名度。各阶层的德国人向元首发来贺电，庆贺他死里逃生。全德国的报刊虔诚地宣称，是上帝奇迹般的作用才保佑了元首。

与此同时，由国家刑事警察总监阿图尔·内贝组成的一个特别调查委员会，已经不顾恶劣天气飞往慕尼黑，驻地就设在布里纳大街的维特尔斯巴赫官内的盖世太保分部。该委员会一半是刑事警察，另一半是盖世太保，下设2个小组：一组全面系统地检查被炸毁的啤酒馆大厅，二组严审嫌疑犯。这时各边防哨所均已收到了有关慕尼黑发生谋杀元首未遂案件的通报。在康斯坦茨海关，两名官员想起在爆炸发生前半小时，他们正在收听元首讲话的广播时，曾经截获一名口操施瓦本方言的小个子男子。开始时的讯问只是一些例行问话，此人坚持说他是在寻找一位

◀内贝（左二）参加希姆莱（中）在盖世太保总部召开的一次会议，出席者中还有海德里希（右二）。内贝经常为抵抗运动提供党卫队、保安处和盖世太保的情报。

老朋友。可是，当他被要求清空口袋时，其随身物品便引起了他们的怀疑。除了一把用来剪断栅栏的钳子，一根引信，一枚"红色阵线战士联盟"——这是德国共产党属下的一个军事化组织的徽章，还有一张贝格勃劳凯勒啤酒馆的明信片。他们当时还不知道其中含义，估计这个非法越境者企图逃避兵役，是条小鱼，于是就把他交给了边防警察去处理，现在，这两个海关官员立即通过边境办事处，把这个嫌疑分子送交卡尔斯鲁厄的盖世太保分部，并转告对方此人可能与慕尼黑的谋杀案有关。但是他们的报告未引起特别重视，因为在德国各地已经抓获了120名嫌疑犯，这人只是其中之一。后来，上级命令把他押到慕尼黑，交给特别委员会进一步审讯。

在此期间，希姆莱已经命令将贝格勃劳凯勒啤酒馆的承租人、经纪人和全部职工逮捕。凡告发凶手者可得60万马克奖金。在审讯中女招待们提到常客中有个操施瓦本口音、身材矮小的男子，立即引起了调查人员的注意。几家商店的老板也提供情况，说有人在他们那里买过可以制成炸弹的材料，并在对质时认出了嫌疑犯，就是康斯坦茨海关送交的那个人。审讯者查看了他的膝盖，发现有擦伤和发炎的地方，这是长期跪在地上工作造成的。由于无法令人信服地解释这些伤口，他放弃了抵抗。11月13日，在被逮捕的第五天，他最终招供了，供认了制造和放置那颗炸弹的全部过程。

此人名叫格奥尔格·埃尔泽，时年36岁，未婚，是个木匠和钟表匠。1903年1月，他出生在德国符腾堡东部海登海姆附近的一个小村庄柯尼斯布隆。全家以土地为生，兼做木材生意，并照看一个磨粉场来维持生计。母亲非常虔诚，他特别敬重的就是她；而父亲，则是个酒鬼，脾气暴躁，时常打骂妻子。埃尔泽的成长深受儿时环境的影响，或许正是长久以来的家庭暴力，才培养了他的性格：一种深深的正义感。也许这才是最重要的。

埃尔泽在朴实、清贫的环境中长大，他的智力并不低下，在校期间一帆风顺，考试成绩在班里总是名列前茅。但是他有3个妹妹和1个弟弟，作为长子，他要分担家庭的重担，帮父亲干活，因而影响了学业。1917年夏天，埃尔泽初中毕业后不久就到当地的一家玻璃厂做学徒，后来改行去学习制造家具。他工作勤奋努力，在木工活上极具天赋。耐心、追求完美的性格使他以全班第一的成绩完成了在海登海姆技工学校的学习。22岁时，他离开了家乡，独自去康斯坦茨谋生。

埃尔泽干过许多工作：打过家具，造过时钟，甚至还制作过木制的螺旋桨。在其共产党同事的影响下，他很快就成为"红色阵线战士联盟"的一员。尽管如此，埃尔泽在思想上并不是一个共产主义者。他不喜欢参加政治讨论，也从不奢望去改变别人的思想。但是他相信，只有共产党才能给像他这样的工人和手工业者提高劳动报酬，改善他们的生活状况。1929年爆发的经济危机使埃尔泽的生活难以维持。他经常找不到活干，最后不得不回到家乡。家里没有什么变化，埃尔泽却变得成熟了。

埃尔泽已形成了鲜明的政治立场，那就是，坚定不移、毫不妥协地反对纳粹。这种深恶痛绝部分缘于他的家庭背景，也许希特勒的口号会让他想起叽里呱啦满口大话的醉鬼父亲。埃尔泽坚决拒绝与新政权进行任何形式的合作。每当广播中传来希特勒的演讲时，他就会静静地离

▲ 穿着统一制服的准军事化组织，是共和国时期的德国政治生活中的一大特殊景观。除了纳粹党，共产党（如图）和社会民主党也都建有类似的组织。

开。有一件事充分表明了他的态度。1938年5月，当一支纳粹游行队伍路过柯尼斯布隆时，埃尔泽和周围的许多人一起跑去观看，身旁的同伴提醒说应该敬礼，但他拒绝了，反而回答："少拍马屁！"然后转过身去，吹起了口哨。

很难断定埃尔泽是如何从一个不起眼的叛逆者变为一个刺客的。他后来声称自己是在1938年的秋天做出的决定，要刺杀希特勒。当时，埃尔泽与其他许多人一样，深信慕尼黑协定不能结束希特勒的侵略意图。战争及其带来的苦难即将到来，将把德国推向崩溃的深渊。于是，这个完美主义者坚定地开始了策划工作。那年11月，埃尔泽来到慕尼黑，观看为纪念1923年啤酒馆暴动而举行的庆祝活动。当晚，等希特勒在贝格勃劳凯勒啤酒馆发表完演讲后，他像普通客人一样走进了大厅，观察了大厅的布局、讲台所在的位置。

当莫里斯·巴沃口袋里藏着手枪窥视希特勒的时候，埃尔泽也在琢磨暗杀的可能和方式。他得出结论：贝格勃劳凯勒啤酒馆的大厅是实施行动的最佳场所。在接下来的一年时间里，他计划收集必需的材料，然

▲ 独立设计制造炸弹企图在贝格勃劳凯勒啤酒馆炸死希特勒的工匠埃尔泽。

后自己设计制造一枚炸弹，安放在啤酒馆里，炸死希特勒和纳粹核心成员。返回故乡后，埃尔泽在附近的采石场里找到了份当辅助工的工作，每小时工资70芬尼。和他一起干活的共有14人，他们都不理解，为什么有一技之长的埃尔泽要自愿来干这收入微薄的苦力。他们哪里知道，他的目的是为了能弄到炸药和雷管。他经常趁人不注意，把工地上的爆破材料偷偷装进背包里，带回家藏在箱子里。后来为了节约时间，他干脆仿制了一把仓库钥匙，直接到库房里去偷，每次数量很少，故而不易被人发现。

1939年春天复活节的时候，埃尔泽又去了一次慕尼黑，进一步察看贝格勃劳凯勒啤酒馆。他在大厅里逗留了约5分钟，物色了一个理想的安放点——讲台后面一根支撑天花板的砖石结构支柱。如果炸弹在那里引爆的话，不仅可以炸死周围的人，还能炸塌上面的楼台。他估量了柱子的粗细，拍摄了周围景物的照片，回家后立即着手设计和组装炸弹。和外行的巴沃不同的是，埃尔泽是个天才工匠。在无人指导的情况下，埃尔泽计算出了所需的炸药量：往柱子里填10公斤炸药就足以把讲台和附近的一切都炸毁。家里无人时，他就在父母的果园里试爆，总共试过4次。爆炸声很响，邻居问起过，但都被他以各种借口搪塞过去了。

按照埃尔泽的计划，当炸弹爆炸的时候，他会离开德国逃往瑞士。因此，他需要制作一个能提前设定好几天的自动计时器连接在导线上。他的方法是绝妙的。用外加的齿轮和杠杆，他改造了一只钟的运转程序，然后神奇地制作出一只在杠杆被激活前最多能走上144个小时的计时器。该杠杆通过触发一个弹压系统来启动一个尖的钢质梭子，然后弹出的梭子反方向刺进雷管里。为了确保精确，埃尔泽又增加了一个时钟计时器，作为整个炸弹的自动安全装置。

当对自己的初步试验感到满意后，埃尔泽又做了一只双层木箱，然后变卖了自己的财产——一辆自行车和一只低音提琴，带着350~400马

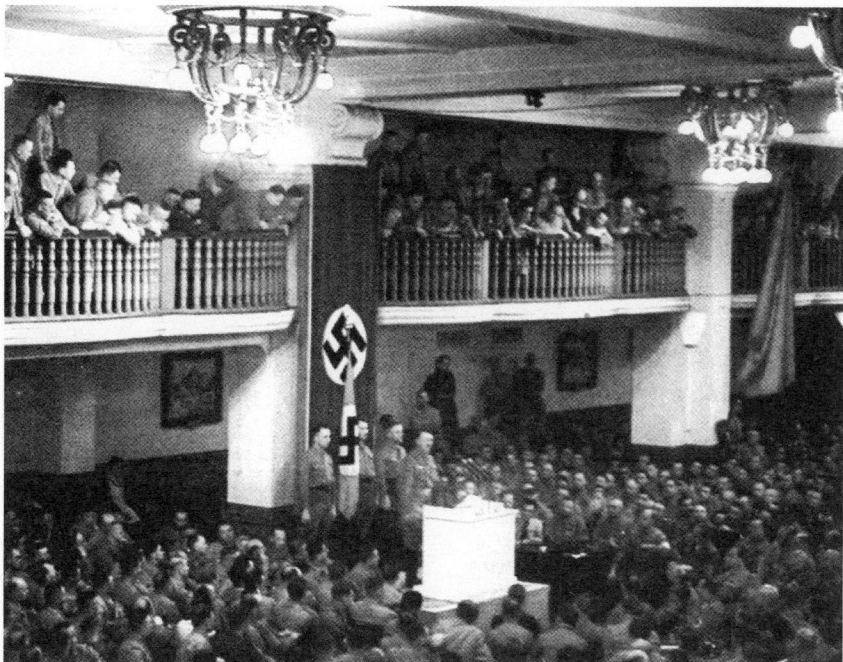

▲ 希特勒在啤酒馆大厅演讲时，压根没想到背后的柱子里有颗定时炸弹在运转。但他的提前离场，无形中破坏了埃尔泽筹划了几个月的计划。

克和那只木箱——夹层里藏了一只24.5厘米高、80毫米口径的炮弹壳，250块压缩黑色炸药，150个子弹壳，122个引信和五六只钟（其中3只已安装完毕随时可用，其余备用）——去了巴伐利亚首府，为及早消灭那个独裁者而开始进行秘密的、坚忍不拔的准备工作。

　　1939年8月5日，埃尔泽到达慕尼黑，在布鲁门大街19号一对公务员夫妇家找到了带家具的住房。他对房东说，他是来参加一个抛光训练班的。房东派佣人用汽车从火车站取回了他的房客的木箱。整理完待用的衣物工具后，埃尔泽就去了贝格勃劳凯勒啤酒馆，而且从此以后每晚必来。每次他都是在晚上8点至10点钟之间去这个酒馆的餐厅，坐在中间的桌子边吃晚饭。女招待们早已把这个操士瓦本口音的小个子当作常客，但是还不知道他的名姓。

在到达后的第三或第四个晚上，埃尔泽在10点左右付完饭钱，然后离开餐厅，穿过衣帽间进入大厅，接着从后楼梯悄悄溜到二楼走廊，然后躲到后厅的一间贮藏室里，一直到啤酒馆关门，女招待送走最后一位客人，大厅门上锁为止。为了安全起见，埃尔泽往往会多等一会，然后这位不速之客套上一条蓝色工作裤，摸黑溜到那根柱子边的工作点。他用一块蓝布裹住手电筒，以减弱光亮，放心地开始工作。

埃尔泽最初的方法是在石柱上凿开一个小洞用来放置炸弹。但当发现石柱外面新加了一层木质的护墙板时，他不得不用3个晚上的时间在木板上锯出一个小洞，锯下的木板也被精心制成了一扇对接完好的暗门。露出石柱后，埃尔泽就开始在上面凿开一个凹槽用来放置炸弹。他用了将近一个月的时间，用手钻、锤子和凿子作为工具，弄松砂浆，撬开砖块，并用一个布袋把砂土和碎砖带出去清理掉。在这个如同山洞一般的大厅里，锤子敲击出的每一声声响都如同枪声一般发出回响。为了不被发现，他必须让每次敲击声与外部的响声同时发出。比如路过的电车、卫生间里的自动冲水声等声音。

整个工程进行得异常艰苦，非常缓慢。埃尔泽在啤酒馆大厅里度过了30~35个夜晚，每次往往干到凌晨三四点钟，然后回到储藏室里，藏起工具，等早上七八点钟酒馆开门营业后，再悄悄地从后门溜出来。房东觉得很奇怪，他的房客几乎没有一晚在家里睡过。埃尔泽解释说，他在搞一项发明，夜里回来晚，怕影响他们休息，所以就睡在公园长凳上。战争爆发后，埃尔泽搬到了房租便宜些的土耳其大街94号，新房东是个裱糊匠。埃尔泽把那只木箱放在床底下，白天大部分时间躺在上面睡觉，天黑后就步行去啤酒馆。

尽管埃尔泽极其小心谨慎，但要人一点不知道也是不可能的。一天早晨，他刚溜出酒馆就遇到一个正在打扫花园的老人；另一天夜里，他又遇上了酒馆豢养的2条狗，幸好他及时哄住了它们否则就糟了；还有

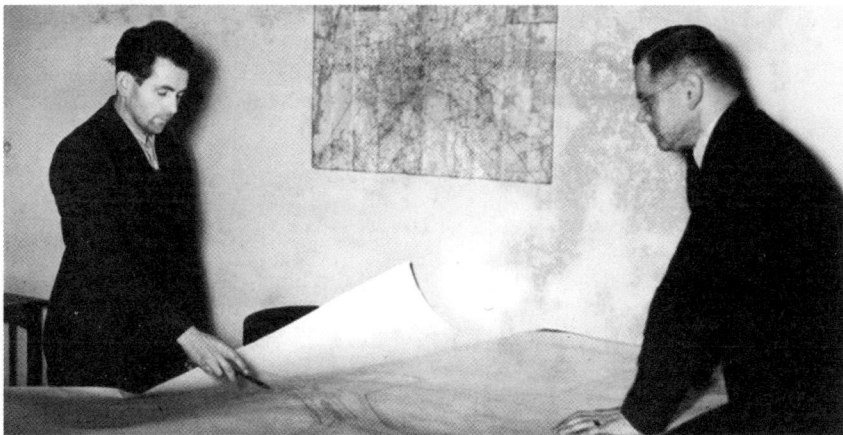

▲ 考虑到纳粹喜欢玩弄阴谋诡计，埃尔泽曾被一些历史学家猜测为"第二个卢贝"，即1933年在德国国会纵火的那个荷兰人，是纳粹为继续战争寻找借口而蓄意所为的。

一次，他工作完后，坐在储藏室里的椅子上睡着了，清晨被酒馆经理发现，还好他没认出这就是那个每晚必来的常客。后来，一个防空兵进驻啤酒馆协助民防工作，每天早上他总和值夜的老人一起在后厨房喝咖啡，埃尔泽在9月间被他们看见过几次，但没有引起注意和重视。

到10月底，这个天才的手艺人终于完成了掏空梁柱的工作，现在可以安装炸弹了。第一次试验时发现，两只时钟的外壳太大，必须改小。此外，钟的设计也还须做一些改进。为此，需要一个车间。埃尔泽曾经有目的地和土耳其大街的一个木匠师傅交了朋友，在装卸货物和制作小件木工活方面帮助过他，作为回报，后者允许埃尔泽在他的木工车间搞所谓的发明，定时装置的改进工作就是在那里完成的。其间，埃尔泽还曾在几家商店买过零件。终于他弥补了技术上的不足，定时钟已正常工作。

最后，埃尔泽在石柱上空洞的四壁装上了镀锡铁皮，这样即使万一有人敲击柱子，也不致会发出空洞的响声。两只时钟安装完毕后，他把耳朵贴在柱子上听了听，时钟的嘀嗒声还能听到。后来，他偶尔在一份报纸上看到一家隔音公司的广告，就立即去其营业部请教，借口他的座钟夜里响得令人无法入睡。他在洞壁四周加装了一层从这家公司买来的用焦油、纸板和软木制作的胶合板，这样定时钟发出的滴答声就完全被隔绝了。

11月2日晚上，埃尔泽将炸药放进了石柱。又过了三个晚上，计时器也安装完毕。爆炸时间设定在11月8日晚上的9点20分，庆典一般8点30分开始，演讲至少有一个半小时，到10点钟左右结束，希特勒将在演说刚好进行到一半的时候命丧黄泉。11月6日早晨6点钟，埃尔泽的最后一部分工作全部结束后，就离开慕尼黑前往斯图加特看望他的一个妹妹。但是，莫名的担心又驱使他返回慕尼黑，核实一下计时器是否在正常运转。他几乎已花光了所有积蓄，不得不又借了30马克路费。

11月7日晚9点30分，埃尔泽从慕尼黑火车站坐电车去贝格勃劳凯勒啤酒馆，约10时许到那。他从正门进去，穿过衣帽间来到大厅。门未锁，里面空无一人，也没有灯光。他立即走到柱子旁，把耳朵贴在上面，听见有微弱的嘀嗒声。接着打开暗门，拿出怀表对时间，确定计时器准确运行。第二天早晨约6点30分，他从厨房旁的紧急出口溜出啤酒馆，永远离开了作案地点，谁也没有发现。

上午10点钟，埃尔泽登上了经过乌尔姆开往腓特烈港的火车，计划在那里穿越边境。他以前在那里工作过，熟悉位于山区的边界关口。这一天火车运行正常，没有晚点。埃尔泽于当晚6点到达那里，约40分钟后就来到瑞士边境。作为他精心设计的一部分，埃尔泽已经在去年就对这个边境地区进行了一番侦察。当时他发现，这一带并没有人看守。然而，现在是1939年，欧洲大陆又一次燃起了战火，这里已被严格控制了起来。

在康斯坦茨海关，两名官员正在收听元首的讲话。党的各级组织以及全国的各个部门都在集体收听。他们站在窗户旁，边收听、边观察着他们负责的那段边境。当矮小的埃尔泽正向边界靠近时，被他们发现，暗中跟踪。当埃尔泽要翻越界篱时，他们马上发出警告。埃尔泽战战兢兢地举起双手，放弃了逃跑的企图。他被带到海关办公室的岗亭，在极不情愿地进去前，埃尔泽扭头朝着护栏和护栏另一边的瑞士长久地凝望了最后一眼⋯⋯

埃尔泽在审讯时非常配合，直截了当。他没有任何共犯，没有得到任何其他国家的帮助。当被要求重新制作那个复杂的炸弹和计时器来证明他是单独行动的时候，埃尔泽熟练地完成了他的发明，这令审讯者目瞪口呆。11月13日，希姆莱将审讯记录和签好字的供认书呈交给希特勒过目。元首颇感兴趣，仔细阅读了这些文件，并要求看一下差点谋害了他性命的刺杀者的照片。他用赞许的口吻评价埃尔泽的长相，说他有

▲ 埃尔泽（后排，右二）与母亲以及兄弟姐妹的合影。

一双充满智慧的眼睛，额头高高的，意志坚定。但初步的报告说埃尔泽的刺杀行为是个人所为时，希特勒深表怀疑。"是哪个傻瓜弄的这份报告？"他质问道。他认为，埃尔泽单打独斗，完全是不可能的。

阿图尔·内贝由于未能找出后台，被撤职调回柏林。希姆莱亲自用刑。他一边粗暴地大声谩骂，一边用靴子狠命地踢被捆绑起来的埃尔泽。然后，又用皮鞭或类似的刑具抽打，直到把他打得痛得直叫。但得到的供词仍和以前一样。于是，希姆莱命人给埃尔泽注射了大量保维淀，进行催眠审讯。昏昏沉沉的埃尔泽立即用士瓦本方言滔滔不绝地说起来，然而他只字未提和英国情报机构合作的相关事情。接着，希姆莱叫来了4名一流的催眠专家，其中只有一人催眠成功。可是，纵然在催眠状态下，埃尔泽的供词仍然未变。后来，连埃尔泽的母亲也被找来，埃尔泽见到她后哭得昏倒在地，但醒来后还是坚持原来那些纳粹根本就不相信的供词。

越来越多的证据显示，埃尔泽确实是单独作案，甚至海德里希也向这一事实屈服了。希特勒不得不把宣传性的公审搁置起来。埃尔泽被送进萨克森豪森集中营，纳粹把他当作"特别犯人"关了起来，因为他是日后用来诋毁英国政府的重要证人。他在那里享受着一些特权：可以打台球，弹吉他，还配给足够多的香烟。他有2个房间，其中一间是木工间，可以为看守做一些木器。埃尔泽将被单独关押5年，一名党卫队员一天24小时站在牢房门口盯着。

1939年12月18日，柏林人民法院开庭审判莫里斯·巴沃一案。因为担心庭审可能会"透露谋杀尝试非常容易，以及提供谋杀尝试的具体细节"，所以新闻界不得参加。据在场的人回忆，巴沃当时坐在2个警察中间，看上去非常疲乏，脸色苍白。那天早晨，法庭传唤了证人，也听取了专家的意见；后者指出，当事人的头脑完全清楚。巴沃被要求解释其行为，他告诉法官，这次行动都是他一人所为，为的是全人类和所

▶ 德国法庭对在国会纵火的卢贝（左，穿囚服者）进行审判。纳粹分子宣称他与共产党有联系，但卢贝坚持自己是一个人干的。结果他被判有罪，上了断头台（1934年1月）。

▼ 普洛岑西监狱俯瞰。该监狱建于1869～1879年。1890～1932年间仅有36名重案犯被在此处决。希特勒上台后，到1945年为止，几千名年龄在17至83岁的抵抗战士在此死于非命，其中有41对夫妇。

有基督教国家的利益。他没有试图辩解或请求宽大处理，但是在陈述结尾时他坦言高估了自己的能力，表示对此次行为的悔意。辩护律师弗兰克·瓦劳博士站在委托人的立场上，强调巴沃之前品行良好，未曾被判过刑，只是计划，并未实施，提议以"有谋杀企图"从宽量刑。但这根本不起任何作用。国家最高检察官劳茨是个狂热的纳粹分子，他斥责瓦劳玩忽职守，是个不称职的律师。

在法庭的判决书上写着，莫里斯·巴沃是一个"典型的谨慎、狡猾、智慧和有经验的"杀手，多次企图"夺取德国人民的救星的生命，谋杀七千万德国人民无限热爱、敬仰和感激的领袖"，根据1933年2月28日的《保护人民和国家法》第1条第5款，被告犯有企图杀害元首罪，判处死刑。瑞士当局选择不予干涉。他们未尽到自己应尽的义务，既没有设法使这个受死亡威胁的瑞士公民获得宽恕，也没有要求为其减刑。瑞士外交部和驻德公使馆达成了一项双方把巴沃一案秘而不宣的协议。最后，巴沃的父亲请求帮助，这才促使瑞士外交部重新派人去料理那位囚徒的事情，但已然无济于事。

　　巴沃被送往柏林普洛岑西监狱的死囚牢房等待，原定1940年1月行刑，但是一拖再拖直到次年5月。那段日子巴沃过得相当痛苦，每天都要准备随时可能到来的死亡。他的家书表达了他对故乡的思念、对死亡的恐惧，还有更加坚定的信仰和一次次燃起的乐观态度。当然，大部分信件都被德国当局没收，用来帮助调查幕后的"保护人"，但是他们没有从中得到任何实质性的东西。

　　1941年5月12日，狱方通知巴沃，他将于次日凌晨被处决。当时，巴沃正在阅读笛卡尔的作品，他放下书本，立即给父母写了一份遗书："这是我在这里度过的最后一夜……我的头脑是清楚的，并将保持到明晨我的脑袋落地为止……我乞求上帝饶恕我的敌人，我乞求那些被我惊扰过的人的宽恕……最后我拥抱你们，谢谢你们为我做的一切……我把灵魂交给上帝。"由于德国当局要对这封信进行翻译、分析、审查、删改，巴沃的脑袋又多留了一天。5月14日清晨6点，他被送上了断头台。

在为因啤酒馆爆炸案而丧生的纳粹党徒举行的葬礼上，希特勒向死者的棺木致敬。

第九章

义无反顾

1939年11月8日早晨，《人民观察家》报独家刊登了谋刺元首的新闻。这家报纸又添了不少枝叶，说啤酒馆爆炸"这桩肮脏的勾当"是"英国特务机关"，甚至说是张伯伦干的。"黑色乐队"不知道谁是这一谋杀案的策动者和执行者，只能胡乱猜疑。起先估计是他们当中的某个人单独干的，后来又认为是希姆莱按希特勒的旨意导演的。他们担心事情果真如此，希特勒很可能会派遣盖世太保来彻底铲除他们。早就被希特勒的威胁吓得心惊胆战的将军们立即陷入了极度的混乱之中，急急忙忙地焚毁了一些可能惹祸的文件，掩盖了参与密谋活动的痕迹。

另一方面，纳粹政府加强了对所有与炸药有关的民间企业和军事部门的监督，甚至连情报局特工队的有关爆炸方面的业务书籍也受到了严格控制。在这种情况下，科尔特所需的爆炸材料已经无法搞到了。11月10日，科尔特又和奥斯特商谈了一次。自从贝格勃劳凯勒啤酒馆爆炸案后困难越来越大，不可能在盖世太保的严密监视下拿山炸药，否则受害的将不只是他和接受人奥斯特，整个计划也有可能被发现而彻底破产，以致最终不得不放弃这项计划。"那我一定要用手枪试试。绝不能让西线攻势得逞。"科尔特说。

奥斯特是这样回答的："不要异想天开，你没有一线成功的希望。你单独见不到希特勒。你在前庭当着副官、警卫和客人的面没有开枪的机会。"就这样，希特勒又一次逃脱了被杀的命运。虽然科尔特又多次向奥斯特提出要求，但是后者始终无法给他搞到炸药。科尔特感到十分恼火，向一位同谋抱怨道："现在有我这样一个文职人员愿意冒死承担本该由我们英勇的将军完成的使命，可是这帮职业杀手就连提供一颗小小的炸弹这样简单的事都办不到！"后来科尔特被派到中国，从而也最终摆脱了盖世太保的迫害。他曾经强烈指责说，即便成功的可能性不大，但也应一试。

直到1939年11月20日，希特勒才下达了新的作战指令，命令保持"戒备状态"，以便"随时利用有利的气候条件"，并且规定了先灭亡荷兰、比利时的方案。接着，为了给那些胆怯的将领们打一打气，使他们具有在大战前夕所必须具有的劲头，希特勒在11月23日那一天中午把那些担负指挥的将领和总参谋部的人员召到总理府来，斥责他们在他做出"坚决的决定"时不该表现怀疑和动摇。当天傍晚6点钟，希特勒又把布劳希奇叫了去，狠狠地训了一顿。希特勒申斥说，陆军总司令部从上到下全都染上了"失败主义"情绪，而哈尔德的总参谋部则"抱着顽固的态度同元首闹别扭"。

布劳希奇沮丧已极，提出辞职，但是希特勒不准，还严厉地提醒他，"必须像所有其他的军人一样，完成职责，履行义务"。元首还特别补充一句，他将"以暴力"镇压总参谋部对他的任何反抗。1939年11月23日是一个里程碑，标志着陆军已被希特勒最后决定性地制服了。布劳希奇也不敢再怀有一点点推翻这位纳粹独裁者的念头。从这天起，这位前下士不仅认为自己的政治眼光比他的将领们高出一筹，而且认为自己的军事指挥才能也是如此，所以他从此不再听他们的意见，而且不许他们批评，其最后结果是为德国和全人类都带来了灾难。

奥斯特继续向那位荷兰武官沙斯送出新的情报。这样做绝非易事。奥斯特像任何一个军人一样忠于祖国，但他却不能否认，自己犯下了军法中最严重的罪行。他曾向朋友吐露了不安："我再也没有退路了。拿手枪把一个人一枪打倒，或为了某种事业迎着机关枪的扫射往前冲，倒要比我现在干的事容易得多。我请求你在我死后，依然同情我，理解我曾经出于一种信念，理解是什么诱使我干了别人恐怕永远不会理解，或至少永远不会干的事。……人们可能说我是卖国贼，但其实不然。我认为，比起那些跟着希特勒跑的人来说，我反倒是个更为出色的德国人。使德国，从而使世界免除这场灾难是我的计划，也是我的天职。"

但是那年冬季和次年春天的天气特别反常，希特勒每一次都因为气候原因推迟了入侵。"黄色方案"前后有过28个不同的实施日期，奥斯特总共传出过15个。大多数警告都传给了沙斯，后者把它们转送给荷兰和比利时的情报机构，他们再把情报送给英国和法国。但是一次又一次德国人的进攻都没有如期举行，这就使海牙以及布鲁塞尔对奥斯特和沙斯的信赖度越来越低，以致到了后来，所有人都厌倦了这种连续不断的"狼来了"的喊叫。奥斯特竟被认为不可靠，而且还可能是危险的坐探。他的那些警告既无人相信，更无人听从。至于沙斯，他的上司则认为他是谍报局从柏林导演的一场斗志神经战的牺牲品，他们带着怀疑从他那里接受的情报，都被当作"诈骗行动"和"心理战"给抛到一边。

周复一周，月复一月，时间就这样过去了。突然间，希特勒暂时把他的注意力从低地国家和法国转向了丹麦和挪威。在战争经济中，铁矿石是不可缺少的重要资源。对德国军事工业至关重要的瑞典铁矿石，有两条途径可以运抵德国港口：一是途经波罗的海，但是在冬天，波罗的海结冰，铁矿石则不得不走第二条道路——从陆地上运到挪威的港口，装船后沿海岸南下经北海运到德国。为此，英国海军制定了在挪威沿海布雷和登陆的计划，意在封锁后一条路线，切断德国铁矿石的供应。然而，德国也已有相似计划。

希特勒很早就注意到挪威的问题，并决定发动一场先发制人的突击。德国一旦占领了挪威，不仅将可打破英国的封锁，也能以此为基地对英伦三岛发起反封锁。而要占领挪威，必定要经过丹麦，希特勒决定索性一不做二不休，同时占领这两个国家。1940年1月，德国海军奉元首之命开始着手制定相关的进攻计划。希特勒特别强调这次军事行动"全由我个人直接指挥"，完全把陆军总司令部晾在了一旁，以至于哈尔德抱怨："在这件事上，元首根本不曾和陆军总参谋部通过气。"

"黑色乐队"的密谋分子听到了希特勒要发动对挪威和丹麦的新的侵略的风声，于是他们又一次试图说服将军们废黜他们的领袖。他们仍然希望英国政府保证与反纳粹的政府结盟，并坚持新的德国政府无论如何应当被允许保有大部分希特勒夺得的领土——奥地利、苏台德区和1914年的德波边界。带着这样的建议，米勒博士再赴梵蒂冈与教皇接触，并与英国人斡旋。这时梵蒂冈的会谈已中断了一个多月，直到庇护十二世亲自致函哈利法克斯勋爵为米勒的善意和诚实作了担保，这才重

▲ 米勒（右）与友人在瑞士。

新恢复。

1940年1月20日，教皇会见了达西·奥斯本爵士，告诫他说，已得到了关于希特勒正准备向荷兰和比利时发起一次"猛烈、残忍而又肆无忌惮的进攻"的情报，接着宣布说，德国"将领们"准备抢先行动制止这场进攻，条件是"能够给他们以实现和平的保证"。英国情报机构认为，德国进行一次军事政变是有可能成功的，但是英国外交部却怀疑"将领们"是否真有勇气"主动采取行动"。结果，达西爵士只得答复教皇说，他的上级觉得德国人的立场"暧昧，毫无用处"。

庇护十二世在1940年2月7日再次会见达西爵士这位英国大使时，又重新提起这件事，虽然照后者的说法，教皇是"勉强"提起它的。他说，又得到新的情报，"部分军队准备不惜冒内战的风险采取行动，条件是使他们确信德国连同奥地利的领土完整将受到尊重"。达西爵士在拍给哈利法克斯的电报中说，这个新的立场使他"动心"。那位英国外相显然也动了心。2月17日，他指示达西说，英国不能在没有法国参加的情况下采取行动，但同时又指出，只要"将领们"提出一项他所谓的"有权威保证的明确计划"，英国将准备向他们提条件。

不久，米勒就把英国的答复带到柏林。这是教皇口述给莱贝尔神甫的，由神甫写在一页纸上，纸是教皇本人的办公用品，而莱贝尔神甫又把自己的名片也贴了上去。短笺是以这样明确的措辞开头的："必要条件：能够进行谈判的政府之组成。"内容包括英国拟同希特勒以后一个新的反纳粹的政府进行合理的和平谈判的细节。它后来被称为"期待已久的、寄托着德国反对派在这场希望渺茫的战争中的最后希望"。

杜那尼据此写了一份报告，长达12页。因为米勒在谍报局的代号为"X间谍"，所以这个报告遂被称为"X报告"。不过，杜那尼把开头的措辞改了一下，改动不大，却意味深长："必要条件：国家社会主义政权之推翻和能够进行谈判的政府之组成。"报告里"写了伦敦对新（德意志）国家如何组成的明确暗示"，并提到过"分权制"的德国——最好是一个联邦。坚决保证奥地利的安全，其归属及前途由公民投票决定，而且还"考虑过"英国人所说的"在某种程度上恢复"捷克斯洛伐克，意即将捷克和斯洛伐克的领土重新合并起来，但苏台德仍留给德国。关于德国的东部边界，则说，波兰也是要恢复的，但凡是选择了德国的地区都要"留给帝国"。总的来说，"X报告"是一项条约的议定书，而不是条约的本身。但是"黑色乐队"好像把这份文件看得比单纯的议定书更重。

1940年4月3日，卡纳里斯和哈尔德在措森讨论了这个报告，随后哈尔德将它呈送给陆军总司令布劳希奇，请他连夜看完，很可能为的是想鼓励后者采取行动来尽力劝阻希特勒不要发动进攻。但是布劳希奇并不领情。第二天早晨，哈尔德发现这位总司令"异常严肃"。布劳希奇向他的总参谋长大发雷霆。"您不应该把这东西给我看，这明摆着是纯粹的叛国！"他训斥道，"对我们来说，这在任何情况下都是不该去讨论的。我们在打仗啊！在和平时期和外国政府建立联系或许还可以考虑，而在战时，一个军人决不可以这样做。而且，现在这种情况并不是政府之间打交道，而是在不同的认识哲学之间进行抉择。所以，是徒劳的。"

布劳希奇还一再追问，是谁把这份文件带到措森来的，要把带信人抓起来，还要把文件送给最高统帅部或党卫队去以便调查。哈尔德回答说："如果要抓人，就抓我好了。"于是，布劳希奇就不再说什么了，报告被交还哈尔德，而他也再没提起过反叛的事。此刻，哈尔德已多少从"黑色乐队"的立场上后退了。这位总参谋长告诉密谋分子中最积极的成员格德勒，他不能背弃他作为一个军人对元首的誓言。而且，他还说："英国和法国已经向我们宣战，我们只有干到底。妥协的和平是毫无意义的。只有在最紧急的关头，我们才能采取行动。"

想在时机还不是太晚之前赶希特勒下台的最后企图就这样结束了。

这是他们可以获得宽大的和平的最后机会。本来满可以和英国签订一个协议的。至于"X报告",它被谍报局驻位于措森的陆军总部的代表、卡纳里斯的朋友兼同谋沃纳·施拉德少校装进了保险柜,和谍报局的其他绝密文件一起,锁在措森的地下室里,像定时炸弹一样放在那里了。

1940年4月2日,希特勒终于下达了攻占丹麦和挪威的作战命令,代号为"威悉河演习"。卡纳里斯怂恿奥斯特再次把这次进攻的警告送给沙斯,其目的是"使英国海军到挪威海上显显威风,迫使希特勒取消他的计划"。可是这个情报再次受到荷兰人、丹麦人、挪威人以及英国人的轻视。4月9日清晨,德国人的进攻正式开始。占领丹麦的行动进展得十分顺利,因为丹麦军队根本来不及进行抵抗。在短短24小时之内,不费吹灰之力,丹麦就被征服了,而德国仅仅付出了56人伤亡的代价。

不过,德军在挪威却遭到了激烈抵抗,英国海军和陆军也赶来支援。本来就很弱的德国海军水面舰队被重创,致使它在后来的海战中再未能发挥重要作用。希特勒慌了手脚,暴露出他"在人格和军事知识方面的全部缺陷"。他狂乱地发出自相矛盾的指示,约德尔悄悄地把它们截了下来,并试图让元首冷静下来。到4月18日,希特勒才逐渐恢复理智。但是,在经过6个星期艰苦卓绝的战斗后,德军终于获胜时,希特勒便把他的恐惧不安都抛到了脑后。元首说,胜利的到来"完全归功于他这样一个不懂什么是'不可能'的人"。

盟国又受到一次突然打击,但奇怪的是,即使这样他们也似乎没有更加相信"黄色方案"马上就要开始实施了。所以贝克决定再努力一次,重新开始谈判。米勒又一次启程前往梵蒂冈,提请盟国注意"黄色方案"。他带的信,是根据贝克的意见由谍报局"仔细推敲后审定"的。它包括"愤怒谴责即将对低地国家发起的攻击"这样一个内容,以及关于"希特勒将要进攻,此次行动迫在眉睫"的声明。米勒把这个警告交给莱贝尔转达给教皇,但是,当这个消息传到伦敦时,英国人还不

◀ 如图，德军步兵正登上"布吕歇尔"号巡洋舰。但在驶向挪威奥斯陆时，该舰被岸防炮火击沉，千余名官兵阵亡，幸存者被俘虏，但几小时后，又被德军登陆部队解救出来。

能轻易摆脱文洛事件的负面影响，它被当作希特勒为掩盖真正的进攻计划而进行的某种欺骗活动的一部分。然而，事情并没有就此结束。

莱贝尔还把米勒的信息告诉了他的同事——一位叫西奥多·蒙南斯的耶稣会教士。蒙南斯带着这个警告去找比利时公使阿德里安·纽文黑斯，可后者对此嗤之以鼻。直到另一个声望高些的送信人在蒙南斯来到之后也来了，他就是普利蒙斯特拉坦神学会的会长休伯特·努兹。努兹是比利时人，很早以前就认识并且信任米勒。米勒见过莱贝尔后，就到努兹家里去了。米勒向他"详细介绍了他所了解的形势和前景"。

努兹告诉纽文黑斯说，不出一个星期，德国人就会用坦克、步兵、伞兵和飞机入侵低地国家。这一回，纽文黑斯终于听进去了，他在1940年5月2日向比利时的外交部发了一封报警电。布鲁塞尔方面惊慌起来，要求再报详情。于是次日，纽文黑斯又发回米勒警告的细节。但是，当这位公使的两封电报发出时，德国空军正在侦听。他们把两封电报都截获了，并很快就破译出来，送到希特勒的写字台上。由于它的文件都印在带有凹凸印出的帝国鹰徽图案的棕色纸上，故而又被称为"棕鸟"。

希特勒为自己部下出了内奸而大为吃惊，下令进行全面调查。风声走漏给了卡纳里斯和奥斯特，他们立即命令米勒到柏林报到——并且来时要不露行迹。米勒刚巧已于5月4日回国了。他用一些雪茄和一只打火机买通了一位意大利移民局官员，得到了进出边境的印章，并且用这个印章，把他护照上抵达和离开意大利的日期搞得无法辨认。米勒在慕尼黑家中接到的命令的紧迫性使他心急如焚，于是马上乘汽车出发，遵嘱悄悄来到柏林奥斯特的家中。奥斯特告诉他，他们两人都是"一身黑"，并且叫他记住他们一人有难一人当的誓言。然后，奥斯特指示他刻不容缓地去谍报局总部见卡纳里斯。

米勒在办公楼的走廊里见到了这位"矮小的海军将领"。卡纳里斯停下来，口齿不清地说——有不顺心的事时，他常这样说话——"'棕鸟'！你看见'棕鸟'了吗？"米勒摇了摇头，卡纳里斯便叫他到杜那尼的办公室去，看看"棕鸟"。米勒看罢它的内容，立刻意识到这就是他对努兹说过的那些警告。最后，卡纳里斯走了进来，问道："那是你吗？"米勒回答说："将军，我不敢打保票，可能是我，也可能不是。"这种镇定使卡纳里斯深受感动。他拍着米勒的肩膀说："你准备接受我的命令吗？"

根据这种措辞，米勒可以接受，也可以拒绝。米勒到底还是同意了，他答道，那要看这项命令的性质如何。命令的性质令人吃惊，可谓滑天下之大稽：卡纳里斯竟要米勒再去罗马，调查应当由他自己负责的泄密事件。卡纳里斯还对米勒说，他必须马上动身，并且从柏林打申话给慕尼黑安排一下，使他的行李提前送到机场，一旦他从那里起飞，各边境关卡也都为他大开绿灯，使他直飞意大利。

米勒走了，卡纳里斯前去拜见希特勒，报告说，他已指示手下的特工人员约瑟夫·米勒马上着手对"黄色方案"在梵蒂冈被泄露事件进行最有效的调查，不得有误。希特勒表示同意。同时，在意大利的谍报局代表接到米勒前来执行调查泄露国家机密的特殊使命的通知，并得到将无保留地协助他的指示。而且，这次调查不受等级军阶的约束，完全由米勒掌握。

米勒安抵罗马后，立即去找莱贝尔神甫，对他说，纽文黑斯公使必须刻不容缓地离开，这样"就不容易找到他了"。莱贝尔答应尽力，但是也必须保护努兹会长，使他的身份不暴露，并且还必须掩饰米勒本人曾经扮演过的角色。莱贝尔后来想出一条妙计："我们有个神甫是比利时人，已经到刚果去了，远走高飞，谁也抓不着他。何不把一切责任都推到他身上，把他当作纽文黑斯电文中所说的那位'同胞'呢？这就可以转移对努兹的视线了。"米勒同意了这个计划，并且返回谍报局总部宣布说，一个比利时耶稣会教士突然离开了罗马，显然他就是纽文黑斯在电报中所提到的那个"同胞"。

最后还有一个问题：这情报一开始是怎么到罗马的呢？靠着和莱贝尔一样足智多谋的努兹会长的帮助，米勒编造了一套话，一套他知道希姆莱乐于接受的话：这一情报是这个党卫队头子所嫌恶的里宾特洛甫的下属泄露给他同样讨厌的意大利外交部的。这样，事实和谎言就编织得天衣无缝了。米勒的牌打得很聪明，真是天才的一招。调查暂时结束了。但不幸的是，梵蒂冈会谈也结束了。至少，英国及其大陆上的盟国可能也会相信"黑色乐队"和他们面临的"黄色方案"即将开始的危险。可是他们没有相信。

除了米勒在梵蒂冈透露的消息外，奥斯特也在努力使盟国对希特勒侵犯低地国家和法国的计划予以重视。1940年5月6日的晚上，奥斯特通知沙斯说，德国人已将行动的日期定在了5月8日，进攻发起前可能会先发一个极短的最后通牒。沙斯立即用密码将此事电告了荷兰外交部。第二天，海牙方面又将这个消息转告了比利时政府，但结果仍是一场虚惊。8日到了又过了，而"黄色方案"却没有任何动静。可是就在同一天，奥斯特又告诉沙斯说，希特勒已将次日定为下达通过荷兰和比利时在西线发动全面进攻的"最后命令"的日子。如果到那晚9点30分没有下达另外的命令，那么德国武装部队就要开始行动了。

5月9日晚上，奥斯特和沙斯碰头，在一起吃最后一次晚饭。战后沙斯在荷兰议会的一次听证会上说，那像是一次"丧礼宴会"。奥斯特肯定地说，第二天拂晓向西线发动进攻的最后命令已经下达。9点30分，两人吃罢饭，奥斯特回了一次办公室，以便弄清楚是否会有最后一分钟的变更。沙斯在一辆出租汽车里等了20分钟。结果并没有变更。奥斯特出来后，说道："没有另外的命令。'猪猡'已经到西线去了。""猪猡"指的是希特勒。他告诉沙斯："我亲爱的朋友，现在事情真的全部结束了。希望战后我们还能相见。"他们道了别，奥斯特拉着他朋友上衣的一颗纽扣又说："帮我炸掉缪斯河上的桥吧。"

沙斯通知了比利时陆军武官，随即赶到自己的公使馆，接通了海牙国防部的电话。在这种时候要用的密码早就安排好了。沙斯说了一句听起来似乎极普通的话，把奥斯特的情报传给了话筒那端的一个值班军官："明天拂晓。抓紧！"然后他就去和同事们一道把机密文件销毁。大约在午夜时分，沙斯接到了荷兰情报部门他的上司打来的电话，对方也用暗语问道："我刚刚听说你妻子动手术的事，真糟糕。她是什么病？所有的大夫你都问过了吗？"沙斯对上司的这种漫不经心的态度大为恼火，他生气地回答说："是的，但是我不明白您为什么在这种情况下来打扰我。您现在知道这件事了。手术是无法挽回的了。我已经问过所有的大夫，手术将于明天黎明开始！"

诚然，奥斯特坚信，希特勒的入侵将遭受重创，他甚至还自信地和同事打了个赌。可是，西方两大强国——英国和法国，都在睡大觉。它们的总参谋部仍不相信布鲁塞尔和海牙传来的警报。第二天凌晨3点钟，第一批德国轰炸机的刺耳尖叫声冲破了春天黎明前的宁静。破晓时分，德军坦克隆隆驶过边界。过了一会儿，天色大亮了，从荷兰和比利时政府那里收到了拼命求救的呼吁。直到这时，英法两国才终于相信了德国的进攻是真的。

1940年5月10日开始的这场战役持续了46天，一连串眼花缭乱的胜利使希特勒兴高采烈，甚至有些得意忘形了。在强有力的空袭之后，德军首先越过德荷边界。缪斯河上的桥梁没有炸掉，被德军伞兵控制，德国坦克沿着它们向比利时的方向进攻。驻守在法国和比利时交界地带的英国部队立即前来解救低地国家，这正中德国人的下怀。德军主力以装甲部队为先导，穿过阿登森林进入法国，突破英法两军薄弱的结合部，将推进到比利时境内的英军后路切断，进而向北卷击在低地国家中的英军，英军全部被迫撤到英吉利海峡边的港口敦刻尔克。

▲ 荷兰军队加强了缪斯河上桥梁的防御，但没有炸掉，结果被德军伞兵控制。

这个后来被称为"镰刀切割"的大胆计划是希特勒手下的高级将领——埃里希·曼施坦因经过周密思索之后提出的,其最大的优点就是趁敌人不备发动突袭。阿登地区峭壁林立,山高林深,道路曲折,人们几乎都认为装甲部队是无法通过的,所以,法国人在这一地区的防御最弱。当然,这个计划也很危险。如果通过阿登山区比设想的要困难,而盟军有时间组织反攻的话,德国人的进攻企图将以失败告终。希特勒了解存在的风险,但是这个方案非常符合他的口味,他毫不犹豫地表示赞同。

　　当德军装甲部队于1940年5月20日到达英吉利海峡,把英军和法军一分为二时,希特勒又显露出疑虑重重的缺点。"成功把他吓坏了,"约德尔在日记里写道,"他不愿意再冒任何风险。"希特勒越发担心法军从南面发动一次奇迹般的反攻,会突破德军业已拉长的侧翼战线。"元首紧张得有点过头了,"约德尔继续写道,"甚至试图阻止我们前进。"希特勒的决定中引起最大争议的莫过于他于5月24日命令装甲部队停止前进就地待命,虽然他在5月26日又收回成命,下令装甲部队重新投入战斗,但这次停顿却已经延误了战机。英国集中了所有能找到的船只前去救援,使英国远征军主力得以渡过英吉利海峡逃回了英国。

　　除了这次失算外,德军在法国境内的挺进是按计划进行的。接下来,德军迅速掉头南下,法军分崩离析,一败涂地,整个法国北部和西部都落入德军之手。公路上挤满了成千上万逃难的百姓,途中伤亡不断。1940年6月14日,德军开进巴黎。6月17日,法国人民得知了他们的政府已准备投降的消息。在取得决定性胜利之后,希特勒开始考虑停战谈判和庆祝胜利了。他决定,停战协定要在1918年11月11日德国接受协约国条件的同一列火车上进行。至于庆祝胜利的阅兵式,无疑要在巴黎举行。

　　1940年6月22日,法国代表在贡比涅森林中同希特勒相会。作为胜利者,希特勒出场的时间并不长,只要显示一下威风就行了,也用不着说什么话,一切交由下属做就足够了。法国人签完字离开后,一小队德国工兵奉元首之命拆卸了那辆列车，并将其运回柏林展览。赌输了的奥斯特不得不请同事在柏林的军官俱乐部里享用了一顿牡蛎和香槟。尽管他颇有风度地接受了这次失利，但是内心却悲痛欲绝。

◀ 少数被德军俘虏于敦刻尔克沙滩的英军和法军士兵。大部分盟军已经冒着炮火和空袭登上撤退的船只渡过海峡抵达英国，虽然不得不丢弃所有重型装备，但成功保存了有生力量。

▲ 在1918年德国接受协约国停战条件的同一列火车前，希特勒（右二）和里宾特洛甫（左一）、凯特尔（左二）、戈林（左三）等人准备接受法国代表的投降。

短短数周之内，希特勒便主宰了西欧。这是他手下那些持怀疑态度、时常抗命的将领们从来就没有想到会取得的巨大胜利，它助长了希特勒对自己能力的自我肯定，这种自信达到了危险的程度。他忘乎所以，从此认为自己高人一等，比任何一个军事专家都高明。"指挥战役这种小事，"他说，"谁都能做。"事实上，他容易激动，也太善变，而且非常不愿意把权力下放，自己犯了错误总要怪罪到别人头上。他缺乏自己经常吹嘘的带给他最大力量的"钢铁般的神经"，因而承受不住战场的紧张气氛，如果战斗的紧张出乎他的意料，他常常会惊慌失措。

但无论如何，在西欧所取得的辉煌战果使得希特勒的威望倍增，达到了前所未有的高度。在狂呼万岁的人海中，反对派的力量显得太藐小了，他们不得不暂时偃旗息鼓。由于德国民众和军队的基层官兵都坚定地支持希特勒，哈尔德害怕政变会导致内战。尽管他鄙视希特勒，但还是停止了向贝克的组织提供积极的支持。他指出，如果还要策划推翻希特勒的行动，就必须等到他在军事上或政治上遭到重大的挫折，威信降低的时候才行。

就在希特勒似乎战无不胜，全德国都在欢庆他新近的胜利，密谋分子们又一次对发动政变能否成功感到绝望，"黑色乐队"松散的组织开始瓦解的时刻，一些坚韧不拔的中坚分子依旧在从事颠覆活动。在巴黎莫里斯旅馆的一套房间里，几个这样的军人聚在一起，表面上，他们是为了元首在策划这年7月将于法国首都举行的胜利游行的事宜，实际上，一个反对他的新计划又在悄悄地酝酿着。他们感到，必须在还来得及的时候采取行动，以便使反纳粹的政权能为仍然占有大半个欧洲的德国在讲和中有利地进行讨价还价。会上一致决定，在协和广场上举行的庆祝胜利的阅兵式上枪杀希特勒。2名德军西线总司令维茨勒本的司令部的军官将在阅兵主席台上使用手枪行刺；假如失败，那么第3名军官就准备在希特勒下榻的饭店走廊里用手榴弹进行袭击。

参加会议的除了维茨勒本、被委任为德国驻法国军事总督的施蒂尔普纳格尔和最高统帅部通讯主管菲尔基贝尔，还有2个校级军官，他们的名字也值得一提——一个是亨宁·冯·特雷斯科，另一个是克劳斯·菲利普·申克·冯·施道芬堡伯爵。

特雷斯科出身于旧军官家庭，仕途坦荡，一帆风顺。第一次世界大战时，年仅17岁还只是一名少尉的他，就荣获了第一枚铁十字勋章。特雷斯科曾参加过自由团的战斗，后在波茨坦的一家犹太人企业里学过金融业务。作为柏林交易所的经纪人，他干得相当出色，收入足够周游世界一年。1926年，特雷斯科重又加入国防军。

早在青年时代，特雷斯科就已是个"叛逆"的军官。他的第一个司令曾当着全队人的面对他说："你，特雷斯科，将来要么成为参谋长，要么作为假革命家死于断头台上。"特雷斯科也对希特勒有过好感，但是"随着时间的推移，他渐渐成为国家社会主义的对手，最后终于成为它的不可调和的敌人"。特雷斯科开始思考解决困境的答案，虽然一度也受到过军人效忠誓言和服从命令的束缚和折磨，但是最终还是遵从自己的良知，施展出自己的全部才能，积极准备推翻这个暴君。"凡是……在选择什么样的手段这个问题上不能有丝毫的胆怯。"他曾对政治上的朋友明确表示。

克劳斯·菲利普·申克·冯·施道芬堡伯爵，也是个与众不同的人。他生于1907年，无论父系还是母系都是贵族世家。他排行第三，上有两个孪生哥哥。施道芬堡长得一表人才，自幼好学不倦，博览群书，知识渊博。他也很喜爱体育运动，尤其擅长骑马。1926年中学毕业后，19岁的他参加了德国国防军，在骑兵团里当了名见习军官，驻扎在班贝格。和当时几乎所有的年轻军官一样，施道芬堡也曾赞同纳粹党的某些政纲。据说1933年希特勒上台时，施道芬堡曾带领一群欢欣鼓舞的人上街游行。但经过很长一段时间后他认识到，第三帝国只能给德国带来灾

◀ 施道芬堡从不以自己高贵的出身炫耀于人，或认为自己高人一等，相反他认为他应当比一般人更严肃地对待自己，有义务为社会服务，为同胞做出贡献。对其为人，哈尔德在多年后还赞美他具有"伟人的气质"。

难。而在1938年发生的一系列事件，对这位理想主义者来说，是一次关键性的转折，彻底改变了他的观念。

施道芬堡作为青年军人代表，应邀出席班贝格举行的纳粹建党日庆祝活动。主讲人尤利乌斯·施特赖歇尔发表了许多粗野的、令人厌恶的反犹主义言论，施道芬堡听后便径自离开了。而在同年发生的"水晶之夜"暴行中，班贝格的犹太教堂也被烧毁。作为一名虔诚的天主教徒，施道芬堡的内心无比痛苦和不安，从此他变成了另外一个人。他开始有意识地去接近一些头脑清醒的、和自己有同样志趣的贵族子弟以及其他方面的反对派人士。施道芬堡曾一度对一个名为"克莱骚"的组织有兴趣。这是由一批德国的名门望族子弟组成的反抗集团，它的名称来自于其领导人、陆军总司令部的法律顾问赫尔穆特·冯·毛奇伯爵在西里西亚的庄园，他们经常在那里聚会。该组织的成员均视希特勒为德国的祸害，认为应将国家带回到崇尚基督教的传统价值观中。但他们无休止地讨论而不诉诸行动的行为使施道芬堡忍受不了。

1939年战争爆发后，本着军人的天职，施道芬堡勇敢地参加作战，先后转战波兰和法国。在前线一次意想不到的机缘中，他结识了特雷斯科，他使施道芬堡成为真正的抵抗战士，此后他将全部身心投入到推翻希特勒统治的事业上。施道芬堡确信，不仅必须用暴力推翻纳粹政权，而且必须为国家除掉希特勒这个狂人，不然德国就没救了，世界大战正意味着它的灭亡。在一次大胆而又危险的交谈中，施道芬堡语出惊人，他说，希特勒不是个伟大的将领，历史上所有的伟大将领——查理曼、查士丁尼和拿破仑——同时也是立法者，但希特勒不是。他是个渴求恐怖政权，喜爱残暴统治的人，因此，他认为，解决问题的办法现在只有一个，那就是必须把他干掉。然而，希特勒这次又未上钩，据说是由于害怕英国可能会空袭。

英国第一个暗杀希特勒的尝试性方案的形成，始于1940年春天，由著名的犹太复国主义者泽夫·雅勃廷斯基起草。当时，他在伦敦试图建立一支犹太军队与盟军一起对抗纳粹。雅勃廷斯基的计划是：第一步，他设想先暗杀掉一个举足轻重的纳粹分子，而这个人，将会成为在慕尼黑举行的隆重葬礼上的主角；基于这一点，第二步，英国特工可以通过某种途径将尸体换成相等重量的烈性炸药，炸药会在安魂曲奏响的时候

▲ 1940年6月14日拂晓时分，第一批入侵者从四面八方进入法国首都。除了摩托车队和步兵，还有骑兵和用马拉着大炮的长长队伍（如图）。在凯旋门前目睹这一切的巴黎人，他们的民族自豪感所遭受的打击更加沉重。

引爆，炸死参加葬礼的大批纳粹高级官员。这个设想被打回来是一点也不奇怪的，它如此草率，并没有包括如何暗杀第一个目标，调换尸体，以及引爆炸药的细节，以至于根本无法实行。而英国当时还在因暗杀本身的伦理道德苦苦挣扎，即便暗杀在行动上是切实可行的，他们也不准备打算实施。

伦敦再次考虑暗杀希特勒是在1940年夏天，这次是由英国空军提出的。法国投降还不到两个星期，英国空军副司令——沙托·道格拉斯就提出了一个"特殊行动"计划，即在德国庆贺胜利时再轰炸游行队伍。不过他自己补充说此举也许是"多此一举"。三天后，英国空军负责法国行动的指挥官唐纳德·史蒂文森决定要这样做，他写道："我们可以杀掉希特勒。毫无疑问，行礼台将会设置在靠近凯旋门的地方。没有人可以想象得出从天而降的40磅、250磅的炸弹在这种场合连续爆炸时会产生什么样的效果……根据我们的经验来看，只要那天上空有足够多的云层覆盖，此举便切实可行。"

讨论持续了一个星期左右。讨论的内容是这样一次空中突袭在军事上、战略上所有的考虑，以及由此对法国士气可能产生的影响。这个计划最终还是被取消了。正如史蒂文森自己承认的那样，轰炸一个正在游行的军队是不恰当的。奇怪的是，竟无人对刺杀希特勒是否符合道德准则提出质疑。而英国压根也不知道希特勒早在6月28日一大清早就秘密访问了巴黎。希特勒在把欧洲的大部分地区踩在脚下之后，决定放松一下，以一个游览者的身份，而不是作为征服者，参观一下巴黎。那天清晨5点左右，希特勒乘坐专机突然降落在巴黎市郊的布尔歇机场。当时天还没有亮，他下飞机后立即上车向仍在酣睡中的法国首都驶去。希特勒认为他这次出人意料的参观是安全的，任何人都不会想到，在清晨5点钟，欧洲的主宰者会在巴黎的大街上兜风。

希特勒让司机直接开到巴黎大剧院。根据元首的命令，剧院里边像有盛大节日演出一样打开了全部灯光。希特勒大步走上楼梯，中间停下来欣赏那些装饰，并且对楼梯在建筑上的作用问题发表了看法。接着，在匆匆地参观了马德伦教堂后，希特勒又驱车沿着香榭丽舍大街向凯旋门驶去。在附近的无名战士墓上空，一面巨大的卐字旗在风中飘扬着。那时候，大街上已经出现了行人，他不便下车，就让车子缓慢开动着，以便能够在车里看清凯旋门。但凯旋门上那些浮雕上还堆满了防空用的沙袋，看不到。然后他又去参观荣誉军人院，从高处俯瞰拿破仑墓。元首激动地对摄影师低声说："这是我一生中最伟大、最美好的时刻。"

十几分钟后，元首的车队又向埃菲尔铁塔方向驶去。在拔地而起的铁塔前，希特勒照了一张相，面部表情若有所思，神色还有些不安，好像是从外省乡下来的一个乡下佬，进了巴黎就不知所措了。下一站是拉丁区的先贤祠。但那里总是那么阴冷，所以希特勒没有待几分钟，对巨大的圆顶和布满灰尘的雕像褒贬一番，就又离开到林荫大道去了。最后，他们来到蒙马特区。他在圣心教堂外面站了一会儿。在那里，居民们正匆忙赶去做弥撒。希特勒望着那些人，而他们也认出了他，但装作没看出来。几分钟后，希特勒已经在返回机场的路上了。

9点钟，也就是在巴黎玩了4个小时以后，希特勒心满意足地离开了法国首都。自那以后，他再也没有看到过巴黎。更出人意料的是，希特勒在闪电式访问期间决定取消此次在巴黎的胜利阅兵式，这就预示着暗杀计划的无疾而终。此次计划告吹后，出现了一段较长的停顿。然而，这种宁静是表面的，密谋集团并未放弃刺杀暴君的计划。当阅兵式在1941年恢复后，密谋分子准备再度起事。但是，希特勒的第二次巴黎之行却由于进军南斯拉夫和希腊又没能实现。

还有一些余波。由于莫里斯·巴沃始终被认为只是一个大阴谋中的一小部分，因此盖世太保在他等死的18个月时间里，对策动人及其后台还有可能的共犯进行了彻底调查，追溯刺客的生活轨迹并走访了所有与之接触过的人。1940年秋天，法国被德国占领后，巴沃在圣布里厄的老师和同学也被讯问了。热尔博埃作为教唆刺杀者被捕，后于1943年1月11日被人民法院判处死刑，并和他的老朋友巴沃一样，也上了断头台。判定热尔博埃有罪的原因很简单，在巴沃的遗物中有一张热尔博埃的照片，背面用拉丁文写着："你是我的圣灵。无论何时何地，我们合为一体，一心一意。"

▲ 在欣赏巴黎这块新征服的属地之余，希特勒充满喜悦地在埃菲尔铁塔前留影。

丘吉尔（中，拄拐杖者）正在视察被德军空袭彻底破坏的考文垂市的一座教堂。

第十章

同舟共济

　　1940年7月19日，在柏林，一批集团军司令和最高统帅部长官被希特勒晋升为元帅，凯特尔、布劳希奇都获得了这一殊荣，维茨勒本也被授予这一军衔，哈尔德晋升为陆军大将，卡纳里斯则升为海军上将。在柏林，最高统帅部及陆军总参谋部内，都流传着正在与英国进行和谈的谣言，说双方将在明斯特签署和约。元首周围的女秘书们正在忙着准备服饰，以参加赢得最后和平的庆祝活动。遣散军队的指令甚至也已经开始下达了。

　　最初，希特勒确实试图同英国人达成协议。他想当然地认为：敦刻尔克撤退和法国失败之后，英国会明白它是不可能再继续挺下去的，必将屈服。正如在征服波兰之后一样，希特勒向剩下的唯一对手英国提出了和平建议。他有预见地谈道："……我知道，继续这场战斗只会以双方之一完全毁灭而告终。"但是，他的想法却成了泡影——温斯顿·丘吉尔已经接替张伯伦出任首相。从一开始，丘吉尔就以特有的胆识和果断的语言告诉他的人民、告诉全世界他决心坚持下去承受战争苦难的意志："我们将在海滩上作战，我们将在着陆地作战，我们将在田野和街道中作战，我们将在山区作战。我们决不投降！"他的同胞们以同样的方式做出响应，英国全国都在备战，准备与入侵的敌人决一死战。

试探性的和平建议遭到英国严词拒绝后，希特勒发布了代号为"海狮"的入侵英国的计划。但陆军和海军的一致看法是，如果不掌握海峡上的制空权，登陆是不可能的。这就意味着首先要摧毁英国空军。结果球被踢给了德国空军总司令赫尔曼·戈林。后者在8月12日向英国发起了空袭。英国人一直保持着顽强抵抗的势头，德军损失惨重。进入9月，德国空军变成了强弩之末，空战朝着对英国方面越来越有利的方向发展。这时，秋天的暴风雨季节开始了，希特勒只好命令把"海狮"计划推迟到明年春天，但不久后，他就完全取消了这个计划。转而展开了活跃的政治活动。

1940年9月27日，德、意、日三国在柏林签订了一个公约。德国和意大利负责在欧洲建立新秩序，同时承认尊重日本在东亚的主导作用。此外，三个国家间还承担义务，一旦缔约一方遭到在此之前尚未参加

▲ 日本少年儿童在老师的带领下举行庆祝德意日三国同盟成立的仪式。

欧洲战争或对日冲突的国家的进攻，即应使用一切政治、经济和军事手段互相支援。授权日本在东亚建立新秩序，势必迫使美国放弃其在东亚的势力范围。但德国为苏联留出了足够的空间，以使它能扩大自己的领土。同年11月，苏联外交人民委员莫洛托夫访问柏林，目的是在与希特勒会谈中进一步划定各自的势力范围。后者描绘了一幅瓜分世界的蓝图，试图将其谈判对手的注意力引向一直延伸到波斯湾和印度洋的南亚广阔地区。但双方终归是同床异梦，谈不到一块儿。苏联人又做起了沙皇时代的帝国老梦，目标是夺占巴尔干，打开土耳其海峡通道，以控制黑海的出入口。

　　希特勒确信对苏联再无法以理智相待，这样，剩下的就只有诉诸武力了。1940年12月18日希特勒下达了指令，要求在对英作战尚未结束之前，采取行动迅速击败苏联。对布尔什维克发起一场大规模的"十字军"征讨，一直萦绕在希特勒脑海里，因此，他把行动的代号定名为"巴巴罗萨"，当时，希特勒越来越以这位中世纪皇帝的现代继承人自居，所不同的只不过是现在德国扩张方向所指是东方而非南方的耶路撒冷。为了说服总参谋部和将军们，希特勒搬出的理由是，只要还有一个军事强国存在，德国就不可能对英国有所作为；苏联是英国最后的希望所在，一旦以一次决定性的闪电战将苏联打垮，英国就会乖乖求和。至于美国，他认为日本能够阻止它参加与他为敌者的行列。

　　在德军高层，不管是哈尔德、布劳希奇，还是凯特尔、约德尔，没有一个人对进攻苏联感到欢欣鼓舞。但当凯特尔向希特勒报告他们的疑虑时，却遭到了冷遇。两年来攻无不克的胜利鼓舞了德国军队，现在他们已经成为一台令人生畏的战争机器。希特勒确信，这场战争他胜券在握，如同击败他从前的敌手一样。作为掩护性的战略准备，德国诱迫罗马尼亚与其结盟。希特勒向罗马尼亚派遣了军队，将其变为德国的军事基地。他通知斯大林说，这些部队是去"训练"罗马尼亚军队的"顾问团"，但在下达给这些部队指挥官的秘密命令中却说，他们的"真正任务"是让罗军作好参加到即将到来的对苏战争的准备。

1941年1-2月，"巴巴罗萨"行动的各项准备工作加速进行。进军计划已完成，部队也开始秘密地向东部边境地区集结。最初的攻击时间定在5月15日，但这一时间表被巴尔干战役所打乱。墨索里尼为了能同德国分享胜利，于1940年6月10日对英国和法国宣战，一心要重新夺回古罗马帝国在地中海地区的遗产。然而，无论在北非的冒险还是入侵希腊，墨索里尼的企图都落空了。他没有得到胜者的荣耀，相反却成为笑柄。希腊人将意大利人像赶鸭子一样赶了回去，与此同时，英国人也几乎将他们逐出了利比亚。对于墨索里尼处处挨打的窘困，希特勒起先表现得幸灾乐祸，但是，当意大利可能会被从战争中驱赶出去，以致轴心国将被拆散的预兆出现时，他不得不立即采取了行动，把兵力暂时转向北非和希腊，以救援受挫的意大利部队。

1941年2月，隆美尔率领德国非洲军团到达利比亚，并立即展开进攻，打得英国人措手不及，很快便迫使英军退守埃及。就像古德里安熟练运用装甲战术那样，隆美尔也把沙漠战术发挥得淋漓尽致，并为此赢得了"沙漠之狐"的称号。同时，为了夹击希腊，德国与匈牙利和保加

▲ 1941年春，党卫队警卫旗队的炮车正向巴尔干山区推进。在此后不到一个月的时间里，他们从保加利亚向西进入南斯拉夫，然后挥师南下，一路打到希腊雅典。

▲ 莫洛托夫（左）和希特勒（右）正通过翻译进行交谈。结果，这次会谈没能缓解苏联和第三帝国之间的紧张关系。

利亚进行了秘密谈判，将它们拉入三国条约。希特勒还想把南斯拉夫也争取到自己这边来。他这招几乎就得逞了。1941年3月27日，南斯拉夫使节被迫在一份与轴心国联合的条约上签了字，但很快南斯拉夫军队中的反德爱国力量就发动政变，建立了新的政府，并拒绝加入轴心同盟。

希特勒为此大动肝火，立即命令德国军队以"最快的速度打垮"南斯拉夫。德国参谋人员表现出惊人的效率，仅用10天的时间就完成了入侵计划。德军于4月6日发动了一次新的"闪击作战"，两周后，便摧毁了南斯拉夫的防御。4月17日，南斯拉夫投降。同时，进攻希腊的战役也进行得十分顺利。4月21日，希腊人也步了南斯拉夫的后尘。通过这又一次闪电般的胜利，不仅加强了希特勒从来弹无虚发、绝无错误的名声，还又为轴心国夺回了战争的主动权。但是，另一方面，他却因此而失掉了6个星期的时间，这将对日后的对苏作战产生举足轻重的影响。

1941年6月22日凌晨1点30分，最后一列苏联货运列车满载原料驶入德国领土。两小时后，德军沿从波罗的海到黑海的宽大正面，同时对苏联发起攻击。按照"巴巴罗萨"计划，北方集团军群向东北方进攻列宁格勒，中央集团军群沿着"华沙-斯摩棱斯克-莫斯科"路线发起攻击，南方集团军群则将矛头指向南突击乌克兰。德军出其不意的行动使整个苏联为之震惊。当早晨来临，德国大使向苏联外交部递交宣战书时，仍有前线部队提出相同的疑惑："到底发生了什么事？我们应怎么做？"

其实，苏联方面早已得到大量警报。甚至到了6月18日，"露西"通过安插在德国最高统帅部中的内线成功搞到情报，"吉姆"用秘密电台将消息传送到莫斯科，电文说："多拉"致当事者，希特勒定于"6月22日凌晨3点15分对苏联发动总攻击"。不幸的是，这些警告没有引起足够重视。尽管斯大林也相信苏德之间的一场决战在所难免，但他认为德国在1942年才会挑起这一冲突，这段缓冲时间有助于提高苏军的战斗力。随着德国军队在苏联边境不断集结，斯大林也许认为，那不过是希特勒为掩盖其进攻英国的计划所施放的烟幕弹而已。

战争初期，希特勒的闪电战取得了惊人的成功。苏军猝不及防，溃不成军，招架不住，全线败退。德军势如破竹，长驱直入地向前推进，几乎没有遇到真正的抵抗，可谓捷报频传。哈尔德不无得意地在1941年7月初的日记中写道："这场战争在14天里就打赢了！"希特勒也对他的随从们吹嘘说，苏联已经输掉了战争。"我们只要猛踢大门，这个腐烂的建筑就会土崩瓦解！"他预计3个月之内即可征服苏联，于是发布命令裁减陆军编制，相应地扩充空军，以便接下来回身攻击英国。

甚至在1941年夏末，在击败苏联仍然大有希望的时候，密谋分子就又开始反复盘算着如果在柏林建立起一个反纳粹的政府，并且设想在此时讲和的话，还有可能得到有利的和平条款，并使德国仍然成为一个主要强国，也许至少还可以保全希特勒获得的如奥地利、苏台德和波兰西部。奥斯特、杜那尼和国内驻防军（又称补充军或后备军）的参谋长弗雷德里希·奥尔布里希特将军在柏林举行了一系列会谈。他们一致认为，等到获胜的机会显然已不复存在，或者说微不足道的时候，就太晚了，没有办法了。

这年夏天在陆军中策划密谋的核心地点是在中央集团军群的司令部里，参谋部作战处的亨宁·冯·特雷斯科是密谋集团的首脑。协助他的有他的副官（也是他的表弟）法比安·冯·施拉勃伦道夫，他负责与柏林的密谋集团之间的联络工作。起先特雷斯科对刺杀希特勒也有些不寒而栗，他企图用先逮捕后审判的办法来代替。1941年8月4日，希特勒巡视设在鲍里索夫的中央集团军群司令部，特雷斯科他们计划，当希特勒从飞机场乘车到集团军群司令费多尔·冯·博克陆军元帅的住处时，把他逮捕起来。但是这些策划反叛的人没有考虑到元首的保安措施。那天希特勒前后左右密布着党卫队的警卫，而且他拒绝乘坐集团军群司令部派来的汽车，他预先调来了自己的车队，供他从机场到市区之用。两个军官根本无法接近他。

　　这次失败给密谋分子不少教训：第一点是，要想抓到希特勒并不容易，他总是戒备森严；另一点是，即使逮捕了他也并不能解决问题，因为重要将领一个个不是胆小怕事，就是由于作过忠诚宣誓，不会帮助反对分子接着干下去。到了这个时候，大部分密谋分子不得不得出结论：杀死希特勒是最干脆的，也是唯一的解决办法。这样一来，那些胆小怕

▲ 在中央集团军群的司令部地图桌前，特雷斯科（右四）正和其他参谋一起研究战场态势，协助他的有表弟施拉勃伦道夫（右一）。

◀ "巴巴罗萨"是中世纪德意志国王腓特烈一世的绰号，意为红胡子，因为他有一脸鲜红色的胡子。他是那个时代典型的尚武帝王，一生醉心金戈铁马。他曾发起第三次十字军东征，然而未能到达圣地，因为他在一次渡河时由于盔甲太重而溺死。

事的将军们也可以从誓言中解放出来，拥护新政权并使军队支持它。在柏林的密谋集团的头目仍然不打算把事情闹大到这样的地步。他们曾经做过一些努力，劝诱东线战场上的重要将领，但是这种做法肯定是得不到什么效果的，因为在战争初期获得惊人胜利的情况下，这些将领们根本不会想到要推翻这个使他们能获得这样的胜利机会的人。

到了1941年7月末，陆军总司令部和总参谋部与希特勒和最高统帅部之间发生激烈争吵。德军已经在苏联境内推进了400英里，距离莫斯科只有200英里之遥了。陆军总司令部和总参谋部再次建议，现在是进攻苏联首都进行决战的时候了，可希特勒却要在南方寻机决战。结果像往常一样，希特勒赢得了这场争论。8月21日，他下令中央集团军群的装甲部队向南迂回，而南方集团军群的坦克部队则向北包抄，目标是合围基辅周边的大批苏军，从而控制乌克兰丰富的工农业资源，希特勒一心想着如何借助战利品来支持德国战车的运转。"我的将领们对战争经济一窍不通！"他厉声说道。

基辅包围战完全按照预期取得了极大成功，德国人完胜苏军——苏军几乎整军整地被德军俘虏，德军还缴获了大量装备和物资。德国最高统帅部为此欣喜若狂，希特勒把这场战役称为"世界历史上最伟大的战役"。胜利似乎再一次证明了元首的军事天才，但是，他的许多将军却认为这是"东方进剿中的最大失策"，在很大程度上它只是一个战术上的胜利，对于进攻莫斯科来说，宝贵的时间和机会又一次被浪费掉了。

1941年9月，希特勒才同意中央集团军群向莫斯科进军，但即便到了这时，他仍无法集中兵力夺取一个目标，北方集团军群同时也受命攻占列宁格勒。10月中，德军边战边进，逼近莫斯科。10月16日，苏联政府机关、外交使团以及一大批苏维埃政权的头目，与成群结队的平民一道，放弃了城市，撤到乌拉尔以东的安全地带。在历史文献中，直到今天，这一天还被认为是"大逃跑"的日子。斯大林留在莫斯科，发表了绝望挣扎的演说，并开始针对德军的包围进行各方面的准备。苏联人曾以为，莫斯科很快将被德军攻陷，于是制定了一项绝密的"莫斯科计划"，组建了一支独立的"特种部队"，在城内"潜伏"下来。

这支部队由内务部的特工人员和爱国的志愿者组成，准备城市一旦落入敌手，他们则留在敌后进行活动，对进城的纳粹实施致命一击。他们共有676人，其中241人从事搜集情报工作，201人从事破坏活动，153人负责散发传单和散布假消息，剩下的81人则从事暗杀活动。为了应对艰巨的战斗任务，所有参加行动的成员都准备好了假身份，连档案也做了改动。一旦德军入城，他们将以教师、演员、司机、看门人、服务员等身份作掩护，接近德军重要人物并实施暗杀。此外，他们在莫斯科的一些小作坊、小商店和理发店里设立了秘密接头点，里面不但储备了大量的武器弹药和给养，还配备有维修和生产武器装备的各种器材。

在德军向莫斯科步步紧逼的日子里，这支部队的成员们分成若干个小组，紧张地进行着射击、实施破坏活动、暗杀、在被捕后反审讯等课目训练，还对德军可能使用的大楼和设施进行实地演练，以便实施破坏和暗杀行动。为了实施有效暗杀，也没有忘记使用美人计，根据德军在其他占领区的一些所作所为，一旦德军占领莫斯科，纳粹军官们一定会在城内花天酒地，此时正是他们防卫最松懈的时候。于是，内务部招募了一些漂亮的苏联女演员，打算让她们在为德军高级军官进行表演时实施暗杀。

暗杀小组中还吸收了一些社会名流，如著名作曲家列夫·克尼佩尔，他是著名剧作家安东·契诃夫的侄子。此人出生在德国，以谱写了很多振奋人心的爱国歌曲而广为人知。他有一个姐姐，名叫奥莉加·契诃娃，她是革命后从俄罗斯逃出来的，之后就留在了柏林，成为了一位有名的演员。她出演过上百部电影，常以举止优雅、性感诱人的"贵妇人"形象出镜。作为第三帝国文化精英中的一分子，契诃娃交游甚广，

▲ 一队德军步兵跳下装甲输送车，向一个俄国农场发起进攻。腾空而起的烈焰显示出战斗的激烈程度。

▲ 希特勒喜欢追星，尤其喜欢女明星，如大名鼎鼎的契诃娃。

常出入上层社交聚会，与戈培尔等政要交情不浅。连希特勒也是她的忠实影迷，经常邀请她参加各种高级的活动，当时的确有照片和新闻片拍到他们在一起，她的座位就安排在元首身边。

但是，希特勒对契诃娃的兴趣恐怕与罗曼蒂克的恋爱关系不大，更多的是因为希特勒认为自己也是一名艺术家，自然应该与其他的艺术家在一起。希特勒热爱女明星的喜好引来了公众的关注，反而使他与真正的情人——爱娃·布劳恩的关系没有被曝光。爱娃这位漂亮、安静的慕尼黑教师的女儿于1930年遇见希特勒，随即被他迷住，不可救药地爱上了他。爱娃想尽办法，不惜把自己塑造成希特勒所喜欢的形象——不折不扣的忠诚和心甘情愿的服从，再加上善于让元首放松心情，从而巩固了两人的感情。但为此不得不付出一定的代价——那意味着她必须孤独地生活在幕后。因为希特勒坚决保持独身，他说政治家不应让琐碎的家庭生活分散注意力，所以爱娃只被允许在偏僻的元首山庄出现，在那里，她甚至可以大胆地开玩笑说自己是"国母"，但也仅此而已。

言归正传——契诃娃作为一名白俄，仍有家人留在苏联，很容易被内务部利用。早在1923年就有人跟她联系：如果允许她的家人搬到柏

▲ 希特勒与爱娃在伯格霍夫的合影。元首牵着的便是爱犬布隆迪。

林一起生活，那么，作为回报，是否可以帮助探听一些小情报，或者只是答应留心也行。契诃娃本人当然不愿意这么做，但莫斯科已认定她为"睡眠者"。1939年内务部曾试图"激活"她。虽然和她联系一切顺利，但是其态度却很暧昧——面对交给她的任务，她要么不情愿，要么则表示没那个能力。于是，她又回到"睡眠者"的位置上去了——至少对莫斯科而言是这样。

内务部指示克尼佩尔，一旦莫斯科陷落，他要借着这层关系混入德国占领当局任职，然后对纳粹高级领导人实施暗杀活动，而希特勒成了暗杀名单上的首要目标。这种分析不无道理，1939年希特勒在华沙就举行过胜利阅兵，次年夏天巴黎陷落后他也做了次短暂访问。如果苏联被打败，希特勒也会来莫斯科的设想绝对合情合理。一旦希特勒来到莫斯科，克尼佩尔必须不惜一切代价将其击毙。但希特勒已向身边的人透露过，他想把这个城市变成一个巨大的人工湖。"莫斯科必须从地球上消失！"他说。

实际上，莫斯科的处境并没有想象的那样糟糕。就在莫斯科危在旦夕之时，天气突变，一年一度的秋雨季节骤然来临，道路变得泥泞不堪，德军坦克装甲车辆无法动弹，人员也寸步难行。进入11月，天气再次发生变化：冰雪取代了雨水——俄罗斯可怕的冬天降临了。这年的冬季来势异常迅猛，可是，因为希特勒坚持认为战斗会在秋天结束，所以大部分德军官兵根本没有配发过冬的衣物和装备。就算后来临时从德国后方凑集运来的冬服和滑雪装备，也因数量有限而无法改变德军面临的恶劣处境。

当战局发生戏剧性恶化后，特雷斯科想把博克拉到抵抗运动那一边去，但这可不是一桩容易的事情。博克虽然口口声声说厌恶纳粹，但是他依靠它的庇荫，官运亨通，而且他为人爱好虚荣，根本不会干冒险的事情。在博克召开的一次形势讨论会上，特雷斯科试图向他指出，元首正在把国家引向灾难。"你有什么建议？"元帅问他的参谋长。"只有一条出路，"特雷斯科回答，"我们必须消灭希特勒！"博克听了像被毒蜘蛛咬了似的惊跳起来。"我可不是南美洲的一个叛乱将军！"他大声喊道，

▲ 在秋雨造成的泥泞中，任何形式的运输都变得不可能。车辆开不动，只能靠人力拖曳。

"不许攻击元首！我不允许如此说话，我不要听这样的话！"他又警告说："谁敢攻击元首，我就要为维护元首而惩办谁！"说完便离开会议室到外面去了。特雷斯科被兜头浇了一盆冷水，但是并没有气馁。

尽管面临天气造成的难题，但是寒冷的天气将泥浆冻成坚硬的土层，德国人对莫斯科的进攻得以一度恢复。在希特勒铁的命令下，德军奋力前行，最后，一营先头部队终于抵达莫斯科近郊。1941年12月2日，在午后短暂的日光下，一名德国军官用无线电报告说，他从望远镜里看见了克里姆林宫尖顶上的红星。此时莫斯科已处于德军大炮射程

▲ 博克从不关心纳粹的国内政策，但却竭诚拥护希特勒对外扩张的各项政策，认为这给他提供了大显身手的机会。

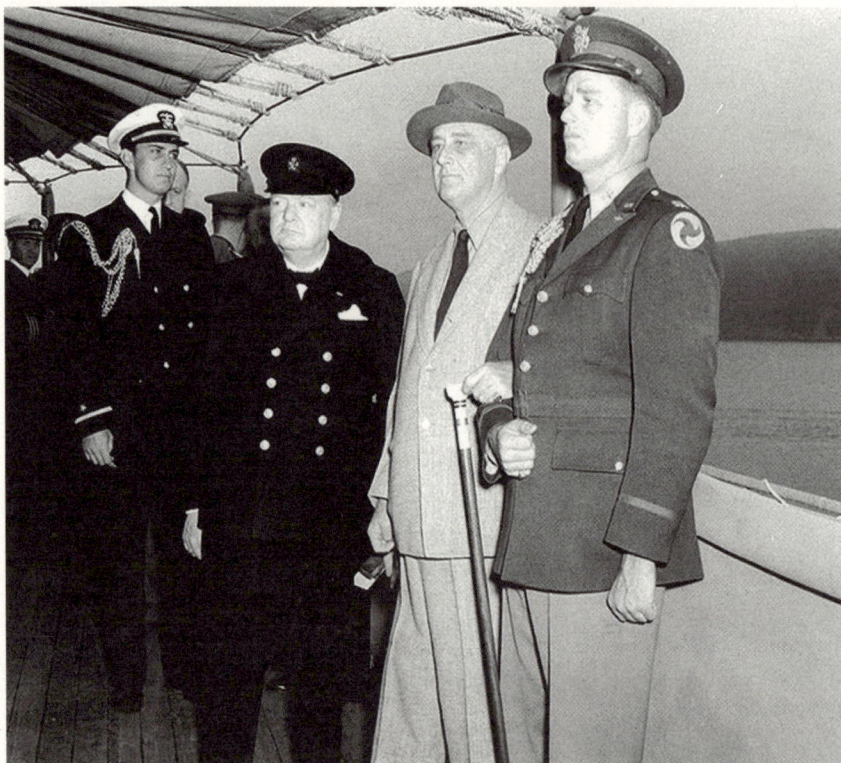

▲ 1941年8月，罗斯福和丘吉尔两巨头在泊于大西洋的军舰上秘密会晤，共同声明不承认轴心国通过侵略造成的领土变更。美国当时尚未参战，而与英国一起发表如此明确的声明，对德意日是个沉重的打击。

内，苏联人承受了极大的压力，连红场上的列宁遗体也被转移到了其他城市。然而，德军精疲力竭，装备损耗殆尽，食品燃料待补，再难前行分毫。在12月份的冰天雪地里，希特勒的常胜之师在苏联首都跟前停了下来。

在列宁格勒城下，德军也因日益恶劣的天气和苏军顽强的抵抗而陷于停滞状态。希特勒下令对列宁格勒实施四面围困并以炮火向城内轰击，想由此达到将守城军民困死饿死的目的。但是，苏联人成功通过拉多加湖给城市提供了微薄的供应。德军对列宁格勒的围困持续了近3年之久，在这段时间里，城内生存条件惊人的恶劣，人们以狗、猫甚至老鼠、乌鸦充饥，烧掉书籍和家具取暖，有成千上万的老人、妇女和儿童死于饥寒冻馁。

1941年12月6日，稍稍缓过气来的苏联军队在莫斯科周边发起了一系列局部反攻，早已衰竭的德军不堪一击，根本无法守住所占之地。将军们纷纷敦促元首尽快应允，进行有组织的撤退。可是，希特勒无视部队遭受的损失，拒绝了收缩拉长了的战线的请求，固执地抱住已夺得的地盘不放，不断地发出绝不后退半步的号召。德军官兵靠喝烈酒御寒，喝得半醉，才战斗下去，最终击退了苏联人的进攻，但付出的代价是空前高昂的：在俄罗斯腹地的第一个隆冬，共有100万以上的官兵阵亡、冻毙或被俘。

希特勒曾要求日本与他合作，从背后夹击苏联，不过，后者对欧洲的战争不感兴趣，他们看中了南方更迷人的地区。英国人、法国人和荷兰人在欧洲的处境非常困难，为日本人提供了乘虚而入的明显机会。因此，只要美国不干涉，日本人占领整个石油和橡胶等资源丰富的东南亚的时机似乎已经成熟。于是，美日两国代表在华盛顿举行了一系列会谈。但双方的立场相差甚远，根本不可能达成谅解。最后，日本政府通过了用武力手段解决问题的决定。

1941年12月7日，日本海军袭击了夏威夷珍珠港的美国舰队。获悉日本参战的消息，希特勒和墨索里尼立即在12月11日对美国宣战，这一决定注定了德国和意大利的命运。他们以为美国人必然会将主要精力集中在亚洲战场上。然而，希特勒和墨索里尼打错了算盘。美国总统富兰克林·罗斯福与丘吉尔一致认为，必须把德国作为首要目标攻击。他们共同计划在1942年美军将先进军北非。

苏联没被打败，莫斯科也没被攻破，希特勒更没有出现，苏联内务人民委员会精心准备了几个月的"莫斯科计划"也就自动取消了。但暗杀部队的成员没有停止战斗，他们又奔赴新的战场。克尼佩尔被赋予了一项新任务：凭借优越的家庭背景，以及流利的德语，他将以叛逃者的身份前往柏林，在那里刺杀希特勒。之后不久，克尼佩尔打着调查民间音乐的幌子在伊朗密谋他的叛逃计划。他应先投奔驻伊朗或者土耳其的德国使馆，然后再辗转去柏林，这样他就可以向两个人寻求帮助了，这两个人一个是克尼佩尔的姐姐，另一个是名叫伊戈尔·米克拉舍夫斯基的拳击手，他也是一个伪装成叛逃者的内务人民委员部特工。

1941年秋天，就在莫斯科战役的紧要关头，苏联歌剧界的著名演员弗谢沃洛德·塔马林叛逃了，投靠了城外的德军，成了为纳粹服务的俄语播音员。内务部特别小组发现这位叛国者的侄子米克拉舍夫斯基正在列宁格勒服役。与之谈话后，米克拉舍夫斯基表达了为国效力的渴望，欣然接受了到德国敌后工作的建议。为进行这项危险的工作，他差不多花了半年时间来建立假档案和掌握侦察、破坏的技能，在周密准备之后他潜入德国去寻找叔叔。

1942年春天，特别小组从德国柏林得到好消息：米克拉舍夫斯基到达了目的地。德方显然并不信任这位年轻人，于是用各种方法来考验他，甚至以枪毙相威胁，都没发现破绽，最终许其同弗谢沃洛德·塔马林会面。他住在叔叔家的那段时间，又有2个苏联间谍被派去组建内务部活动小组，米克拉舍夫斯基也就成了他们的联系人。他们都经验丰富、有勇有谋，开始进行暗杀希特勒的周密准备——确定可行的办法，搜集必要的信息。

米克拉舍夫斯基不断把情报传回莫斯科。一次，他向上级汇报说，找到了行刺纳粹二号人物戈林的人选和机会，但莫斯科只对头号人物希特勒感兴趣，没有理会他的这一建议。他们发来了新的命令，要求米克拉舍夫斯基安心等候克尼佩尔的到来。米克拉舍夫斯基临离开莫斯科时，有人给了他一个柏林的地址，并叮嘱他应前去"拜访"一下。户主就是奥莉加·契诃娃。他们第一次接头是在1942年的夏天。在内务部看来，计划十分简单。他们天真地认为，以契诃娃身处的地位来说，她完全有能力扮演一个中介的角色，能够将米克拉舍夫斯基与克尼佩尔两人介绍给他们的暗杀目标。而事实上这种可能性不大，这使他们非常沮丧。

如果在1939年以前，当时希特勒仍然出席各类重大活动，这种想法也许还可行，但是到了1942年，在公共场合已经看不到希特勒的身影了。事实上，契诃娃最后一次见到希特勒是在1940年夏天。1941年6月24日即苏德战争爆发后两天，希特勒率最高统帅部入驻东普鲁士的拉斯滕堡，随后的大部分时间，希特勒都待在被称之为"狼穴"的指挥部内，整日都被手下的将军们包围着，这里成了希特勒在柏林以外的第二个"家"，之后的二十个月里，希特勒仅离开"狼穴"4次，而且离开的时间加起来也只不过57天。希特勒总共花了800多天——长达两年多的时间——待在这个营地内。

"狼穴"始建于1940年下半年，谎称建造一家化工厂为掩护。这个指挥部的选址非常具有战略眼光：它所在的地区人烟稀少、森林茂密；此外，这里交通便利，四通八达，除了有路况很好的公路，附近还有一条铁路线与通往柏林的主干线相连；同时，伪装网、树木、人造景观提

▲ 1939年的一场音乐会上，契诃娃坐在元首的左手边。希特勒常要朋友把妻子留在家里，而陪伴年轻的女演员出席这种场合。"美丽的女人属于勇敢的战士！"他这样说。

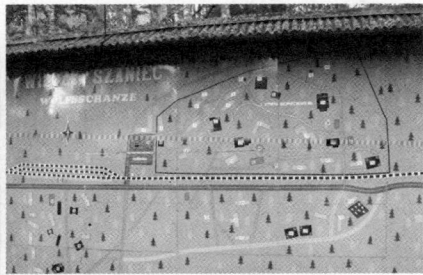

▲ 二战后，德国东部的大片领土被划给波兰。拉斯滕堡易名卡斯特金，"狼穴"则成了供游人了解历史的旅游景点。图为介绍过去营地布局的导览图。

供了近乎完美的掩护,从空中根本看不到这个指挥部。整个指挥部长2.5公里、宽2公里,划分成3个成同心圆的安全区,中间只有一条道路通向里面。每个安全区都有自己的哨卡、栅栏和巡逻兵。进入指挥部的整个区域需要一系列通行证,这些通行证只能由负责指挥部安全的指挥官与高级安全官员协商之后才能签署。只有那些带着真正的通行证的人才被允许进入内部核心区域。

"狼穴"的安全警卫极为森严。最外层的安全区布置有1公里宽布满地雷的雷区、5米宽的铁丝网,大约每隔150米,设有一个机枪射击掩体。第二层安全区四周设有许多高射炮台、瞭望塔、反坦克炮。最高统帅部的官员们都住在这里,设有营房、餐厅、会议室、档案库和通讯中心。这里大约驻扎有2000余名人员,其中绝大多数是负责安全保卫的党卫队员,但只有极少数人才有机会看见他们奉命保卫的人——希特勒。大约仅有100个人,经过严格审查,清理随身物品之后,才有机会进入"狼穴"第三层的核心安全区。那里是希特勒的私人住所。地堡规模庞

▲以环抱"狼穴"营地的茂密森林为背景,希特勒和身边的工作人员拍下了这张合影。除了他的副官、秘书和警卫,在场的还有凯特尔(左三)、约德尔(右四)等高级参谋。

大，完全由钢筋混凝土浇筑而成，地面以上部分高达12米多。

希特勒住在最大的一个地堡里，这个地方隐藏在周围的树丛里，不仅阳光透不进去，炸弹也撼不动它。这座大地堡由两层铁丝网包围着，里面的一层是通电的，中间还隔着一个地雷区。每隔30米设置一个岗哨，由带着凶猛警犬的哨兵守卫着。在厚厚的混凝土下面，元首有一个包括3个小房间的套间。墙壁上没有粉刷，木头家具也没有油漆。他声称他不需要任何前线战士无法得到的生活享受。

希特勒每天的工作重心就是中午的战况汇报会，在场的除了参谋、副官及各军种和部门的联络官之外，还有凯特尔、约德尔、陆军总司令和总参谋长，及空军、海军和外交部的代表，有时还有戈林和希姆莱。他们全都围着一张宽大的桌子站立，只有希特勒例外，他坐在一把普通的扶手椅上。巨大的作战地图展开之后，各个战区的汇报开始，希特勒一边提问，一边斟酌各种可能性，而后做出——或者推迟做出决定。

在典型的一天里，傍晚时分还要开一个小型战况汇报会，之后的晚餐常常从8点钟持续到午夜。希特勒通常与参谋人员一起在军官食堂吃饭。晚餐气氛压抑，患失眠症的希特勒对着一群不敢有怨言的听众发表长篇大论，时间拖得越长越好。元首通常在凌晨4点钟结束工作，与秘书一起喝茶。刚开始他们还会聆听贝多芬和瓦格纳的音乐，后来当战场上传来的消息越来越糟糕的时候，希特勒再也提不起听音乐的兴趣，便长时间地沉浸在对过去的回忆里。他唯一的消遣就是在上午遛遛他的爱犬"布隆迪"。

"狼穴"距战前波兰的领土仅有70公里之遥，它不可能完全不引起波兰地下抵抗组织的注意。1942年，一位来自华沙的交际花和一位党卫队将领发生了暧昧关系，随后在她的"劝说"之下，这位党卫队将领开始为波兰地下抵抗组织之一的国民军服务。那年夏天，该交际花陪同她的相好曾偶然在"狼穴"作短暂停留，这个过程中她悄悄记录下所看到的一切，从指挥部的布局到正在执行的安全程序。在适当的时候，她把这些报告给了华沙的上司。波兰人收到了这个情报，但是他们没有计划任何对"狼穴"的袭击，因为"狼穴"位于德国境内，超出了波兰国民军的活动范围，而且途中根本没有必要的基础设施可以为行动人员提供掩护和补给。最有希望的方案就是在希特勒不定期地往返于"狼穴"的途中下手。

虽然他有时乘坐飞机，但更多时候他是乘专列往返于柏林和"狼穴"之间。他的行程路线是从柯尼斯堡出发，沿着铁路旧干线，途中直接穿过战前波兰的领土到达柏林。随着战争爆发，元首专列同时也得到了升级——增添了1辆牵引机车、1辆通讯保障车厢、2辆防空炮车厢。波兰地下抵抗组织擅长的是进行破坏活动，火车脱轨是其专长之一。德国占领伊始，波兰就成立了专门进行破坏活动的特别行动小组。据统计，波兰人总共进行了700多次这样的行动。行动人员基本上拥有自行

▲ 元首的专列在战时也是流动的指挥部。图为停车休息时，希特勒和助手们坐在路堤边讨论战况。

决策的权力，他们可以用炸药炸毁铁轨，或者直接拆掉铁轨。当然，无论用哪一种办法，对于急速行进中的火车来说都是致命的。

然而，当波兰的行动人员试图炸毁某一辆特定火车，比如元首专列的时候，问题就出现了。"亚美利加号"停靠在车站或者停靠在"狼穴"的时候，都会有重兵把守。行进过程中，安全警卫也极其严密，没有丝毫松懈，他们禁止其他车辆通行，并有一辆仿制的牵引机车经常沿线在"亚美利加号"前行驶，以此作为迷惑。对于一个意图下手的行动人员而言，他的任务就是事先得到准确的情报，知道希特勒的专列会在什么时间，经过某一特定地点。为此，他需要来自德国内部的情报。至少有一次，波兰人具备了上述所说的先决条件。

文洛的绑架把英国陷入了这样的境地：在1940年余下的时间里一直到1941年，英国在欧洲几乎没有任何秘密情报工作可言。温斯顿·丘吉尔决定，需要立即建立一个全新的组织以弥补这一重大损失。这样，便诞生了特种任务执行局（SOE），代替已失效的秘密情报局的间谍网。谁也不知道它的规模有多大，只知道它规模最大时大概有1.3万人，其中包括3000名妇女。这些特工人员包含部分英国和美国的志愿者，更多的主要是从愿意帮助各被占领国家的同胞的流亡政府的军人和难民中招

◀ 从捷克斯洛伐克流亡者中选拔出的志愿人员（他们头上戴的英式钢盔上绘有国旗）正在英国教官（左，戴贝雷帽者）的指导下，接受步枪射击训练。

募。几乎所有的人都受过包括跳伞、格斗、破坏、无线电操作，以及化妆、跟踪、逃跑等特殊训练。飞机是将他们运入和运出敌占区的较为常用的交通工具，有时也使用渔船、鱼雷艇和袖珍潜艇。

一旦成功渗透到欧洲的德国占领区，特工们的首要目标就是与当地的地下抵抗运动携手合作。尽管盖世太保特务在街道上徘徊，观察着任何谋反的迹象，但反抗的烈火仍然在家中和工作场所蔓延。当然，如果反抗者试图发动一场反对占领军的战争，就需要武器和训练。特种任务执行局正好可以为他们提供相关指导和装备。他们的任务之一，就是刺杀占领区的德国高级官员及其合作者，借此传达他们坚决反抗侵略、决不姑息内奸的决心。不过，这一策略也招致了可怕的报复：抵抗组织杀死一个德国人，对方就会屠杀50个，甚至100个人质——有时是监狱里关押的政治犯，有时是无辜的普通老百姓。从而迫使特种任务执行局不再鼓励由平民实施的直接行动。

在伦敦的欧洲各个流亡政府中，几乎没有人明确表示支持公开的暗杀政策，不过也无人愿意主动出面阻止这种暴力行为，因为，这种目标明确的刺杀活动被视为抵抗运动蓬勃发展的有力证据。捷克斯洛伐克流亡政府不怕事后会引发报复狂潮，计划要暗杀一名德国高层领导人。两名特工被推选出来：约瑟夫·加布齐克和扬·库比什。他们都接受过特种任务执行局的培训。在1941年9月28至29日晚，加布齐克和库比什终于降落在捷克斯洛伐克。此次行动的代号为"类人猿"，目标就是莱因哈德·海德里希——他已经被委任为波希米亚和摩拉维亚的保护长官，任务是发掘当地的产业潜能为德国服务，同时粉碎捷克的抵抗运动。

海德里希在打击地下组织方面颇为成功，但也带来了另一个后果，显然，他觉得目前的形势已足够安全，没有必要由党卫队的保镖来护卫他了。这种狂妄自大给加布齐克和库比什带来了期盼已久的机会。他们在布拉格郊区选择了一条从海德里希官邸到市中心途中的安静小路，就在急转弯路口，车辆行至此处必须减速。此外，他们还注意到，该地附近既无警察局也无党卫队驻军，而不远处的电车站还为他们提供了一个等待目标出现而不至于引起怀疑的场所。加布齐克将身藏冲锋枪驻守在弯道内侧，而库比什则身佩手榴弹，站在马路对面，他们计划在1942年5月27日早晨实施计划。

这天清晨，两人来到事先选好的地点，在马路拐弯处附近就位，并且安排一名同事在远处的山头上放哨。等了将近2个小时，10点32分，他们接到信号，海德里希的车正驶来。就在车子减速转弯的时候，加布齐克迅速取出冲锋枪，几乎近距离地瞄准了海德里希。可是枪却卡壳了。汽车嘎的一声停下，海德里希取出手枪还击。库比什上前扔了颗手榴弹，却没有命中目标。炸弹靠着汽车后胎就爆炸了，碎片飞到了他的脸上，同时溅到了路过的一辆电车上。加布齐克和库比什以为行动失败了。他们逃离现场时最后看到的是海德里希和司机疯狂地追赶自己。但是，他们并不知道，目标人物实际上已经身受致命重伤。

海德里希肋骨折断，脾脏破裂，由于受伤疼痛难忍倒在了地上。他立即被送往医院，希姆莱特地派德国最好的外科医生飞抵布拉格为他治疗。但由于伤口已受到感染，救援人员已无计可施。尤为致命的是，库比什掷出的手榴弹爆炸掀起的弹片，以及汽车后座里的马鬃填塞物碎片，深深插入了海德里希的腹部。1942年6月4日清晨，遇刺8天后，海德里希因血液中毒一命呜呼。最终，党卫队在布拉格的一个教堂地下室追踪到了刺客，对那里展开了猛烈的进攻。库比什被杀，加布齐克自杀。二人的头颅被插在尖刀上，以警示他们的同胞。几天之内，纳粹还屠杀了1400多名无辜的平民作为报复。

海德里希的遗体在布拉格停放三天后，隆重地运回柏林。希特勒将举行国葬，亲自向这位"铁石心肠的人"告别。1942年6月8日晚上，希特勒要乘坐专列离开拉斯滕堡返回柏林参加仪式。受火车时刻表编排的

◄党卫队猛烈进攻刺客躲藏的教堂时,库比什被杀。为了把加布齐克逼出地下室,德国人用消防水龙向里注水(图中可见水龙带及在教堂墙壁上凿出的窟窿),但他宁可自杀也不投降。

限制,专列出动的命令必然会提前传达给相关人员。波兰地下抵抗组织行之有效的做法就是通过一名德国内部的铁路职员,掌握有关希特勒行程路线的详细内容。

情报转到了波兰国民军在当地的一个上尉指挥官的手里,此人名为斯塔任斯基·列斯科夫斯基,代号为"森林",他的行动区域是从柯尼斯堡到柏林的这段铁路主干线。他曾经做过眼科医生,1939年抵抗过德国的侵略,在波美拉尼亚地区组织过多个地下抵抗组织,多年的斗争早已把他锻炼成了一个坚定的反纳粹的勇敢战士。他制定了使希特勒专列脱轨的行动计划,考虑到希特勒本人的奥地利血统,这次行动的代号被命名为"维也纳人之血"。

"森林"把这项任务派给了当地一个叫"波美雷利亚"的抵抗组织,它的指挥官是扬·萨勒夫斯基中尉,代号为"貂"。他曾经参加过波兰战役,后来躲过德国的追捕,加入了地下抵抗组织。在接受"森林"下达的任务之后,"貂"选择了普鲁斯加特以西、邻近斯特里奇村的一个地方,因为在那里铁路线经过的是一片林区。他让自己的属下穿着偷来的党卫队军服,分成2个行动小组:一个负责切断铁路线,另一个负责防守行动区域。

根据"貂"的部署,那天凌晨2点45分,他下属的工兵首先会放那辆仿制的牵引机车通过，然后再抓紧时间拆毁铁路，回到附近树林里；在接下来的混乱中，火车冲出铁轨，倒在路堤上，他们再次冲出去用机关枪扫射幸存者；最后，指挥官命令他们后撤，他们几乎没有遭受任何损失，得以成功撤回，重新回到原来隐蔽的地下状态。据说，有200名德军士兵和两位将军丧命。德国的报复行动极其残忍，150名嫌疑人被捕，其中50个被送往集中营。几周后，对那些为这次逮捕行动提供情报的"有功"人员，德国人发放给他们一笔高达25万马克的赏金。直到两年后，德国当局抓捕到"貂"的一名部下，才获知了这次暗杀。

波兰人坚信已经胜利完成了任务，正如"貂"事后所回忆的："行动结束后，我再次看到队员的时候，我们都极为兴奋，都说希特勒已经下地狱了。"可是，故事并不像他们所想的那样。德国方面证实，事发当晚的确有一列火车脱轨，但希特勒并不在他们中间，只是说一辆开往柏林方向的客运列车被袭。原来，希特勒的火车出人意料地停在了附近的马林堡车站，这时，一列客运列车通过了，然后，"貂"和他率领的队员就实施了他们的袭击计划，并且坚信他们要袭击的目标就是"亚美利加号"专列。这样一来，当一列按正点行使的客运列车经过时就被误认为是希特勒专列的前行"替身车"了，而那些跌跌撞撞从那堆脱轨火车残骸中出来的德国士兵就被当成了希特勒的警卫旗队的成员。

"森林"没有停止对德军的颠覆活动。事实上，在那次脱轨事件发生两星期后，他又策划了一起火车脱轨的行动，这次是一列货车。后来他被任命为科希切日纳地区波兰国民军的指挥官。1943年9月，他被盖世太保逮捕。经历了持续的折磨和审讯之后，他企图自杀，结果没有成功。后来他被转到集中营，1944年7月最终死在了德国人的枪口之下。另一方面，"貂"本人的锐气并没有受到此次事件的任何影响，他继续率领他的属下骚扰、袭击他所负责的区域内的德军，直至1944年。他受过三次伤，后来在苏联的一个战地医院里迎来了战争的最终胜利。

图右是一队衣衫单薄的德军士兵，因不堪忍受零下的极寒，颤抖地放下武器投降了。对面的苏联胜利者裹着毛皮大衣，可以抵御严寒，并增强战斗力。

第十一章

风云突变

　　由于在莫斯科和列宁格勒城外的严重挫折，希特勒的闪电战计划宣告破产。元首恼羞成怒，把责任都推卸到了陆军指挥官的身上。承担所有指责的布劳希奇现在已是身心憔悴，心脏病日趋恶化。按照医生的建议，他已不能继续服役，于是递交了辞呈（1941年12月18日）。希特勒准予其离职，同时宣布亲自出任陆军总司令一职。他还不容分说地一下子撤掉了30多名前线将领的职务：古德里安这位杰出的装甲兵指挥官、新型坦克战术的创始人，因擅自将其部撤回，也被希特勒打发回了家；接着，1942年1月8日，1938年9月政变的参与者之一的霍普纳也因为避免被敌合围，命令部分部队后撤而遭被贬黜的命运。

　　大批著名将领成为那个独裁者的替罪羔羊，使反纳粹密谋分子心头的希望重新燃起。他们确信，军官团由于他们身受不体面的待遇，且最高统帅在俄国严寒的时节疯狂地把他们和他们的军队带到灾难边缘，一定会感到不满。他们一直相信只有兵权在握的将军们才有推翻纳粹暴君的实际力量。现在正是他们还来得及动手的最后机会。最重要的是要抓住时机。他们看到，虽然还不能说战争已经失败，但是也已不再有胜利的希望了。

1942年1月，密谋分子与维茨勒本和他的密友——德国驻比利时军事总督亚历山大·冯·福肯豪森将军会谈，策动他们参加正在策划的一个叫作"隔离行动"的新计划。密谋者们认为这个计划一方面可以使那些将军们不至于背弃自己效忠元首的誓言而在良心上得到安慰，同时又可以帮助他们为德国除掉希特勒。计划是这样的：东线和西线的高级司令官按照预先约好的暗号，一齐拒绝服从作为总司令的希特勒的命令。他们解释说，这个计划的真正目的在于制造混乱局势，这种局势一出现，贝克就依靠国内驻防军在柏林的部队的帮助，夺取政权，解除希特勒的职务，并宣布国家社会主义为非法。

维茨勒本认为"隔离行动"不切实际，只有采取直接行动推翻希特勒，才是唯一的解决办法，而他表示愿意担起领导的任务。为了准备这一天，他希望动点小手术，先把痔疮治好。但是不幸得很，这项决定却给这位陆军元帅和那些密谋者带来了严重的后果。当这年春天维茨勒本请假去动手术时，希特勒趁机免去了他的职务。这么一来，密谋分子发现他们在陆军中寄予最大希望的人，成了一个没有一兵一卒的空壳元帅。没有兵力，是无论如何也发动不了政变的，更不用说建立新政权了。

与此同时，贝克集团还在积极与西方进行接触，以便让盟国得知将要发生的事情，并探询他们将会同一个新的反纳粹政府谈判什么样的和约。这些接触都是在斯德哥尔摩进行的。1942年4月，格德勒曾赴瑞典首都，同两位他的老朋友——国际银行家雅可布·瓦伦堡和马库斯·瓦伦堡兄弟会晤。这两位商人因为生意上的密切关系，经常往来于英国和德国，而且还认识丘吉尔。格德勒在笼罩着波罗的海浓雾的码头住宅区，秘密会见了马库斯·瓦伦堡。这个地方是有意选定的，为的是能够甩掉盯梢的人。

格德勒把"黑色乐队"逮捕希特勒的计划告诉了马库斯，并询问如

▲ 福肯豪森是名职业军人，20世纪30年代曾受邀到中国担任蒋介石的军事顾问并参与筹划对日作战的各项准备工作。

果得手，英国和美国可以接受哪些条件才同德国媾和。马库斯对此态度不是很积极。他刚从伦敦回来，据了解，要伦敦或华盛顿就将来可能束缚它们的对德政策的问题事先做出任何的保证是不可能的。如果密谋分子果真推翻了纳粹，那很好，但他们必须先行动起来，再谋求谈判。不过马库斯还是同情密谋分子的，而且也愿意帮忙，他让格德勒放心，说一旦他们除掉希特勒，他就马上设法同丘吉尔接上头。在做了这个保证之后，会见就结束了。格德勒飞回柏林，向奥斯特报告。

一个月之后，两个路德派教士也在斯德哥尔摩同英国人进行了接触。其中之一是德国福音派教会对外关系局成员狄特里希·波霍弗牧师，他是一个积极的密谋分子。波霍弗认为希特勒是反基督的，而且认为"把他消灭"是一个基督徒的天职。当听说英国圣公会契切斯特主教乔治·贝尔博士正在瑞典访问，波霍弗即刻赶去见他。波霍弗乔装改扮，拿着奥斯特给他的伪造护照出了国。牧师对主教谈了密谋分子的计

▲波霍弗（左）和他的姐姐在柏林寓所的花园里。

划，同格德勒一样，他提出：一旦希特勒被推翻，西方盟国是否将同一个非纳粹政府谈判一个体面的和约。他们要求通过私下的通讯或公开的宣言得到答复。贝尔主教回到伦敦之后，立即转给英国外交大臣安东尼·艾登。但是，艾登却心存怀疑。因为从慕尼黑事件以来，英国政府曾经从自称是德国密谋分子的人那里得到过类似的材料，但是一直没有发生过什么事情，结果就没有给予答复。

博克因病告假后，其职务由较易接近的京特·冯·克鲁格陆军元帅所替代，参与密谋的军官们立即企图把他也拉入他们的计划中去。克鲁格并不热爱元首，至少没有达到他的大多数元帅伙伴们那种程度。事实上，他从来不大接受这个新的革命体质。但是他把这个政权看作依法组成的德国政府，并宣誓效忠这个政府的首脑。当他的参谋长特雷斯科对他的宣誓提出质问时，克鲁格表示他理解所有反对希特勒的论点，可是又没有公开反对他的勇气，不愿做出明确的抉择，只是把玩着自己的铁十字勋章，回答道："我是军人，不是政客。"

▲ 克鲁格（左）对纳粹制度的疯狂不以为然，但对公开反抗希特勒一事犹豫不决。

不过，有一件事情对密谋分子们极为有利——希特勒想要腐蚀他的高级将领们。希特勒相信，权柄、勋章、礼物和现金可以收买他们的忠心。在克鲁格60岁寿辰时，元首赠送给他的这位元帅一张高达25万马克的支票。希特勒还在附信中装模作样地写道："陆军元帅先生：请您把这看作我个人和德国人民对您的小小感谢，如果我能以人民的名义对您的个人生活有所帮助的话。致以亲切的问候。您忠实的阿道夫·希特勒。"对于克鲁格这个财产不多，年薪才6万马克的军人来说，这也算一小笔财富了。但他并不因为收到这笔钱而感到欣喜。他在军官食堂对参谋们说："如果有人得到一笔25万马克的小费，那么他该怎么处理这笔钱呢？"特雷斯科等人直截了当地对他们的司令说，接受这些钱是一个军人的荣誉感所不能容忍的，这等于是在这场前途未卜的战争中被收买。他们建议克鲁格干脆把钱退回去，或者寄给红十字会。克鲁格一方面不想得罪赠款人，还是接受了这份礼物，可另一方面又为自己的行为感到羞愧。他的这一行为无可挽回地损害了他的名声，而且使他牢牢地为密谋分子所左右。特雷斯科充分利用了克鲁格的矛盾心理，以此作为讹诈的武器，说服他接见格德勒。于是，这位瘦削的前莱比锡市长化名"帕夫"神甫，打扮成来向德国士兵传播福音的巡回传教士，赶到中央集团军群设在斯摩棱斯克附近掩映在茂密森林中的总部。

在长达几个小时的谈话中，格德勒把密谋活动的情况统统告诉了克鲁格，并问他是否愿意以其权威支持他们。克鲁格还有些举棋不定。虽然自莫斯科战役以来，他就看出希特勒的战略必将导致帝国垮台，但这位陆军元帅是个好绕弯子的人。尽管自认有结束战争的愿望，但他对格德勒说，元首不死，他就不能动手；后又补充说，如果有人扣动扳机，那么一旦贝克发了话，他就会行动起来，支持政变。格德勒认为克鲁格答应了他的请求，密谋分子得到了一个重要的同盟者。但过了没几天，克鲁格就又胆怯起来了。他写信给在柏林的贝克，要求别把他算在他们里面。几个月之后，战争开始出现转折。

　　1942年春天，地面解冻后的泥淖阻碍了苏军的机动，加之补给线拉伸，苏军被迫停止反攻，希特勒于是宣布敌人已被最终打垮。接着，1942年4月，希特勒做出决策，他计划要进行大规模的夏季攻势，代号为"蓝色方案"。北方和中央集团军群必须坚守战线，而南方集团军群则将发起攻击，取得东线作战的决定性胜利，目标是夺取军备、交通枢纽斯大林格勒和占领高加索地区的石油。然而他一直搞不清，是应攻入高加索占领油田，还是该占领伏尔加河畔的斯大林格勒，以阻止石油向北外流。整个战役期间，他一直摇摆于两种选择之间。

　　1942年6月28日，"蓝色方案"开始付诸实践。希特勒重新改组了南方集团军群，将其划分为A、B两个集团军群。最初的计划是两军协同作战：B集团军群先进攻顿河和伏尔加河流域，占领斯大林格勒，然后A集团军群再掉头向南，夺取高加索及其富饶的油田。当德军已深入到苏联境内很远的地方时，希特勒觉得还是有必要离战场更近一些，开始为新指挥部寻找一个合适的地点。不久，这个地方在乌克兰西部文尼察镇附近找到了，它四周是松树林和农田。该地区很快就被封锁了起来，德国人给它取了一个"狼人"的代号。

　　"狼人"本身地处一个一平方公里的长方形圈地内。围着2米高的网状篱笆和一张高约1米、宽达3米、上面带尖刺的铁丝网。周边散布着机枪掩体，带着警犬的党卫队警卫日夜巡逻。路边入口处牌子上的字让人以为这是个疗养院。里面是个面积更小的区域，只有400平方米。在那儿搭建起了木制棚屋和原木小屋，这些便构成了指挥部。镶板的屋顶，爬满松枝的墙壁，隐约有些阿尔卑斯滑雪场旁小屋的影子。营房里装饰得很简单，只有一些一般的木制桌椅。德军最高统帅部、党卫队、纳粹党和德国政府都在此设立了自己的办公机构，镇子附近盖满了房屋供他们居住。所有的食物都要经过严格把关，供应的水每天都被检查，就连洗好的衣物送回来的时候也得经过X光照射。

　　被抓来当作建筑工地上的劳动力的当地百姓和苏军战俘，这些工事一旦完工就全都被杀掉了。幸存的居民只有经过严格的审查后才能允许留在驻地附近。凡是14岁以上的人，都会领到他们必须随身携带的一张通行证，不然就会面临死亡的威胁。他们不能在靠近森林100米的范围内种植庄稼，更不可以靠近或进入营地，除非有书面许可。这些东方民族其中有些是欢迎德国军队的，但希特勒没有利用这种政治机会，不给他们在自由的旗号下实行自治的权利，以赢得他们对他的支持。

　　在希特勒的眼里，这些人只不过是劣等人，命中注定要当奴隶，永远为德国干活，"供应德国所缺少的东西"，征集德国维持战争所需要的原料和粮食。同时，还有数百万东方工人被强制征募到德国工业企业

▲ 在德国入侵苏联的初期，一些苏联人趁机反叛斯大林的统治。这些人中大多数是非俄国籍，他们来自波罗的海沿岸、乌克兰、高加索以及哥萨克（如图）等。起初纳粹根本没有考虑过将这些他们认为的"低等民族"编入军队，但随着闪电战幻想的破灭，开始从中招募志愿兵组建所谓的"东方军团"。

劳动。这样一来，生命安全受到威胁的当地居民，纷纷起来反抗，竭力逃脱迫害、掠夺和强迫劳动。他们逃进森林，组织游击队，日益活跃地在后方同德国人做斗争。德军陷入四面楚歌的局面，处处被动挨打。

　　1942年7月，希特勒与随行人员分乘16架飞机浩浩荡荡抵达文尼察。7月23日，他放弃原作战阶段的划分，下达了新的指示，命令占领斯大林格勒和高加索由两个集团军群同时完成。随着在斯大林格勒和高加索的两个集团军群之间已相隔数百公里的距离，后勤补给日渐困难。8月，北高加索的进攻陷入困境；9月，由弗里德里克·保卢斯将军指挥的德军第6集团军也在斯大林格勒的进攻中停滞不前。B集团军群沿顿河流域拉得很长的北翼，由装备很差的罗马尼亚和意大利军队负责掩护，其南翼则由另一支10月份刚刚到达的罗马尼亚部队负责掩护。但在战线和补给线严重伸展的情况下，希特勒仍试图继续保持进攻态势。

　　希特勒并不满足，还在盘算着其他行动。他打算占领列宁格勒，切

▲希特勒与他的将帅们商议军机，左起第三人是保卢斯。

断通向北冰洋港口摩尔曼斯克的铁路。与此同时，轴心国在每条战线上都处于巅峰状态，几乎在全球各地都取得了压倒性胜利。在北非，隆美尔的非洲军团正准备对埃及的亚历山大、开罗和苏伊士运河发起突击。作为对这一战绩的奖励，隆美尔成为德国最年轻的元帅。在近东，由南俄通过高加索向南与从埃及向北形成的巨大钳形攻势的格局已初见端倪，元首已责成最高统帅部开始制定进攻伊朗和阿富汗的计划了。而在太平洋上，日本人已经迅速征服了东南亚广大地区，正准备猛扑印度和澳大利亚。整个形势就像一只带有三个利齿的巨大爪子在抓取欧亚半球。"世界帝国"终于呈现在轴心国面前，唾手可得了。

哈尔德对这种调动勇敢地提出抗议，并一再向元首指出潜在的危险，建议谨慎从事。他说，元首的方案目标欠明确，战线拉得过长，部队也过于分散，后果不堪设想。希特勒对他的"吹毛求疵"讨厌至极，再也无法忍受了，他终于向这位总参谋长发了火，他说："我的神经紧张，有一半是因为你！不值得再这样拖下去了！"在与元首进行了一番

▲ 1942年6月，隆美尔（装甲车上）指挥非洲军团攻入埃及。希特勒奖给他一根元帅节杖，希望他很快能实现下一个目标，但隆美尔却说："我倒更愿意他再给我一师兵力。"

激烈的争论后，这位总参谋长被解职。1942年9月24日，哈尔德在日记中写道："汇报完形势后，被元首解职。我的精力已被耗尽，他的精神也近崩溃——我们必须分手……"以后，希特勒又指示希姆莱把哈尔德送进了达豪集中营。

库特·蔡茨勒中将成为哈尔德的继任者。蔡茨勒个子不高，机敏灵活，干起事来风风火火。当时，他对希特勒的作用和统帅天赋还不抱怀疑。但在元首身边待了不到8周，这位性情直爽的军人，已经意识到即使与希特勒据理力争，但要想让他听取自己的意见也只是徒劳。蔡茨勒以比哈尔德还要快的速度遭到希特勒的冷落。元首还决定，陆军总参谋部只负责东线战场，其他战区则由约德尔和最高统帅部领导。希特勒认为，他可以从这种双重体制中坐收渔利。所有重大命令都由他做出，不准任何人参与指挥问题。"我不能把军事决策权让给别人，即便24小时也不行！"他说。

到1942年11月苏联的严冬再次降临时，德军已经占领了大半个斯大林格勒，但是损失了大量的人员和装备。苏联红军也把大批增援部队调往那里，使其有足够的兵力坚持战斗下去，并将大部分援军留作预备队。1942年11月19日，苏联人出其不意地开始大举反攻。4天后进攻的矛头已转向斯大林格勒的后面，使第6集团军30多万德军陷入圈套。与此同时，已推进到埃及的德国非洲军团，在阿拉曼被击败，隆美尔被迫撤向利比亚。由于无力阻挡数量占绝对优势的英军的进攻，隆美尔不顾希特勒要他死守的命令，经过一连串巧妙的后卫战斗撤至突尼斯。德国抵抗运动期盼已久的灾难性时刻终于到来了！贝克对卡纳里斯说，"黑色乐队"的决定性时刻近在眼前了。

密谋分子想劝诱保卢斯。他们估计他对元首一定极度失望，想诱使其发表一个告全军官兵书，号召他们推翻这个把几十万德国官兵置诸死地的专制魔王。贝克亲自写了一封呼吁他这样做的信，由一个空军军官乘飞机把信送进被围的城市。但保卢斯的回答是向他的元首发出了雪片似的表示效忠的无线电报。自从绝不撤退的策略在1941年冬天莫斯科城下取得成功后，希特勒就禁止指挥官未征得他的同意擅自做出撤退的决定，哪怕是稍微后撤一点也不行。他在给保卢斯发去的回电中指出撤退和投降都是不可取的。"哪怕只剩最后一人，第6集团军也要在斯大林格勒完成他的历史使命！"

希特勒下令保卢斯坚守阵地等待援兵，同时指定埃里希·冯·曼施坦因元帅担任救援任务的指挥者。这个代号为"冬季雪暴"的解围行动于1942年12月12日发动。经过反击，德军逼近了斯大林格勒，但是没有希特勒的同意，保卢斯拒绝执行曼施坦因的突围命令，而希特勒则坚决不允许突围。由于遭到苏军猛烈的抵抗，援军被迫折回，丢下保卢斯和他的部队听天由命。由于希特勒的固执，他们忍受着饥饿、寒冷和疾病的痛苦。到1942年圣诞节前后，苏军缩小了包围圈，被困德军的弹药、食物和药品日益短缺。

1943年1月30日，被围的第6集团军这时已陷入绝境，保卢斯电告元首："最后崩溃不出24小时。"希特勒慌忙回电晋升他为陆军元帅，这样做的意图是：在德国历史上，还从未有一位德军元帅投降的先例，他希望保卢斯自杀，从而上升到"永生"的境界。但事与愿违。两天后，彻底失望了的保卢斯便率9万余残部缴械投降了。希特勒认为这是严重的背叛。"保卢斯！"元首气愤地咆哮着，"在成为民族不朽人物的大门口，却来了个180度的大转弯！"他尖刻地评论道，"他宁愿到莫斯科去！"

以库尔特·冯·赛德里茨·库尔茨巴赫上将为首的被俘的第6集团军的将军和参谋部军官们，在经过一段时间的犹豫之后声明，他们将站在斯大林一边，组成"德国军官联盟"——后来并入德国共产党流亡者组成的"自由德国全国委员会"——为一个自由的德国而奋斗。保卢斯经过长时间考虑也加入这一行列。

▲ 被俘后不久，保卢斯（左一）从一辆车里出来，去向苏军正式投降。对方为其准备了宴席，但他拒绝享用，直到得到部下将被给予善待的许诺为止。

▲ 图为在斯大林格勒被俘的德军一部，正踏上通向西伯利亚的道路。由于体力虚弱和营养不良，加之缺医少药、供应不足等等，9 万人中只有极少部分在战后活着回到德国。

"黑色乐队"蠢蠢欲动。他们知道，想要冒险真正获得成功，就必须把在俄国前线或占领区统率着老兵的若干高级将领争取过来。曾有几天，他们把希望寄托在曼施坦因的身上。这个人在斯大林格勒惨败之后，曾飞到拉斯滕堡，据说是去要求元首把东线的指挥权交给他。这一步如果成功，就成为在柏林发动政变的一个讯号。但这些密谋分子的主观愿望再次落空了。曼施坦因确实飞到了希特勒的大本营，但只是去重申他对最高统帅的忠诚。"我们被抛弃了！"贝克愤恨地抱怨道。

　　对贝克和其他密谋分子们说来，已很明显：他们不能冀望从前方的高级指挥官那里得到实际的帮助。密谋分子最后放弃了对陆军元帅们的期望。在绝望之余，他们转向唯一剩下的一个军事力量的来源——国内驻防军。可是它并不成其为一支军事力量，它只不过是由一批毫无经验的新兵和在国内担任警卫的超龄部队组成，在作为补充兵员调往前线之前受进一步的训练。但他们至少有武装，在正规部队和武装党卫队远在前线的情况下，当希特勒遭到暗杀的时候，这支军队也许足以帮助密谋分子占领柏林和其他一些重要的城市。

　　自从海德里希被刺杀后，特雷斯科倾向于用炸弹暗杀希特勒。他对一位同谋说："现在什么也别问，我只需要一种体积小、威力大的炸药，还要一个绝对可靠的，而且绝对不能发出声响的定时起爆装置。你能给我搞到这两样东西吗？"这位名叫鲁道夫·克里斯托夫·冯·格斯道夫的谍报科长知道，特雷斯科要制造一颗定时炸弹用以杀死希特勒。他表示愿意，并且一定能搞到这些东西。

　　格斯道夫接受任务后，立即到最高统帅部谍报局去，了解有关炸药和引信方面的问题。他被带到物资库，看到了供德国间谍在苏联后方搞破坏用的各种炸药和信管。格斯道夫发现德国炸弹不适合他们行动的要求。虽然炸药的性能稳定，但是要用一根信管引发，它点燃时会发出嘶嘶的响声，这就露了马脚。相比之下，英国的好一些。

英国空军曾经在欧洲的德国占领区空投过许多这样的武器，供盟国特工和抵抗组织进行破坏之用，谍报局缴获了一些。英国信管用化学方式点燃，在爆炸之前没有任何声响。其形状像一支铅笔，上端的金属帽下有一个内装腐蚀性酸液的玻璃管，下面有一根金属弹簧紧拉着撞针。金属线外有棉花包裹，只要打破玻璃管，让酸液流进棉花，在一定时间内金属丝被腐蚀断，弹簧撞击信管，炸弹就会立即爆炸。起爆时间根据金属丝的粗细而定，分为10分钟、半小时和1小时等不同时间。

格斯道夫又请求对英国这种可塑性炸药进行试验。结果表明，效果令人惊叹：几克这样的炸药就能炸断火车铁轨；用250克重的炸药拿一辆缴获的苏联坦克试验，结果炮塔被炸得飞出好几米远。格斯道夫要求给他一些样品。谍报局为他准备了好几公斤，一个看管仓库的上士把东

▲ 英制笔式引信实物。

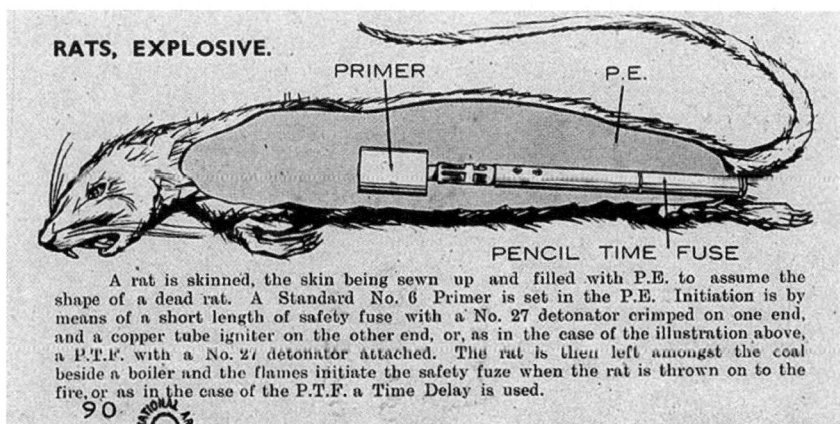

RATS, EXPLOSIVE.

PRIMER   P.E.

PENCIL TIME FUSE

A rat is skinned, the skin being sewn up and filled with P.E. to assume the shape of a dead rat. A Standard No. 6 Primer is set in the P.E. Initiation is by means of a short length of safety fuse with a No. 27 detonator crimped on one end, and a copper tube igniter on the other end, or, as in the case of the illustration above, a P.T.F. with a No. 27 detonator attached. The rat is then left amongst the coal beside a boiler and the flames initiate the safety fuze when the rat is thrown on to the fire, or as in the case of the P.T.F. a Time Delay is used.

90

▲ 英制塑性炸药和引信搭配的一种使用方法：塞入死老鼠体内，以此为掩护。

西——登记入册。格斯道夫在签收时心中暗想：这大概算是在死刑判决书上签字吧！为了让特雷斯科看清这种新型爆破材料，格斯道夫又在斯摩棱斯克的森林中进行了几次试验。结果再次证明，这种炸弹完全符合特雷斯科的要求。

特雷斯科为了谨慎起见还准备了另外两套行动方案。过去的几个月里，又有一些人加入了特雷斯科的圈子。年轻的骑兵军官格奥尔格·冯·伯泽拉格尔就是其中一员。他在法国战役中被授予骑士铁十字勋章。在向莫斯科挺进的过程中，他是第53个在骑士勋章上加上橡树叶配饰的德国军人。第二年夏，他的部队被编入中央集团军群的直属骑兵团。在这里，这位勇敢的战斗英雄见到了特雷斯科。

伯泽拉格尔早已有反意。还在1941年夏，他就有所抱怨，对希特勒的统治和纳粹政权表示痛恨。他向同僚吐露："战争一结束就是我们这些人该行动的时候了。"但他很快意识到形势已刻不容缓。1942年1月20日，纳粹党、党卫队和德国政府各部的官员代表在柏林举行"万湖会议"，决定"制定犹太人问题的最后解决办法"。党卫队特别行动队接到了在东欧占领区消灭犹太人的命令。德国本土和西欧、东南欧的犹太人则被送往在波兰建立的灭绝营，在那儿有系统地进行屠杀。1942年夏，伯泽拉格尔的兄弟菲利普在与一位党卫队将领会面时，询问起何谓针对犹太人的"特殊对待"。对方直接告知就是将其击毙。尽管东线的德国官兵对党卫队的暴行已略有耳闻，但这位军官的坦言使他们意识到大屠杀的真实与残酷。

在菲利普的巧妙安排下，伯泽拉格尔来到中央集团军总部见到了特雷斯科。他早先对纳粹的暴行只是隔靴搔痒般的批评，现在变得更加切中要害。在特雷斯科的引导下，伯泽拉格尔的思想经历了彻底的改变。他开始从道德和宗教层面反对希特勒，而且他准备付诸行动。他设想以自己的骑兵部队在从机场到克鲁格指挥部的途中埋伏袭击希特勒的车

▲ 仿效在波兰建立的模式，别动队士兵正在苏联绞死"不良分子"。纳粹从不试图掩饰其罪行，无数犯罪行为被保存下来。这张照片拍于斯摩棱斯克，战后成了审判的证据。

队，先对付希特勒的卫队，然后刺杀希特勒。伯泽拉格尔的部队里有450名投诚的哥萨克志愿兵，个个都骁勇善战。他建议用这些骑兵以传统的攻击方式把希特勒踩倒在马蹄底下。如果希特勒这次不是处在极其严密的保护之下的话，这倒是一个可以一试的计划。后来他又想在希特勒同高级将领吃饭的军官食堂里动手。一支由10名军官组成的行动小组将在餐桌上根据他发出的信号一齐拔出手枪向希特勒及其随从射击。克鲁格将作为东道主坐在希特勒身旁，特雷斯科请他尽量避开射线。克鲁格对这一计划感到吃惊，他提出异议说，这样做不仅会危及他，还可能误伤其他陪餐的将领——密谋分子正是指望着这些将领帮助他们接管权力。最后他干脆说，绝不同意在餐桌上杀人。随后，特雷斯科又有了一个新方案。

每次希特勒离开柏林，秘密前往某一个战地指挥部时，他偏爱的交通工具是飞机。到了1941年，鲍尔的机群已拥有二十多架飞机。这些飞机中，除了使用当时很普遍的容克Ju52外，新研制出的福克-沃尔夫FW200"兀鹰"飞机是希特勒最常用的专机。自从1937年投入使用以来，四引擎的兀鹰飞机最初是用于商务航线，因能不间断飞越大西洋而蜚声于世。作为军用飞机，兀鹰飞机又装上了4挺机枪，引擎也得到了升级，专门用于长距离海上侦查。1942年，希特勒的飞机又做了一些额外的改动，包括改进隔音系统，添置底座镀有装甲的"元首专用椅"，配备齐全的降落伞，以及紧急出口。

特雷斯科通过在汉莎航空公司服务的密谋分子搞到了一张元首座机的构造图。经过仔细研究，他打算在希特勒回去的时候在他的飞机里放两颗英国制的炸弹。其威力足以炸掉一只机翼使飞机坠落。施拉勃伦道夫解释说："把事情弄得像是飞机失事，可以避免暗杀行动在政治上的不利后果。因为当时希特勒还有许多党徒，如果发生暗杀事件，他们将

▲ FW200的军用型主要使用自身携带的鱼雷，配合德国潜艇远程打击敌国水面舰船和运输船队，仅在1940年8月到1941年2月，就在大西洋击沉盟国船只36.3万吨，被丘吉尔称为"大西洋上空的瘟神"。

对我们的起事进行坚决的抵抗。"同时，几百公里外，又一计划正日趋成熟。

在战争处于胜利阶段的时候，正在前线作战的将领们是不会推翻元首的；只有当他的战略在各处不是受到阻碍，就是遇到失败时，他们才会支持"黑色乐队"。随着盟军和苏军越来越明显地占了上风，失败的情绪逐渐在前线产生并蔓延开来，而这种情绪是有可能使密谋活动再度活跃起来的。每打一次败仗，那些良心上的问题，诸如对元首的效忠誓言，在民族存亡的时刻推翻军队的统帅等等，都不再像过去那样让人烦恼不安。如果不想德国被毁灭，就必须推翻希特勒，而对付希特勒的唯一办法就是干脆把他除掉。

在斯大林格勒战役结束不久，苏军又发动了新一轮大规模反攻，企图消灭德国南方集团军群的剩余部队，以及重新夺回乌克兰东部地区。在1943年2月的第一个星期，苏军在德军防线上撕开了一个大口子，进逼哈尔科夫这一工业中心与交通枢纽。希特勒下死命令要求坚守，任务落到了一个临时组建的集团军的司令胡贝特·兰茨上将的头上。然而一估算双方力量对比，兰茨上将立刻意识到，守城无异于自杀。他的手里虽有3个装甲师，其中包括这时已增强为师的"阿道夫·希特勒警卫旗队"，以及另一个精锐的陆军装甲师"大德意志师"——由"大德意志"团扩编而来，但对手却是3个坦克军，兵力4倍于己。倘若主动撤退，那就是抗命，等待他的必将是军法审判。

在同参谋长、陆军少将汉斯·斯派达尔——一个正在等待时机的反纳粹密谋分子——商讨之后，后者提出了一个石破天惊的想法：把希特勒引到前线来视察，然后趁机逮捕他。作为一个典型的职业军人和民族主义者，斯派达尔赞成希特勒扩军和扩张的做法，但对纳粹的种族政策有所怀疑。斯大林格勒悲剧发生后，他更是认定德国必须尽早退出战争，否则就会面临灭顶之灾。加之他与贝克等人又是好友，受其影响，

▲斯派达尔（左）和曼施坦因（右）。

决定采取行动。

兰茨已被战局逼到绝路，也认为，与其让部队做无谓的牺牲，倒不如试试斯派达尔的计划：先以督战的名义将希特勒诱至集团军设在波尔塔瓦的指挥部，随后将其扣押，逼迫他取消疯狂的命令，再在东线转入全面防御，进而逐步停止战争。兰茨也考虑到了，万一逮捕受阻，就将希特勒当场击毙，随行人员全部杀死，不留活口。要想成功地抓住希特勒，就必须有一支部队帮忙才行。为此，兰茨找来了他可以信任的大德意志师麾下一个装甲团的指挥官，大名鼎鼎的"坦克伯爵"海因茨·冯·施特拉赫维茨上校。

施特拉赫维茨生于一个军人和世袭贵族家庭，作为长子继承了父辈的伯爵头衔，并加入了近卫骑兵团。第一次世界大战后他改行干起了装甲兵，在波兰和法国战场小试牛刀，表现优秀。苏德战争爆发后，他指挥坦克势如破竹，到1942年，已在东线被誉为"坦克伯爵"了。但在斯大林格勒的战斗中，施特拉维茨体会到了什么叫作沮丧，他能够活着回来已经是一件非常幸运的事，因此他也希望战局不再被愚蠢的政治指导所左右，于是保证会亲自率领一个坦克营，在对付希特勒的卫队时为兰茨提供帮助。如果他们反抗，就全都打死，包括希特勒。

2月16日，哈尔科夫失守。希特勒勃然大怒，立即飞往乌克兰东部前线处理由此引发的危机。时机仿佛已经来临。但希特勒并未前往波尔塔瓦，而是直飞扎波罗热，与兰茨的上司——曼施坦因商谈。希特勒原本打算枪毙兰茨，但是当他得知，是党卫军公然违抗自己的明确指示，在未征得兰茨同意的情况下，自行命令其部队撤退之后，便决定宽待兰茨。兰茨因不服从命令被解除对军队的指挥，转入后备军；与此同时，党卫军并未受到责罚。斯派达尔的计划还未来得及实施就悄无声息迅速瓦解。

希特勒无意之中又一次避开了危及其人身安全的人，但在苏军发动的一次地面突袭中，希特勒差点被苏军俘虏了。当他和曼施坦因一同开

▲ 在扎波罗热机场，曼施坦因正欢迎元首的到来。希特勒飞抵此地，准备追究他的失地之责，但这位元帅通过提出一个反攻计划保住了职位。

会时，飞行员鲍尔和他的飞机则在扎波罗热城东郊一个较大的机场上等候。这里已离前线不远。突然，警报拉响了：有消息说，20辆苏军坦克已冲破德军防线，正朝机场全速前进。匆忙之间，一支防卫部队被召集了起来，可没有炮兵和反坦克武器。德军战斗机也紧急起飞，但因雾气浓重，毫无作用。

当几辆苏联坦克出现在机场外围时，鲍尔匆忙报告希特勒，请求把飞机飞到城南的另一个较小的机场去，但元首让人转达说，无此必要，因为他马上就要起飞。之后不久，希特勒及时返回，登上飞机，然后立即飞离现场。与此同时，好几架装载着反坦克炮和其他武器装备的运输机刚好降落在机场上。事后鲍尔得知，当时苏联坦克的燃油已所剩不多，他们以为会在机场遭到顽强抵抗，于是就没有加速进攻，而是停在了附近的一个集体农庄里。对此，希特勒只是轻描淡写地把这次脱险说成"有点走运"。

为保密起见，斯派达尔没有和中央集团军群司令部里的其他密谋分子联系过，当特雷斯科获悉此事后，匆忙赶往南方集团军群，质问那里他的同谋为什么没抓住这"等了几个月的机会"，据说他当场就大骂道："我们等啊等，期盼着有一天能够亲手除掉这个正在毁灭德国的混蛋！这一天永远不会来了！我们的努力一次次付诸流水！一次次有意外状况发生！这次事情发展恰如人意，而你们却让机会白白溜走了！"

奥尔布里希特（左二）等将军参观火箭基地时与总设计师布劳恩（着便服者）的合影。

第十二章

阴差阳错

特雷斯科虽极度失望，但并不气馁。另一方面，密谋分子们已拟定出了一个在暗杀希特勒后借以夺取政权的计划。早在1942年春末，卡纳里斯就曾对希特勒说，德国境内已有400万外国劳工，到1944年，这一数字可能增加到800万。海军上将提请元首注意，一旦有心怀不满的外国劳工发生暴动，对帝国是危险的，建议他制订一个计划，以便应对。事实上，这样的暴动根本不可能发生，因为那些人既没武器，也无组织。但当德国几乎所有精壮的士兵都被调往前线，草木皆兵的希特勒很容易就接受了这个想法，并且下令国内驻防军总司令弗雷德里希·弗洛姆将军制定了称作"瓦尔基里"的计划。

弗洛姆是个懒汉，总是出去打猎，然后授权他的副手——也就是"黑色乐队"中的骨干分子之一——弗雷德里希·奥尔布里希特将军代自己签署重要的文件和命令，而"瓦尔基里"行动的实际起草工作自然也就交给了他。奥尔布里希特是个谨慎、精明、刻板而和气的人，他立即意识到，如果写法得体，密谋分子就可以利用这个方案夺取政权。这样，"瓦尔基里"便成了军中密谋分子的一个绝好的掩护。此外，他还认为弗洛姆在政治上对元首的忠诚是模棱两可的——狩猎时，他的上司经常把"元首"的癫狂和荒诞淋漓尽致地挖苦一番，作为他出气的一种途径。通过这些泄愤之词可以推测，如果希特勒死了，弗洛姆就会支持密谋活动。

1942年10月13日，计划已拟定完毕，并作为十分机密的国家文件下达到了各军区司令部。奥尔布里希特以上司弗洛姆的名义，可以相当公开地把同镇压国内骚乱毫不相干的推翻纳粹统治、建立新政权的内容写进方案里。这个计划赋予国内驻防军超出其他所有部门（包括党卫队）的权限，可以在元首在前方指挥作战，不能马上回来亲自控制局面之际，接管在柏林和其他各大主要城市的治安工作，代为行使行政权力。

奥尔布里希特在这些城市都组建了一支团级规模的卫戍部队。只需发出"瓦尔基里"的代号，这些团队的人员、武装、训练和位置，使他们足以立即实行军事管制法和宵禁令，"保护"政府和纳粹党的机关及官员，抵抗任何人的反抗，包括党卫队和秘密警察，控制通讯部门、报纸和电台、铁路及公共交通系统，中止一切私人旅行和电话、邮政业务，命令战地军法审判，执行枪决且不准上诉，并可以向所有重要地区或要害部门派出特别联络官，查看"瓦尔基里"的命令是否得到了无条件、刻不容缓的服从。简言之，"瓦尔基里"使"黑色乐队"的密谋分子有权控制德国生活的各个方面。

到1943年2月末，奥尔布里希特对施拉勃伦道夫说："我们已经准备好了。是'闪电'的时候了。"格德勒也在斯德哥尔摩告诉雅可布·瓦伦堡，"他们计划在3月份发动政变"。3月初，密谋分子在中央集团军群总部所在地斯摩棱斯克举行最后一次会议。谍报局局长卡纳里斯海军上将同他手下的汉斯·冯·杜那尼飞到斯摩棱斯克。他们表面上是去召开一次被派在东线的谍报军官会议，真正目的却是协调刺杀希特勒的行动与柏林的政变，还带了几个英国制造的炸弹捎给特雷斯科。会

▲ "瓦尔基里"又称"寻找英灵者",是北欧神话中的众神之王奥丁的女使。她会骑着马飞过战场,带着阵亡的武士前往瓦尔哈拉圣殿。希特勒推崇的音乐家瓦格纳曾写过一部歌剧《飞翔的女武神》,"瓦尔基里"这个代称也因此变得意味深长。

▲ 卡纳里斯（右）利用去斯摩棱斯克召开谍报军官会议的机会，将刺杀希特勒使用的炸弹捎给特雷斯科（中）。

议拟定的计划是诱使希特勒再到斯摩棱斯克的中央集团军群司令部来，在那里把他干掉。这将是在柏林发动政变的讯号。

这一回，密谋分子发动政变的准备工作比以往任何一次都好，现在只等希特勒再到中央集团军群司令部来就可以下手了。可希特勒现在对绝大多数将领已有戒心，要诱使他进入圈套可不是一件容易的事情。特雷斯科充分利用了他在国防军时代的旧关系。特雷斯科出身于陆军第9步兵团，他的前团长鲁道夫·施蒙特上校——一个狂热的纳粹分子——现在成了希特勒的侍从副官，并已经擢升为将军。这对密谋集团来说是一个可资利用的有利条件。特雷斯科也装作一个忠诚的纳粹，经常去拜访施蒙特，反复恳请他说服元首到前线来亲眼看看那里的局势。施蒙特保证尽力而为。

虽然希特勒屡次答应去中央集团军群视察，但是一直都没有去。就在密谋分子们担心希特勒大概不敢来斯摩棱斯克的时候，希特勒出乎所有人的意料突然又说要来视察。大部分参与密谋的军官直到3月12日下午才知道，元首将于第二天早晨在斯摩棱斯克作短暂停留，以讨论东部前线的形势。特雷斯科和施拉勃伦道夫负责制造炸弹。他们把两包炸药弄成两瓶君度酒（一种不常见的以方形容器盛装的白兰地）的样子，外面用礼品包装纸包裹好。它不必采用振动装置，只需要按动一个小小的按钮，就可以从外面触发引信，让炸弹爆炸。

1943年3月13日早晨，克鲁格在几位参谋的陪同下驱车去机场迎接希特勒。那是一个稍有霜冻、天气晴朗的冬日。大地仍然穿着冬装，一股寒风刮过这一地区。气氛冷冷清清。克鲁格总觉得他的军官们神色非常紧张，他对特雷斯科说："看在上帝的份上，你今天万万不可轻举妄动，时机还远未成熟。"特雷斯科只是克制地笑笑，其实他早已决定在和柏林的密谋分子密切合作下自己行动。如果成功，就逼迫克鲁格站到他们一边。他故意问施拉勃伦道夫："怎么，难道我们真的要这样做吗？"他的副官答道："必须这样做！"

希特勒的"D2600"号专机和两三架"福克-伍尔夫Fw200"型运输机由一队战斗机护送，穿过机场上空的云层徐徐降落。希特勒在大约30名参谋、随从、他的厨师的陪同下，走下飞机。简短寒暄过后，克鲁格邀请他的客人乘他的汽车，但是希特勒拒绝了他的好意，登上自己的重型装甲防弹车，在严密的警卫护卫下向克鲁格的指挥部开去。特雷斯科埋伏在沿途伺机而动的骑兵部队失去了攻击的机会。

德国中央集团军群司令部所在地"熊穴"位于斯摩棱斯克西9公里，曾是苏军的一个指挥部，里面的家具、窗帘、地毯无一不来自于缴获的战利品。这是在小范围内进行的一次秘密会议。希特勒、克鲁格、特雷斯科和两三名其他参谋军官举行了几小时会谈。形势非常不妙：在太平洋上，日本在开战之初曾取得了巨大的胜利，但在1942年中却遭到了一连串的严重失败，到这时已经完全转入守势；在北非，美英盟军美军部队已在摩洛哥和阿尔及利亚海岸登陆，正向突尼斯推进，隆美尔和他的非洲军团两面受敌、岌岌可危；就连德国本土也变成了战场，德国平民忍受着美英轰炸机不断升级的恐怖空袭。同时，英美盟国领导人在卡萨布兰卡达成协议，他们要求德国无条件投降。但是希特勒仍不愿面对残酷的现实，与会者只听到这个独裁者大言不惭的夸夸其谈。

希特勒去扎波罗热视察南方集团军群时，确实也采取了积极的行动。他把权力下放给了指挥官曼施坦因，并为其派去了增援部队。结果后者策划了一场反击战，设置了一个绝妙的陷阱，诱使苏军发起进攻，趁机对其暴露的侧翼实施反击，迫使他们撤退，进而重新夺回了重镇哈尔科夫，暂时稳定了东线的战局。在柏林，这场胜利被视为奇迹。事实上，它只不过是德国国防军最后的几场胜利之一。但希特勒又想把功劳揽到自己头上，认为形势的有利逆转主要得益于他的知人善任，而非曼施坦因的指挥有方。

中午，希特勒和中央集团军群司令部的军官们共进午餐。希特勒虽然来去匆匆，但是仍然没有忘记带着他的素食厨师和私人医生。医生必须先替元首尝尝厨师送上来的每一道菜。事实上，这种做法根本谈不上是预防谋杀的安全措施，他的任务只是确证饭菜做得是否清淡而已，但给那些参加午餐的军官们留下的印象是，希特勒像个时刻怀疑自己会被毒死的东方君主。这是一次气氛很压抑的午餐，人们似乎都在等待午餐快快结束。在进餐的时候，平素以幽默著称的特雷斯科始终一言不发，以致同桌的人问施拉勃伦道夫上校今天怎么了，施拉勃伦道夫不得不以上校身体欠佳搪塞。"您知道，"他说，"上校经常牙痛。"

特雷斯科做出很自然的样子，问坐在身旁的希特勒的随行人员之一、陆军总参谋部一个名叫海因兹·勃兰特的上校，能不能帮忙把他的

▲克鲁格（前面，右一）陪同前来视察的希特勒（左一）去往餐厅（下图）用餐途中。

一份礼物——两瓶"君度"白兰地带给他的老朋友、陆军总司令部的赫尔莫特·施蒂夫将军。"我已把两瓶酒捆在一起包装好,所以带起来很方便。您能不能替我捎去交给他,并转达我对他最良好的问候?"勃兰特根本没有想到会有什么问题,当即就答应说他乐于帮忙。

用完午餐之后,希特勒又同克鲁格谈了一小时,然后就在和抵达时同样严密的保护下前往机场,准备返回拉斯滕堡了。特雷斯科和施拉勃伦道夫乘另一辆车跟在车队后面。在跑道上,元首的飞机已加完油并做好了起飞的准备。趁希特勒还在和几位高级军官说话,特雷斯科悄悄使了个眼色,施拉勃伦道夫紧张地用手指从一个小小的开口处伸进包裹里,扣动了定时炸弹的装置,然后在勃兰特走上元首座机时,把包裹交给了他。希特勒最后招了招手,飞机就隆隆驶到跑道的尽头,由一队战斗机护航起飞了。

特雷斯科预计,飞机从斯摩棱斯克起飞约30分钟后,将会在明斯克上空爆炸。他打电话给柏林,用暗语通知那里的密谋分子:元首已飞往

▲元首的座舱位于专机的中部,图左为希特勒专用座椅。除了他,机上还能再容纳11个人。

"狼穴"，他显得对这次访问颇为欣赏，并且很喜欢给他品尝的杏。奥尔布里希特下达了预备警戒令，这些命令将在30分钟内就下发到国内驻防军的各个指挥机构——"闪电—瓦尔基里"开始了。然后，他们同特雷斯科和施拉勃伦道夫一样，怀着怦怦跳动的心等待着。这是他们一生中最难度过的半小时。他们不耐烦地站着、等着，估计最早的消息将来自护送元首座机的战斗机的无线电报告。一旦得到确切消息就将立即通知柏林方面采取行动，那么这一野蛮制度也就寿终正寝了。

特雷斯科一分钟、一分钟地数着，10分、20分、30分——爆炸时间到！但是没有消息传来。可能酸液起爆器在时间上没有电子装置那么精确，也许希特勒还有一分钟好活，或者两分钟。40分、50分、1小时……还是没有消息，密谋分子开始不安起来。过了两个多小时，消息终于来了。那是一个例行公事的电报：元首已经安全降落！特雷斯科和施拉勃伦道夫都怔住了，当然还不至于被吓得慌了手脚。他们马上给柏林打电话，用密码告诉他们，尝试失败了。然后，必须设法尽早截下送给施蒂夫的那份"礼物"。施蒂夫还不是密谋分子，如果他打开瓶子后发现炸弹，这必然会引起一连串调查并导致一大批密谋者送命。

当天夜里，特雷斯科打电话给勃兰特，假装不经意地问起他是否已把包裹送给施蒂夫了。勃兰特说，他还没工夫办。特雷斯科就叫他别送去了，"真倒霉，托您捎给施蒂夫的包裹我拿错了，请先暂时帮我保管一下，明天我派副官到您那里去取，顺便把真正的好白兰地带去，由他亲自送交施蒂夫"。勃兰特毫不怀疑地表示同意。次日施拉勃伦道夫借口要办点公事，带着两瓶真白兰地，搭乘信使飞机前往希特勒的大本营。到"狼穴"后，他立即去找勃兰特要回包裹。包裹一直放在勃兰特的办公桌上，他把它拿在手里，翻过来倒过去摇晃了几下，顿时把施拉勃伦道夫吓了一跳——但他仍装得很镇静——因为雷管还在里面，炸弹随时都有爆炸的可能。所幸什么事也没发生。

施拉勃伦道夫拿着包裹又去找施蒂夫，把真的白兰地交给他。施蒂夫不知道特雷斯科葫芦里卖的什么药，只是对他过于认真感到略有不快。施蒂夫虽然身材矮小，但体格强健，精力充沛。他和施拉勃伦道夫谈得很坦率，话中也流露出对希特勒没有什么好感，事实上，他曾在给夫人的信中写过："作为一个德国人，我感到惭愧，一小撮人用屠杀、抢劫和纵火玷污了德意志这个名字。如果我们不马上制止他们的恶劣行径，他们终将成为整个德国人民的灾星。"

谈话结束后，施拉勃伦道夫拿着炸弹上了汽车，开到邻近的火车

▲ 勃兰特把装着炸弹的包裹放进了机尾的行李舱里（如图），当飞机飞到高空，气温温度迅速下降，把雷管给冻住了。

站，从那里搭夜车去柏林。在火车包厢里，他关起门来，用刮胡刀小心翼翼地打开包裹，把炸弹拆开，卸下雷管，这才发现出了什么毛病：小瓶子破了，腐蚀性的液体蚀尽了金属线，撞针也向前撞过了，雷管已经完全变黑，但是没有发火！施拉勃伦道夫想不出是什么原因。事实上，勃兰特把包裹带上飞机，但他没有随身携带，而是放进了机尾的行李舱里。元首的驾驶员鲍尔后来回忆，途中他碰上了云层和气流，为了不让希特勒感到不适，他驾着飞机飞到了较高的高度。据估计，可能是因为高空的气温太低，使放着包裹的行李舱温度迅速下降，把雷管给冻住了。

　　第二天早晨火车准时到达柏林，一下车施拉勃伦道夫就直奔一个密谋分子家里。他把炸弹藏在一只老式雅致的大橱柜里。不久，就接到了特雷斯科的电话⋯⋯真的令人难以置信，特雷斯科在这一确实无可预料的失败后，虽然感到极度失望，但他并不气馁，很快就又重新获得了行动的力量。当施拉勃伦道夫还未取回那两颗万一被发现将会给整个密谋行动带来莫大危险的炸弹的时候，他就已经在寻找新的暗杀机会了。

　　冰风刮过第聂伯河畔的辽阔草原，吹在两位在中央集团军群司令部附近散步的德国参谋军官的脸上，他们不断地活动着腿脚，稍矮的一个对他的同伴说："格斯道夫，两个德国军官在这里一起考虑如何万无一失地除掉他们的最高统帅，这是不是有点不可思议？"说此话的正是特雷斯科，他向他的同伴透露了元首座机谋杀计划及其失败的情况。格斯道夫单刀直入地问："那么，您还准备暗杀希特勒吗？""不这样做不行啊，这是挽救德国免于崩溃的唯一可能。我们必须要像杀死一条危害人类的疯狗一样把他杀死！"格斯道夫表示完全赞同。

　　他们决定再来一次新的尝试。而很快就有了一个好机会。3月13日过后没几天，施蒙特就打电话通知特雷斯科，3月21日阵亡将士纪念日那天，元首将在戈林、希姆莱和凯特尔的陪同下，出席在柏林军械库举行的阵亡将士纪念日的祭奠仪式，同时参观缴获的苏军战利品的展览。

▲格斯道夫

这个展览是中央集团军群参谋部布置的。这是一个不仅可以除掉希特勒，而且还可以同时除掉他的主要伙伴的不可多得的机会。特雷斯科选定由格斯道夫来掌握炸弹，具体做法要看届时的具体情况。如有必要，他应和希特勒同归于尽。格斯道夫以突出的勇敢精神，毫不踌躇地自愿牺牲自己的生命。

3月15日格斯道夫飞往柏林，克鲁格本应同机前往，但他因军务缠身而未能成行，代他去的是其手下一个集团军的司令——瓦尔特·莫德尔。特雷斯科考虑过，一旦政变成功，可以利用克鲁格这位具有军事才能，但是性格软弱的元帅装点门面；另一方面，这个莫德尔是个铁杆纳粹分子，必须让他领受这一教训。到柏林后，格斯道夫和莫德尔便去找施蒙特，请他提供有关纪念仪式的具体情况。

格斯道夫想争取陪同希特勒参观的资格，施蒙特显然感到有些为难，他不得不告诉格斯道夫，元首每年都亲自选择参加仪式的陪同，所以格斯道夫不可能进入军械库。莫德尔立即出来抗议，并强调他没有能力对展品作必要的解释，这个工作必须由格斯道夫代劳。施蒙特犹豫了一会儿，答应可以批准格斯道夫去，但出了问题要自己负责。莫德尔又向施蒙特打听仪式开始的时间，因为他想在这之前先去看望妻子。施蒙特说透露希特勒出席的确切时间是要杀头的，不过后来他还是作了让步，破例告诉莫德尔，确切时间比预先通知的时间晚一个半小时。还说希特勒的参观时间定为30分钟。这个时间足够格斯道夫安置定时炸弹了，他准备把起爆时间定为10分钟。

3月20日，格斯道夫去察看了举行纪念仪式的现场——军械库，只见到处都布满了象征胜利的月桂和鲜花，工人们正在主席台旁搭观礼台和交响乐团的演奏台。人来人往，忙得不可开交。党卫队、保安局和盖世太保警惕地监视着在场的每一个人的动作。格斯道夫明白，他没有机会把炸弹放在主席台旁，要想杀死希特勒，自己也必须死。上校决定把两颗炸弹藏在大衣口袋里，在仪式中尽量靠近希特勒站着，与他同归于尽。

◀ 柏林军械库是柏林最古老的建筑，始建于1695年，作为炮兵工厂使用，1875年变成了军事博物馆（如图）。军械库在二战时受损严重，1949年得到重建。今天，这里是德国国家历史博物馆所在地。

格斯道夫在住的饭店的房间里同施拉勃伦道夫见了面，后者带来了那两颗在希特勒的飞机上没爆炸的炸弹亲手转交给他。格斯道夫早已把生死置之度外，但是对于这种死亡的意义直到当天晚上才真正意识到。那一夜格斯道夫辗转反侧，未能合眼，他感到自己像一个将被处决的罪犯孤零零地待在死囚牢房中。

　　当第二天格斯道夫又出现在军械库时，那里依然是一片忙碌。观礼台旁边还在敲打，展厅里还在布置鲜花。只是保安措施更加严密了。为了使自己的大衣口袋看上去不那么鼓鼓囊囊引起注意和怀疑，格斯道夫事先已经把两颗炸弹分别藏在左右两边的两个口袋里，两颗炸弹用的都是10分钟的信管。他打算尽可能地靠近希特勒，这样至少可以防止只把自己炸得粉碎而他却幸免。格斯道夫看到了许多熟人和朋友，但他几乎没有和他们说一句话。这些人知道格斯道夫今天要充当元首的向导，也许以为他的举止有些反常是过于紧张造成的。

▲ 第三帝国的显贵们参加在柏林军械库举行的阵亡将士纪念日的祭奠仪式。

出于安全考虑，没有通知仪式开始的确切时间。第三帝国的显贵们陆续到达，其中包括希姆莱、凯特尔、戈林和邓尼茨，莫斯科之役后一直赋闲的博克也来了。直到上午11时，希特勒本人终于来了，陪同他的有十来个随从人员。柏林交响乐团立即奏起纪念会的开场曲——安东·布鲁克纳的第七交响乐的第一乐章，同时广播电台也开始对纪念会实况进行现场直播。所有的企业、学校和军营都被命令集体收听。在遥远的斯摩棱斯克，特雷斯科也和几百万听众一样，守在收音机旁边，不过他更想听到的是炸弹的爆炸声。

希特勒发表完一篇简短的演讲，然后就前往展览大厅，去观看缴获的战利品。格斯道夫已服下了谨慎的特雷斯科给他准备的兴奋剂，他感到药力正在起作用，希特勒的演讲他一句也没有听进去，只是模模糊糊地听到一些对前线形势表示乐观的骗人说辞。格斯道夫也不知道希特勒会讲多久，所以他提前离开会场，来到展览会入口处，站在莫德尔身边等候。过了一会儿，希特勒来了。他身旁是戈林，后面跟着希姆莱、凯特尔、邓尼茨和施蒙特以及两三名副官。元首走近大门时，忽然转身说："冯·博克陆军元帅先生，请您以中央集团军群前司令的身份加入我们的行列。"博克报以深深的鞠躬……

当希特勒进到展厅内的时候，在场的人一齐举起右手行礼；元首只向莫德尔回礼，接着便开始了参观。格斯道夫轻易地靠近了希特勒的左边，向其作展品解释，并趁机在拥挤的人群中神不知、鬼不觉地将手伸进口袋，把英制引线的酸囊卡敲破了。也就是说，炸弹将在10分钟、最多12分钟之内就会爆炸。

施蒙特曾对格斯道夫说过，元首预计将用半小时参观展览。不料，希特勒对展品兴趣不浓，根本未听讲解，即使当格斯道夫请他注意一尊德军工兵在别列津那河上架桥时在河床上发现的拿破仑时代的鹰徽时，他也毫无反应。希特勒快步朝通向出口最近的路走去，当路过一只陈列书面文件的玻璃柜时，格斯道夫请他注意莫斯科大主教的一份爱国号召书，但他仍一声不吭。走到出口时，希特勒像往常所做的那样，举起右手以示向莫德尔和格斯道夫告别。

从进入展厅到离开，前后总共不到8分钟，希特勒自始至终没说一句话，几乎什么东西也没细看。格斯道夫惊得目瞪口呆，不可能实行这次暗杀了，紧跟希特勒出去，也已不可能，而他只有2分钟去处理导火线，且不能被发现。他急忙挤开一条路，进了一条走廊，找到了一个男厕所——幸好，里边没有人。他匆匆将口袋中的炸弹的引线取下，在预定发火前数秒钟，将它扔进便池，用水将它冲了下去……

此刻，正当格斯道夫为自己活过这一天而感到失望之时，刚刚离开展览会的希特勒却好像受到什么遥控似地迅速登上了停在军械库旁边、阵亡将士纪念碑前的一辆被缴获的苏军坦克。这一天，他似乎只对这只铁甲的庞然大物感兴趣……回到斯摩棱斯克后，特雷斯科对格斯道夫说，他当时手里拿着一只跑表在掐时间，焦急并期待地听着转播。当电

▲ 在展示缴获苏军战利品的展览上，格斯道夫（后排，右二）大衣里藏着炸弹，企图炸死希特勒未果。

台的播音员宣布，希特勒进了展览厅只停留了5分钟就离开时，他知道又一次尝试失败了。而就在这次失败后两星期，秘密警察又给了"黑色乐队"的密谋分子们另一次沉重的打击。

这个曲折复杂的过程还要追溯到1942年4月的一天。那天，一群德国士兵在捷克边境上拦阻了一家犹太人，并对他们进行了搜查。德国人在行李里发现了一笔美元，因为当时外汇是受到最严格控制的东西，就追问他们这些钱是怎么得来的。他们回答说，是一个名叫威廉·施密特胡贝尔的慕尼黑商人送的。施密特胡贝尔实际上是谍报局的一个特务，他参与了卡纳里斯所制订的"第七号计划"，即由杜那尼负责，把乔装的犹太人从德国送到瑞士的活动。卡纳里斯说，这些人的身份是谍报局的特工人员，但海德里希对此很怀疑，可是他还没有来得及深究，就被暗杀了。这个案件悬而未决，起码目前是如此。

在第三帝国，一个德国人的最大罪过莫过于帮助犹太人了，哪怕是一个谍报局特务亦是如此。施密特胡贝尔是个软弱而又贪婪的人，他设法给卡纳里斯捎了个信，威胁说假如他的委托人不能利用谍报局保护他，使他获释，他就要把所知道的一切通通供出来。他知道很多反希特勒的密谋活动，包括约瑟夫·米勒在梵蒂冈的谈判。奥斯特对他的威胁很重视，甚至想干掉他来灭口。但在他动手之前，盖世太保迅速采取行动，把他们的俘虏送到柏林的总部，关进了地下室的一个小房间里，保护了起来。到了那里以后，谍报局就无能为力了。

由于卡纳里斯和奥斯特没有办法营救和灭口，施密特胡贝尔以为自己已被他们所出卖，于是就招供了，开始向秘密警察交待他所了解的谍报局的内幕。他告诉海德里希的接班人，1939年米勒到梵蒂冈去的任务是通过教皇同英国人搭上关系，并透露了1942年波霍弗牧师用谍报局发的伪造护照到斯德哥尔摩去访问契切斯特主教的事情，甚至还暗示密谋集团想除掉希特勒的各种计划。这样，一粒小小石子引起了一场轩然大波。

▲特雷斯科（左二）

经过几个月的侦察，秘密警察行动了。他们利用了一名最高军事法庭的推事曼弗雷德·勒德尔博士，此人是个狡猾的纳粹分子，曾成功破获了苏联间谍组织"红色乐队"。1943年4月5日，勒德尔伙同盖世太保探长弗兰茨·宗格雷德，突然闯进谍报局，出现在卡纳里斯的办公室，态度生硬地对海军上将说，有人检举该局工作人员杜那尼有政治问题。他被指控接受贿赂，把犹太人从德国偷运到瑞士，因此，他们现在要调查此案，提出要搜查杜那尼的办公室和保险柜。卡纳里斯、勒德尔和宗格雷德一起走向杜那尼的办公室，途中经过奥斯特的办公室。奥斯特立即出来声明，杜那尼的所有活动都属谍报局的公务，他对此负全部责任。

　　在杜那尼的办公室里，勒德尔和宗格雷德出示了证件，并当着卡纳里斯和奥斯特的面进行了搜查。保险柜里的文件被取出，翻得满地狼藉。卡纳里斯不以为意，不久前他刚提醒过奥斯特，在进行秘密活动时要特别小心谨慎，他估计，奥斯特应该已经把任何密谋的痕迹都消除干净了。此时杜那尼用眼色暗示奥斯特注意地上的一个笔记本，这种本子在谍报局内部被称为"纸牌"，用来记载有关秘密任务的情况和指示。而杜那尼的这本写有关于斯摩棱斯克未遂飞机暗杀计划的记录，以及波霍弗奉命与米勒一起去罗马，向梵蒂冈教廷解释行动失败的原因。奥斯特领会了，于是立即把它偷偷用脚踩住。可惜，正当他想把本子悄悄捡起塞进上衣口袋时，这一举动被宗格雷德发现，并告诉了勒德尔，从而引起了严重后果。

　　勒德尔要奥斯特交出本子，后者却矢口否认隐藏了什么东西。最后奥斯特不得不交出了笔记本，并被命令回到自己的办公室去。卡纳里斯解释说，这是一项尚未开始的秘密行动计划，事先不能让任何局外人看见。但勒德尔不顾海军上将的抗议，还是没收了笔记本，并当场宣布逮捕杜那尼。米勒和波霍弗在几个小时之内也被抓了起来，投入监狱。幸好杜那尼最大的担忧未被发现，搜查人员没有找到暗藏在他公文包里能打开措森办公室保险柜的钥匙，那里可是放着会使整个密谋集团遭受灭顶之灾的有关文件。

审讯工作由勒德尔主持。他看到这是他飞黄腾达的机会。波霍弗编造了一套遁词，来为他在谍报局所进行的各种活动辩解；然而主要的被告是杜那尼。卡纳里斯则尽力保护杜那尼，以防谍报局被全盘打垮。他一再向勒德尔表示，他对杜那尼可能被牵扯进的欺诈行为一事感到震惊，要求尽快澄清对他的助手的指控。杜那尼在被囚禁期间表现相当出色。勒德尔发现他不是个容易对付的对手，他们两人都是出色的律师，但杜那尼则更胜一筹。勒德尔指控杜那尼犯有重大的叛国罪，杜那尼反驳说，他在谍报局的所作所为都属于正常的业务工作。他设法证明，波霍弗牧师几次出差都负有搜集情报的任务，为的是探明敌方的士气。至于"第七号计划"，勒德尔也找不出充分证据，说明杜那尼受过贿

▲ 坐落在兰德韦尔河畔蒂尔皮茨-乌费尔街72-76号的这座破旧小楼，就是二战中德军情报机构的办公地。楼内甬道纵横，有数不清的房门和晦暗的办公室，无怪乎人们把这个神秘的地方称作"狐穴"。

赂——因为他确实没有接受过。

杜那尼暂时安全了。但是监禁和审讯的折磨使杜那尼的身体受到了严重的摧残。他的双腿都染上了静脉炎，随着病情的恶化，语言和视力也受到影响，后来还发现他患有脑血栓。后来，杜那尼在一次空袭中受了伤，他的地下活动的朋友们利用这一机会，设法把他送进了费迪南·沙尔勃鲁赫教授的诊所——贝克也在那里治疗胃部癌症。残暴的迫害狂勒德尔仍不肯善罢甘休，他找到沙尔勃鲁赫，让他把杜那尼交出来，因为那时杜那尼已不再属于陆军管辖了。教授严词拒绝了这个要求，说杜那尼有生命危险，不能移动。

对密谋分子来说，目前最重要的莫过于把勒德尔这个比盖世太保更危险的家伙调到其他地方去，最好把他永远排除掉。卡纳里斯找到一个办法。他暗示谍报局的特种部队——"勃兰登堡"师的指挥官普夫尔斯泰因将军，勒德尔公开嘲弄他，还在法庭上贬低他的部队为"懒汉俱乐部"。知道这一情况以后，普夫尔斯泰因义愤填膺。他问上司怎么办，海军上将耸了耸肩膀说："要是我还年轻的话，就会走过去打这种人的耳光。"于是，这位师长真的去参加了由勒德尔主持的庭审。他一面往前走，一面问对方是否就是勒德尔法官，勒德尔说是，话音未落就被普夫尔斯泰因左右开弓揍了两耳光。事后所有人都支持普夫尔斯泰因和卡纳里斯，而海军上将本人也笑得前俯后仰。

此后，卡纳里斯又开始采取行动了。他向最高统帅部的凯特尔元帅抱怨说，野心勃勃的勒德尔想证实谍报局犯有叛国罪的目的，不过是要往他的脸上抹黑。凯特尔被海军上将说动了，遂把勒德尔从这个案件中撤换掉，另外派了一个野心和报复心都比较小的官员来负责。勒德尔后来被派往巴尔干，忙于处理那里军事法官事务所的工作，从此再无暇顾及此事；而在那位新来的法官的主持之下，这桩案件终于平息了下来。

但盖世太保却始终不肯放松，他们开着一辆救护车来到诊所，可是沙尔勃鲁赫教授仍然不准他们看见并带走自己的病人。这场智斗就这样持续了好几个月，最后以盖世太保得胜而告终。1944年1月21日，一个盖世太保的医生趁沙尔勃鲁赫不在的机会闯进诊所，强行把杜那尼从病房里带走，并送到一所党卫队的医院里。在那里，他们给杜那尼做了检查，说他再过8到10天就可以出庭受审了。卡纳里斯和"黑色乐队"又一次陷入极端危险之中。

杜那尼对自己的命运没抱任何幻想。他设想，要阻止提审，最好就是尽可能地拖延审问，而唯一的解决办法就是把疾病当作武器。为此，他偷送给妻子一封信，提出了一个奇怪的要求："现在首要的事情就是争取时间。我必须设法使自己的健康状况不适宜出庭受审。目前最好的办法是得一场急性痢疾。在医院一定能找到医用培养病菌。如果你把食物用一块红布包起来，并用墨水做个记号，我就会知道里面含有传染病菌，这就足以把我送进医院了……"

杜那尼的妻子设法搞到了培养病菌，并把它偷偷带进监狱里给丈

▲ 卡纳里斯（中）和普夫尔斯泰因（右）检阅谍报局的特种部队"勃兰登堡"师，陪同他们的是1938年冲击总理府突击队的指挥官海因茨（左）。

▲ 杜那尼为掩护同志，不惜拿自己的生命冒险，他要妻子设法搞到传染病菌服用，希望用疾病拖延审判。

夫，可惜没起作用。后来杜那尼又让她弄白喉杆菌。头一次病菌仍没有起作用，他又服用了第二次，这次很快就发病了，他患上了严重的白喉症。杜那尼的心脏受到感染，并引起腹泻和肢体的部分瘫痪，这不仅使他免于出庭受审，而且连性命也堪虞。最后，盖世太保对他失去了耐心。"就让他在自己的粪便中呻吟吧。"他们看着挣扎的杜那尼说，然后把他扔进了萨克森豪森集中营。

密谋圈中只有少数几个直接的当事人受到了惩处。奥斯特先是受到警告，后来被迫辞去谍报局的职务，被分配到后备军。到1944年3月3日，他被彻底开除军籍，但"有权继续穿军装"。奥斯特虽然仍行动自由，但因已被严密监视，用处也就不大了。这是对密谋分子的进一步打击，现在他们已经没有任何可以利用的谍报机构了。既失去了"掩护"，也失去了他们相互之间、他们同犹豫观望的将军们之间、他们同西方的朋友们之间互通声气的主要途径。这意味着密谋的心脏部分已实际上被毁灭了。

穿着迷彩服的武装党卫队官兵正在开往库尔斯克的途中，草草研制出的新型虎式坦克也被匆忙投入战场，以对抗苏军强大的T34坦克。

第十三章

前仆后继

　　苏联内务部很晚才开始注意到希特勒在乌克兰的新指挥部，事情的起因是一篇刊登在当地报纸上的一则消息。这是一则将在文尼察举办一场瓦格纳歌剧演出的广告。随后，1942年11月，一名德国王牌飞行员被苏军击落俘虏。在一次审讯中，他透露，3个月前，希特勒在"狼人"亲自授予他橡树叶骑士铁十字勋章。于是，内务人民委员会就对文尼察地区进行了侦查，进而发现了大量身居要职的纳粹高官在此进进出出。不久，一支游击队就被派去确认指挥部的准确位置。此外，另两个被俘的德国军官被送到莫斯科接受进一步审问，同时一些地图以及有关"狼人"驻地建筑的详尽情报也一并汇报到了莫斯科。

　　希特勒在文尼察的消息一经证实，一个代号为"慕尼黑"的特别行动随即展开。计划是让一位经验丰富叫作德米特里·梅德韦杰夫的人指挥，任务是调查希特勒每日的行踪以及实施暗杀的可行性。自从1941年9月渗透到敌人后方以来，梅德韦杰夫已经带领很多支小分队展开了无数次"特别行动"。1943年春夏两季，梅德韦杰夫开始了对"狼人"的侦查。尽管安排在营地的内应称，曾经看到过希特勒乘车从文尼察经过，但是他们已经错过了暗杀的机会。事实上，希特勒在这里前后住过2次：一次是在1942年的夏末和秋季，"蓝色方案"实施期间，长达三个多月；一次是在次年的春天，代号为"城堡"的行动开始之前，又住了一个月。

曼施坦因的反击在奥廖尔与哈尔科夫之间的库尔斯克周围形成了一个巨大的凸起。他计划南方集团军群同克鲁格的中央集团军群联手，向库尔斯克发动一次有限的攻击。曼施坦因劝说希特勒相信，消灭突出部的苏联部队将使德军的整个前线得到巩固。然而，希特勒推迟了这次代号为"城堡"的进攻发起的时间，直到德军的实力恢复到最高点。希特勒意识到严峻的军事形势必须动员所有有经验的军官尽力挽救颓势，于是将海因茨·古德里安召回，让他担任装甲兵总监一职。古德里安立即投身于新的工作，全力训练、组建和发展装甲部队。

1943年4月15日，希特勒发出一份绝密电报，电文说："（库尔斯克）战役的胜利很大程度取决于行动的突然性，因此最重要的是要让对方对我们的进攻时间一无所知……进攻延至六七月……"仅仅5天以后，"露西"就通知了莫斯科。这下希特勒所要求的进攻中的突然性便丧失殆尽，以至于当德军终于发起进攻时（1943年7月5日拂晓）苏军早就严阵以待，并立即以强有力的反攻阻止了德军的突破势头。不到两天时间，德国人败局已定。此战标志着东线战场的主动权已经掌握在苏联人的手里了。苏军开始一步步地击退德军。

而在此之前，1943年5月，美英联军已攻克了突尼斯，在北非的轴心国部队全部投降。紧接着，7月，盟军又攻占了西西里岛。墨索里尼为这些灾难付出了代价——最终付出了性命——他被解除了政府首脑的职务，进了监狱。新政府与盟国签订了停战协定。与此同时，盟军也在意大利本土登陆。希特勒立即做出反应，中断了向库尔斯克地域的增援，转而将大量的部队调往意大利，占领了这个国家的中部（包括首都罗

▲ 墨索里尼垮台后被关押在亚平宁山脉深处的一家滑雪旅馆里，希特勒命令斯科尔兹内带人把他营救出来。他们还带了摄影师，把这一有轰动效应的场面拍了下来。

马）和北部地区。由奥托·冯·斯科尔兹内率领的一支党卫队突击队大胆袭击，将墨索里尼从监狱里营救出来，在意大利北部建立了一个"法西斯共和国"。自然，他的新政权完全依靠德国人。

由于给意大利提供援助，解救墨索里尼，而削弱了东线的兵力，苏军得以乘虚而入。1943年8月底，他们已重新占领了哈尔科夫，并势不可挡地继续向西挺进。曼施坦因不得不命令南方集团军群向第聂伯河撤退，以便在河的东岸建立一道新的防线。但是，这个希望最后也破灭了。苏军穷追猛打，很快就在26个地方渡过了河，迫使德军继续从乌克兰向西撤退。8月27日，希特勒乘飞机最后一次来到"狼人"大本营，离开时下令彻底拆毁"狼人"。"不能留下任何物品，即使家具也要毁掉，这是当务之急，"他坚称，"否则俄国人会把东西送到莫斯科，然后将整个场地公之于众。"

与此同时，所有奉命要刺杀希特勒的苏联特工，从伊朗的克尼佩尔，到柏林的米克拉舍夫斯基，以及文尼察的梅德韦杰夫，全被告知计划取消了。这让他们非常吃惊，但没人敢问"为什么"，因为斯大林拥有至高无上的权威，下属必须无条件执行他的命令。直到苏联离战争胜利越来越近时，斯大林才在私下里向亲信解释了为什么就在暗杀行动小组绞尽脑汁，准备寻机干掉希特勒时，他却决定放这个死对头一马。

斯大林明白希特勒败局已定，无力回天，苏联已经一只脚踏入了胜利之门，暗杀掉希特勒也就不再是非做不可的事情了。如果在这个节骨眼上弄个刺杀，反而会适得其反，鼓舞起德军的斗志来，即使成功，希特勒死后的德国新领导人还非常有可能单独与西方国家媾和，再全力与单枪匹马的苏联继续厮杀。斯大林显然不想看到这种不利局面的发生。相反，希特勒对盟军死硬的态度反而对苏联有利，为什么不让他好好活着呢？就这样，斯大林出于大战略层面的考虑，放过了希特勒。

克尼佩尔从伊朗被召回，重新回到以作曲家为职业的生活中。梅德韦杰夫悄然退回到地下游击队组织中去，梦想着有一天可以成为一名作家。米克拉舍夫斯基谋杀了自己的叔叔，后于1944年从柏林逃走辗转回到苏联，凭借在隐蔽战线做出的贡献，他获得了勋章。奥莉加·契诃娃的经历更为曲折。1945年，她被内务部的反间谍人员逮捕，在接受审讯时，她说出了自己的代号。据称，契诃娃在莫斯科受到斯大林的接见，并荣获勋章。之后，契诃娃重返德国。1955年息影从商，开了一家化妆品公司，经营得很成功。在其后的岁月中，契诃娃始终极力否认自己曾和苏联情报机构合作，参与过任何间谍或暗杀行动。契诃娃83岁时去世，永远带走了那些"不能说的秘密"。

与此同时，纳粹决心派遣特别行动队进入瑞士，追踪并捣毁向苏联发报的秘密电台。瑞士当局听到风声，决定自己来解决这件事，以尽量保持中立，不让他人插足。他们很清楚电台是使用城市电力网的电源，于是在市区实行分区停电，使电台发报中断，从而确定出电台在城市的哪个区域，继而再恢复供电，同时使用测向仪跟踪。

1943年11月20日凌晨两三点钟，富特刚抄了一半莫斯科的电文，用他在回忆录《间谍手册》一书中的话说："玻璃突然被撞碎了，警察站了一屋子……我被捕了。"当时战局已经变得有利于同盟国，因此瑞士人对富特相当宽容，他在狱中的日子过得还不错。翌年9月，他获释出狱，然后取道巴黎去了莫斯科。后来，苏联人要他去墨西哥，继续从事针对美国的间谍活动。但富特却另有打算，他设法与英国情报部门取得了联系。回国后，他在农业和渔业部的一个默默无闻的单位里工作……

德国方面，谍报局内的"黑色乐队"领导人员的被捕是一次沉重的打击，使密谋集团一时失去了有效的领导，但并不是说一切都完了。在那几个月里，格德勒继续努力工作。他派到巴黎会见西线德军总司令伦斯德的密使被回绝了，于是便再次设法争取克鲁格的支持。格德勒写了一封呼吁信给他，很令人感动。格德勒在信中谈到德国工业生产的严重衰退，人口伤亡的情况，以及军队和群众士气的低落。

"如果你看到几千年来人民劳动的成果变成了一片瓦砾，你一定会和我一样感到震惊。……更可悲的是人们面对这些废墟而无能为力。这里到处是水泥碎块和烂钢铁。重建城市将需要几代人的努力。""当我们想到我们的民族正在被一个疯狂邪恶、不讲人权的领导集团逐渐引向一场灾难，我谨向您这位陆军元帅发出最后的呼吁。……我们决定自己命运的最后时刻来到了……德国的利益必须再一次由正派的德国人以力量和理智来体现。……"

随着"闪电行动"的失败，克鲁格对密谋分子也一度失去了信心，说他对此再"不感兴趣"了。其实，他并不是不感兴趣，只是不愿承认而已。后来，他总算答应让特雷斯科以病假为借口到柏林去，为新政权制定稳妥可靠而又切合实际的行动纲领。与此同时，格德勒也在柏林又一次会见了瑞典银行家雅可布·瓦伦堡（1943年8月）。格德勒有些过分乐观，他告诉雅可布说，准备工作已全部就绪，下月就要发动政变，事成之后，将派施拉布伦多夫到斯德哥尔摩。格德勒请雅可布说服英国人，让他们也派一个合适的代表与他碰面，讨论应当怎样实现和平的有关问题。雅可布把他与格德勒交谈的情况告诉了他的兄弟马库斯，后者又转达给了英国方面。

1943年9月，克鲁格同意在柏林会见"黑色乐队"的领导人。这次秘密会面是在奥尔布里希特的家中举行的，克鲁格、贝克、格德勒和特雷斯科一起研究了形势。格德勒信心十足，满怀乐观情绪，向克鲁格介绍了密谋集团同英国的联络渠道。他尽力消除克鲁格对英国的疑虑，因为后者害怕英国要彻底摧毁德国的工业实力，格德勒解释说，保持一个强有力的德国作为战后对抗苏联的堡垒，是符合英国利益的。最后，克鲁格终于被说动了。他声明支持政变："为了国家的利益，必须废黜希特勒，必要时应当动用武力。"这番话自然使密谋分子兴高采烈，他们总算争取到一个能征善战的元帅的支持了。

可惜好景不长。格德勒和瓦伦堡兄弟于1943年10月在柏林最后一次见面。格德勒准备了一份备忘录，希望把"黑色乐队"的意图转达给丘吉尔。这份文件概述了密谋分子推翻纳粹元首的计划，并再次要求英国的支持。"一旦坚决抵制国家社会主义的德国政府成立，双方便就缔结和平条约举行谈判。"但格德勒没有得到英国方面的任何回答。而在那次会面没多久，克鲁格又发生了一次严重事故。他的司机从奥尔沙到明斯克的公路上，由于路面结冰，车速过快，把车撞到了一辆坦克上，直接翻到了路旁的沟里，克鲁格受了重伤，必须卧床休养至少4个月。"黑色乐队"真是多灾多难。

密谋者的营垒中现在已充斥着绝望感。更为严重的是，贝克因胃部癌症动了手术，尚未康复，一时不能担负起领导密谋集团的责任。反对希特勒的秘密战争可能就此结束——若不是来了个新领导者的话。此人就是克劳斯·菲利普·申克·冯·施道芬堡。他对希特勒的憎恨从来没有减退过，要除掉他的决心也从来没有动摇过。但是施道芬堡的计划被打乱了——他被派往北非战场。随着职务的调动，他作为刺客的可能性也随之消失了。然而，后来由于在战争中遭受的不幸，反而使他重新回到了密谋行动中。

1943年4月7日凌晨，施道芬堡指挥部队向突尼斯海岸撤退，当行至一山隘时，引起了正在上空巡逻的美军轰炸机的注意。他的座车遭到低飞的盟军飞机的扫射，司机虽未受伤，但后座的中尉阵亡了，施道芬堡本人也伤势严重，失去了左眼，几乎整个右手和左手的两个手指也都被机关枪的猛烈射击打掉了，背部和腿上满是弹片。一只耳朵也在爆炸的猛烈轰鸣中受了损伤。很快他被送往附近战地医院紧急抢救，此时他已处于半昏迷状态，还发着高烧。医生认为他活不成了。然而，在摘除了左眼，去除右手残余部分后，施道芬堡的情况稳定下来，被移送至慕尼黑的诊疗所。

▲ 当战争来临时，施道芬堡（面对镜头吸烟者）以特有的精力投入了战争。在波兰和法国，他在霍普纳麾下当参谋。到了俄国之后，看到元首正在把德国引向一场可能是长期的、伤亡惨重的、最后归于失败的战争，他的幻想完全破灭了。

施道芬堡的头上、身上缠满了绷带，每天都要服用大量的镇静剂，身体被固定在牵引器上。若换一个人，肯定会退伍的，但是施道芬堡拒绝接受远离战争的安逸生活。他的经历使他更加坚定了信念：只有他才能将希特勒杀掉。他对叔叔尼克劳斯·冯·乌克斯库尔说，他的幸存并非由于运气，而是上帝要留他完成一项使命。"既然直到现在将军们还搞不出任何名堂，这个任务只好由校官们来承担了。"施道芬堡还对正在给他治疗的贝克的主治医生沙尔勃鲁赫教授的儿子说过："假如我不努力去制止这场毫无意义的屠杀，我怕永远没有面目去见那些死难者的妻子和儿女。"

经过一段时间的后续治疗，施道芬堡的身体逐渐复原，右眼视力也得到恢复，他很快适应了没有右手和左手两根手指的生活，甚至还固执地坚持自己穿衣、上厕所和系鞋带。沙尔勃鲁赫劝施道芬堡再多修养一段时间，但他回答说，他还有更紧急的工作要去完成。1943年夏末，施道芬堡再次与特雷斯科取得联系。这年7月初，即受伤三个月后，施道芬堡重新归队。他来到柏林，担任国内驻防军总司令的参谋长。靠着坚毅的性格和充沛的活力，他从年迈的领导人手中接过领导权，将受到削弱的密谋集团重建起来。从那时起，施道芬堡开始义无反顾地为发动军事政变做准备。

施道芬堡担当起密谋集团的实际领导人后不久，便不断主动向英美两国政府表示愿意合作。但那时他们和英国人之间早已不再相互信任了，而与美国方面在瑞士的联系却颇有成功的希望。在瑞士的接触主要是通过汉斯·吉泽维乌斯，谍报局派他在德国驻苏黎世总领事馆当副领事，他的作用主要是从贝克和格德勒那里把消息传递给美国人，让他们随时了解各种反希特勒计划的发展情况。他的主要联络人是艾伦·杜勒斯，此人是美国第一家专门为搜集国外情报而成立的机构驻伯尔尼的间谍头子。

◄ 杜勒斯在伯尔尼黑伦加斯大街23号所住公寓外景。

▼ 杜勒斯（右）是美国情报史上的传奇人物。冷战期间，在美国组建中央情报局时，他成了任职最长、影响最大的中情局局长。图为他与英国首相艾登（左，二战中他任丘吉尔的外相）。

　　早在1941年夏天，罗斯福发现自己已被"泡"在来自美国好几家秘密机构——有联邦调查局（FBI）以及陆军和海军的情报机关——的堆积如山的材料里了。出于无奈，他要求由一个机构来收集情报，并进行有效的筛选与分析。于是在这年的7月11日，华尔街一位成功的律师威廉·多诺万被任命挂帅建立了"战争情报协调办公室"（COI）。多诺万是总统在法学院求学时的同室好友，多年来一直作为非正式的情报工作者工作着，周游世界拜见各国领导人，通过同许多大人物进行交谈，到处搜集美国用得着的政治和军事情报。

在战情协调办——1942年初改称"战略情报局"（OSS）——成立后的几个月内，它的人数就从起初只有多诺万和7个助手增加到好几百人。这些特工人员背景复杂，既有教授、银行家、律师、医生、科学家，也有运动员、电影明星，甚至还有经过改造的囚徒以及专门造假币者。他们遍布世界各地，发展了近1.2万名工作人员，完成了上千次任务。杜勒斯当时正作为国际法专家在纽约的一家律师事务所工作，珍珠港事件发生的那个月里，他听从了法律界的老朋友多诺万的召唤，也加入了这一组织，并于1942年秋天开始在伯尔尼工作。

杜勒斯去瑞士表面上是当驻伯尔尼的美国大使的特别助理，而发布他到来消息的当地报纸则称呼他为"罗斯福总统的私人代表"。但他既不是美国总统的代表，也不是大使的助手，只是以这个职业做掩护。实际上，无论对谍报工作，还是对瑞士这个风景如画的中立国，杜勒斯都不是外行。其实在第一次世界大战期间，他就做过美国派驻瑞士的谍报人员，为国务院搜集情报了。他始终认为，英国—德国—美国之间的和睦友好是和平最可靠的保证。

在此后的两年半时间里，杜勒斯在伯尔尼黑伦加斯大街23号的一所公寓里工作，他的基本任务是尽可能从德国内部挖掘出更多的情报。为此，他先同一大批流亡瑞士的反纳粹的德国政治家、商人、知识分子和外交官进行了接触，进而通过他们与"黑色乐队"建立起了联系。杜勒斯建立了一个代号为"开拓者"的特别发报系统，以便把有关"黑色乐队"的情报及时报告给华盛顿的上级机关，并保证只让最高阶层的领导人看到这些材料。

这些电报叫作"L文件"，分发范围很小，只送给白宫、国务卿办公室、国务院和美陆海军联合参谋部情报处等地。从1943年3月到1944年5月，杜勒斯先后共发出了大约145封"开拓者"电报；此外，他还寄回为数不少的信件和至少一个邮包——里面装有吉泽维乌斯写的有关密谋集团历史的手稿。可是他的电报没有得到预期的重视。杜勒斯逐渐感到可能是有人故意捣鬼，但这个推断后来被证明是错误的。真正的原因是美国政府相信，要争取欧洲的持久和平，必须把德国的力量连根铲除。他们决心在战场上用武力彻底消灭第三帝国，而不想考虑其他任何的政治解决方式。

　　而在英国的情报机构中，情况就不同了。有人在破坏有关"黑色乐队"的情报传递，此人名叫哈罗德·"金"·菲尔比。他是一个著名探险家和阿拉伯语学者之子，就读于剑桥大学，后来当了驻外记者，持右翼观点，并以此赢得声誉。他进入秘密情报局后，被领导认为是最优秀的谍报军官，曾经提拔他并委以要职。可惜在这个问题上，他们犯了最严重的错误。大家所不知道的是，菲尔比在30年代早期就是剑桥大学里好几个被苏联情报部门吸收的学生之一。二战期间，莫斯科给他的任

▲ 菲尔比（右）是史上最著名、最成功的间谍之一。1940年，他进入英国情报机关，最终成为一名高级要员。他利用职务之便，为苏联提供了大量重要情报。1963年，由于身份暴露出逃苏联。

务之一就是："尽一切努力使英国人相信，要对付德国，除了彻底摧毁它，别无任何切实可行的办法。……"因此，除了偷窃所能搞到的一切重要机密之外，他还尽力阻挠和破坏经他处理的与德国密谋集团举行谈判的建议和报告。

但是丘吉尔仍然有些举棋不定。许多盟军将领也抗议说，无条件投降这种提法，使通过政治途径结束战争的可能性烟消云散。德国人除了打到底外，别无他路可循。因为担心反攻欧洲大陆时双方会发生大规模互相残杀，所以英国首相更愿意考虑不需要战争就能打败德国的建议。丘吉尔一直认为，假如"黑色乐队"能够成功，希特勒及其纳粹政权被推翻，战争也就会随之结束。1943年5月，丘吉尔在白宫提起德国密谋集团的事，想利用他们就像英国操纵欧洲其他各国的抵抗运动一样，以便从内部削弱甚至消灭纳粹主义，但是罗斯福总统拒绝了。美国对德国的既定方针是不会改变的。"毫无疑问，罗斯福从来没有认真考虑过用这种方式赢得战争的可能性。"

尽管盟国对密谋分子们表达的觉醒不予理睬，但密谋分子们仍又组织了多次暗杀尝试。施道芬堡要找到一名合适的军官，他既要有足够高的军衔保证能够接近希特勒，又要坚定不移、毫不犹豫地承担起刺客的角色。1943年秋天，施道芬堡认为自己已经找到了这样的人——赫尔穆特·施蒂夫——现在他已经正式成了密谋分子的一员了。施道芬堡答应设法搞来一些英制炸弹和信管，施蒂夫也同意将它们带到希特勒的一次战况通报会议上去。但当10月份收到那枚必需的炸药时，他又产生了动摇。施蒂夫将炸弹藏在大本营一个瞭望楼的下面。有一天，那些英国炸弹无缘无故爆炸了，幸亏负责调查这个案件的谍报局人员也是密谋分子，他才没有暴露。此事后来不了了之。施道芬堡曾描绘施蒂夫"紧张得像赛马比赛中的骑师一样"，于是他不得不重新在其他地方寻找合适的人选。

▲ 赫尔穆特·施蒂夫。施道芬堡曾希望施蒂夫利用与希特勒接近的机会炸死他，但他没有勇气这么做。

不久，24岁的步兵上尉阿克塞尔·冯·德·布舍-施特赖特霍斯特男爵来拜访施道芬堡。在与布舍的长谈中，施道芬堡获悉，1942年秋在杜布诺，布舍无意中目睹了一场大规模屠杀犹太人的场面，从而抛弃了对国家社会主义的幻想。在杜布诺，他惊骇万分地盯着党卫队别动队射杀了5000余名犹太人。当那些全身赤裸的男人、女人、老人和孩子被赶到杀戮的地点时，布舍徒劳地想办法阻止屠杀。他甚至想扒掉自己的军装，加入到受害者的行列……恐怖的记忆缠绕在他的心头，他愿意牺牲自己的生命，以求解脱。

如果能安排布舍与希特勒见面，就很有可能成功。但是要把一个前

▲ 布舍-施特赖特霍斯特

线军官调到元首身边绝非易事。正无计可施之时，一个展示新式军装的机会到来了。于是，施道芬堡派布舍到东普鲁士的最高统帅部与施蒂夫会面，因为施蒂夫已经策划了在新式装备展示会上暗杀希特勒的计划。布舍的长相具有典型的北欧人特点，高高的个子，金黄色的头发，这对纳粹的种族狂们来说相当于一张"通行证"，因此这让他很容易地被选中，和其他4名士兵一起试穿一种新的军大衣和一种新的作战背包。这两件装备都是希特勒下令设计的，现在他要亲自观看，以便批准生产。对密谋分子来说这是一个进行暗杀的不可多得的极好机会。

当布舍被问及是否愿意在随身携带的皮包里藏一枚定时炸弹，然后设法把皮包放在希特勒身边时，这位上尉出人意料地答道："不，应该把这东西绑在腰间！"这个军官做了很多次试验。因为希特勒已经不像以往那样每次讲话都滔滔不绝地讲几个小时，而是像后面有人追赶似的草草结束，所以起爆时间即使是10分钟——这是英制酸液信管所允许的最短时间——也嫌太长。考虑到特雷斯科在斯摩棱斯克的失败，也为了避免重蹈格斯道夫在军械库的覆辙，布舍想出了一个点子：放弃使用英式化学引信而在炸弹上安装从德式长柄手榴弹上使用的传统引信。后者从扔出到爆炸所需的时间仅为4秒半。

布舍把手榴弹的柄锯去一半，把导火索穿过掏空的手柄，然后再打上一个结，这样只需拉出一点点就可爆炸，不会由于动作幅度大而引起注意。他把这个引信连接到一公斤炸药上，又对其形状进行了改造使其能放进口袋里。再则，他试穿的新制服的裤腿很肥，口袋较深，里面藏炸弹别人也看不出来。他打算在希特勒走近时拉响导火索，可能发出一种轻微的咝咝声，但他可以用咳嗽声来掩盖这种声音。然后趁希特勒检查大衣和背包的时候，就扑向他，一把死死抱住，两人同归于尽。万一他失败了，他的靴子里还藏有匕首。

一切准备就绪，样服已制作完毕，元首大本营开始安排展示的时间。施蒙特几次把表演列入日程，可希特勒总说再等等。暗杀计划不得不一推再推。几经延误后，最终，新军装展示的时间被定在1943年11月23或25日，但是后来却又一次被推迟到12月中，不过这次布舍终于被告知展示将能如期进行了。然而就在12月16日，预定的试穿日期前一天，盟军的一次空袭把这些已经装车准备运往元首大本营的新式大衣和作战背包炸毁了。由于一时无法找到替代军装，布舍不得不暂时返回前线他的连队。12月，他又来到希特勒的大本营，打算仍旧利用试样装的机会进行谋杀。但希特勒忽然决定去贝希特斯加登过圣诞。

1944年1月，密谋分子又提议布舍到元首大本营去参加新军装展示，但是这位上尉所在部队的师长——他不是密谋分子，不知情——不同意。"该上尉无此必要去充当表演模特！"他说。不久，布舍在前线受了重伤，失去了一条腿，并且一直待在医院里直到战争结束，再也不能充当刺客了，于是另一个在前线作战的年轻步兵军官被调来代替他。他就是海因里希·冯·克莱施特·施门岑，资格最老的密谋分子埃瓦尔德·冯·克莱施特·施门岑的儿子。小克莱施特向父亲征求意见，老人表示同意。试穿新大衣的日子定在1944年2月11日，但元首由于某种原因并没有来。新式装备展示再也没有举行，暗杀行动也就只能无限期推迟。

1943年，对于军队中的密谋者来说，只有沮丧。他们只能希望1944年能带来更多实质性的收获。然而，新一年最初几个月却没有什么好消息传来。德军在整个欧洲节节败退：在东线，德军对列宁格勒的围攻在坚持了近900天后，最终在1944年1月还是选择放弃；再往南，苏联的军队迅速接近原波兰东部的边界；在意大利，盟军进攻罗马的战斗也打响了；在德国本土，美国和英国空军持续不断地进行轰炸，许多城市和工厂被炸成一片废墟。

对政府抵抗者而言，德国军事溃败的迹象日渐明显，时间已在不知不觉中变得相当紧迫，而他们的努力仍毫无结果。2月中旬，他们又遭受

▲ 小克莱施特

了另一个打击。这事始于1943年9月10日，是在纳粹圈子里称为"索尔夫夫人茶会"的事件引起的。安娜·索尔夫夫人已故的丈夫曾在德皇手下做过殖民大臣，在共和国时期做过驻日本大使，她很久以来一直是柏林一个反纳粹的"沙龙"的女主人，常到这个"沙龙"来的有许多高贵的客人，其中包括"克莱骚"集团的一些主要成员，还有一位名叫伊丽莎白·冯·泰登的有才华、虔诚信教的女性，她办了一所著名的女子学校。

在1943年9月10日那天的茶会上，泰登小姐带来一个年轻、英俊的瑞士医生，该医生名叫勒克西，在柏林仁慈医院工作。同绝大多数瑞士人一样，勒克西博士表示了强烈的反纳粹情绪，在场的许多人都表示深有同感。茶会散场之前，这个好意的大夫自动提出，愿意为索尔夫夫人或她的客人递送任何信件给他们在瑞士的朋友——德国反纳粹的流亡分子和英美外交官。在场的不止一个人很快接受了他的好意。不幸的是，勒克西博士是盖世太保的特务，他把几封可以作为罪证的信件和关于茶会的报告，一起交给了秘密警察。

希姆莱已经掌握了证据，但也许是希望把网再拉得大些，所以一直耐心等待了4个月才下手。1944年1月12日，所有参加那次茶会的人，或与茶会主人有关系的人，几乎都被逮捕了。赫尔穆特·冯·毛奇伯爵被他在索尔夫圈子里的其他朋友所牵连，也被捕了。索尔夫夫人被关在腊文斯勃鲁克集中营，后来侥幸逃过一死。事情到此并未结束。在索尔

◄法庭上的毛奇伯爵（右）。他是德军总参谋部体制的缔造者、著名的毛奇元帅的侄曾孙。

夫夫人亲密的反纳粹朋友中，有个叫埃里希·凡尔麦伦的，同其他反对现政权的人一样，他参加了谍报局，被派在伊斯坦布尔工作。秘密警察召令他们回柏林受审。他知道回去以后的命运会怎样，所以拒绝了这个命令，在1944年2月初同英国特务机关取得联系，飞到埃及，又从那里飞到英国。在逃跑之前，他曾警告另外两个同样受到牵连的谍报局间谍，说他们也可能因此而被捕，于是这两个人也叛逃到英国去了。

在很短的时间里，谍报局的其他不少同索尔夫夫人有关系的间谍也相继从里斯本、斯德哥尔摩和卡萨布兰卡叛逃了。希特勒大为不快，他对卡纳里斯的忠诚度的质疑因而增加，加上在杜那尼和谍报局其他人员被捕后，他对谍报局也越来越怀疑，早就欲除之而后快了，这一事件成了最终取缔谍报局的借口。几天后的1944年2月18日，元首下令解散谍报局，由党卫队中央保安局接管它的工作，建立一个"统一的德国秘密情报机构"。卡纳里斯被解职，强迫退休，被任命在最高统帅部内做些经济研究的闲差，暂时似乎已逃脱严厉的惩处。四个月后，谍报局宣告停止存在。那些侥幸保留了职位的人猛然发现，领导这个新的、统一的特务机关的正是在文洛崭露头角的瓦尔特·舒伦堡。

在因索尔夫夫人一案被逮捕的人长长的名单中，除了毛奇等高门显贵赫然在列外，偶然还出现了一个本来被大家认为已经死了很久的人的名字——"贝波"·勒默尔。勒默尔在1934年6月的大清洗中被捕后，和他一起参加过第一次世界大战的军官朋友中，有一些德高望重有影响的，他们设法向希姆莱求情把勒默尔从集中营里释放出来。1939年9月，被囚禁5年后，获释的勒默尔以一种难以抑制的狂想日夜兼程回到柏林，要实现他早在纳粹上台初期就已有的夙愿——刺杀希特勒。

勒默尔去找了商人和实业家尼科劳斯·冯·哈勒姆。此人棕色头发、蓝眼睛，长得像纳粹所要求的典型的雅利安人，然而他恰恰对这一制度切齿腐心。凡是熟悉哈勒姆的人都了解这种痛恨的程度。他从一开

始就认为，如果纳粹政权要被推翻的话，那么必须首先杀掉希特勒。他还觉得，受传统、荣誉和先见约束的军人没有行动能力，他早已在物色敢担此任的刺客，而现在这样的一个人恰好自己送上门来了。

集中营的生活增强了勒默尔对希特勒的仇恨，只要给他时间、资金和帮手，他就会即刻行动。哈勒姆给他在上西里西亚巴勒斯特莱姆矿业康采恩驻柏林代表处安排了一个掩护职业，为其重新开始因1934年被捕而中断了的刺杀希特勒的行动作准备。勒默尔的准备工作部分是在底层无产者中、部分是在高雅的沙龙里进行的。白天，他在其位于巴黎广场旁的办公室上班；晚上，就到烟雾腾腾的工人酒馆去找老战友。而他的老同志，有的已经被捕，有的已经流亡国外，有的则已经投靠了纳粹，还有的已经加入军队，在为希特勒战斗。他必须时时处处谨而慎之。

勒默尔取得了一些进展，当然，和他心急的雇主的要求相比，进度要慢得多。他遇到了罗伯特·乌尔里希，后者在奥斯拉姆工厂里组成了一个反抗支部，名叫"罗比小组"；他还找到了瓦尔特·布多伊斯的反抗圈子。他搞到了武器，把这两个小组纠集在一起，准备从中物色帮手。还要找一些能够接近元首的人，充当把他带到希特勒身边去的向导。他在索尔夫夫人的茶会找到了这样的人，他名叫格特鲁德·冯·海默耳格尔，他和柏林城防司令部有间接关系，认识恩斯特·赛费特中将的副官霍尔姆·埃特尔中校。希特勒每一次旅行都要通知赛费特，所以元首离开或回到柏林的时间都瞒不过勒默尔和他的同谋朋友。

现在，除了早已探听到的希特勒在总理府的生活习惯，又掌握了希特勒的旅行日期、交通工具、有多少陪同和沿途的安全措施等情况，还了解到希特勒专列运行的路线，他的专机起飞和降落的机场。但是，恰好在此时，索尔夫夫人的沙龙被盖世太保破获了，该圈子中的无产者和贵族都没有逃脱被逮捕的命运，其中就有勒默尔。他忍受不住严刑拷打，只得招供，结果又有150多人被捕，也包括他的雇主哈勒姆。

一些人后来获释出狱，但是大部分（包括毛奇）都上了断头台。哈勒姆大义凛然地走上刑场前，用被捆住的双手在一张纸条上潦草地写道："亲爱的母亲：大树已经倾倒，我心中最后的一点小小的不安已经过去。至此，我已到达了人生的终点。我们终究能够而且意识到植物所意识不到的命运。再见！我要走了。一千次的吻你。你的儿子。"

也就大约是在这个时候，埃伯哈德·冯·布赖滕布赫骑兵上尉，新任东线中央集团军群司令、陆军元帅布施的副官，他找到了特雷斯科。布赖滕布赫与密谋者接触有很长时间了，但他转而赞成暗杀希特勒却是一个渐进的过程。据说在1942年，他在波兰东部目睹纳粹杀死了许多人，这之后他就与纳粹彻底决裂了。后来他回忆说，那一次经历彻底摧毁了他残存的政治信仰以及对政府的信任。"我以前所怀疑的，"他说，"现在变得非常确定了。"

1944年3月9日，布赖滕布赫告诉特雷斯科，他即将陪同布施元帅去贝希特斯加登参加军事形势讨论会。他很快就收到了炸药，但又有些举棋不定，不知炸药是否有效，最终他决定使用手枪。布赖滕布赫的脑海中铭刻着特雷斯科的话："能否结束战争及战争带来的种种灾难，就掌握在你手里了！"他觉得此行肯定有去无回，于是先把自己的贵重物品——如手表和戒指——寄给了他的妻子。

1944年3月11日早晨，布赖滕布赫和布施一起乘坐飞机去伯格霍夫。抵达机场后，他们被汽车接走。中午时分，他们就已等候在伯格霍夫希特勒别墅的前厅。按照要求，所有人都要交出随身携带的武器，布赖滕布赫故意交出了一支手枪，但在裤子口袋里还藏着另一支已经打开保险的手枪。不久，凯特尔、约德尔及戈培尔都到了。会议室的门被打开，一个身穿党卫队制服的侍从说："元首有请诸位先生。"布赖滕布赫几乎无法掩饰自己的紧张情绪。"我的心提到了嗓子眼，"他回忆说，"我很清楚，半个小时后，我就会死去。"

布赖滕布赫按级别走在最后，腋下夹着一只公事包，里面装着布施做报告时所需的材料，准备跟着进去。但是那个党卫队员挡住了他的去路，简短地告知他说，按命令今天任何副官都不得参加会议。布赖滕布赫当即表示抗议，他的上司由于毫不知情，不断想办法让他参加会议。布施解释说，他在作汇报时需要副官帮助，但是无济于事，一切都是徒劳的。布赖滕布赫最终还是未能获准入内，布施只得接过公文包……

另一位副官也被挡在了会场外，他与布赖滕布赫一同走出伯格霍

▲ 建在伯格霍夫的上方、海拔1834米高的山顶的"鹰巢"。不过，希特勒虽常待在伯格霍夫，但去"鹰巢"不到10次，每次停留也不超过30分钟。后来，英国空军对伯格霍夫实施了轰炸，却没有摧毁鹰巢。现在，那里被改造成了一间豪华餐厅。

夫。两人在外面的阳台上休息，一边欣赏景色，一边闲聊。过了一会，布赖藤布赫就沉默了。这位副官回忆道："我注意到我说话时（他）没有反应了，他的前额上渗出了汗珠，手也在不停地抖，我问他是不是病了，需不需要叫辆车送他去医院，但是他拒绝了，说一会就好。"布赖滕布赫忐忑不安地想，如果口袋里的那支子弹已经上膛、保险已经打开的手枪被发现，他该如何解释呢？当一名党卫队员向他走来时，他吓坏了，害怕被带走。但是什么事也没发生。

会上布施向元首通报了战况：到1944年初为止，苏军已经完全控制了乌克兰，主要由于曼施坦因指挥机动作战的高超本领，南方集团军群才得以幸免于难，退回到波兰东南部和罗马尼亚边境一带，这使得驻守在白俄罗斯地区的德中央集团军群侧翼暴露。布施觉得苏联下一次重大进攻将对准他，但希特勒认为斯大林不会放弃控制巴尔干半岛的机会，因此苏军下一步会调头向南挺进。于是，他将布施近百万人的部队抽出一半，增援南方集团军群。后来证明，希特勒犯了一个极大的战略性错误。

布施终于毫无表情地从会议室走了出来，向布赖滕布赫点了点头。他们又一起飞回了已迁至明斯克的中央集团军群司令部。特雷斯科对这个未成功的刺客说："我总觉得这件事走漏了风声。"不久，布赖滕布赫又有机会去上萨尔茨山，但他拒绝再次充当刺客，他说："这种事只能做一次。"

隆美尔（前排中间）正在视察德军装备的用于阻挡盟军登陆用的火箭炮。

第十四章

不祥之兆

　　彼时，尚无哪位陆军元帅全心全意支持密谋分子的夺权计划。伤愈的克鲁格态度仍然暧昧。曼施坦因又不愿过早地承担义务，因为他觉得"此类政变必导致东线的崩溃"，然而，即使这样的忠诚也无法使他逃脱希特勒的惩罚。到1944年3月30日，希特勒被东线一系列的后退行动所激怒，遂将这位南方集团军群的指挥官革职。最有希望的候选人是埃尔温·隆美尔元帅，虽然因不服从命令而失宠于希特勒，但隆美尔毕竟是一位声名显赫、才华横溢的指挥官，其影响仍不容忽视。1944年初，隆美尔就任西线防守法国西部海岸的一个集团军群的司令，置于时任西线总司令的伦斯德元帅指挥之下。

　　隆美尔认为粉碎盟军登陆的最好方法是在滩头就挡住他们，于是他便着手完善海岸防御设施。在预防入侵的准备阶段，他开始同两个老朋友密切来往，他们一个是德国驻比利时军事总督亚历山大·冯·福肯豪森，另一个则是驻法国军事总督卡尔·海因里希·冯·施蒂尔普纳格尔。这两个将军早已参加了反希特勒的密谋集团。在言谈中隆美尔流露出对第三帝国军事和政治政策的绝望情绪，表达了自己对德国命运的担心。事实上，他已经变成了"悲观主义者"，不再相信希特勒能赢得决定性的胜利了。他开始相信，元首应该放弃部分指挥权，放手让将领们打出一种局面，以便展开政治谈判，结束这场战争。但希特勒并不准备让出任何权力。隆美尔预言，元首想保住一切，也必然会失去一切。

显然福肯豪森和施蒂尔普纳格尔把隆美尔对希特勒的矛盾心理传了回去。1944年2月，"黑色乐队"跟隆美尔取得了联系。有一天，隆美尔的另一位老朋友——斯图加特市前市长和密谋集团成员卡尔·施特劳林博士前来拜访他，要求他领导反对希特勒的抵抗运动。施特劳林介绍了密谋计划的要点，但是警告说，推翻希特勒很可能导致一场内战，特别是在陆军和党卫队之间，除非"一位很有声望的人立即出来控制局势"，而这个人就是隆美尔，他们认为他是德国最伟大、最负众望的将领，在国外也备受尊敬。"您是唯一能使德国免受内战之乱的人，您必须把您的名字借给密谋运动。"经过一段时间的深思熟虑，隆美尔同意参加这一运动。他对施特劳林说："我认为拯救德意志是我的义务。"

1944年4月15日的晚上，隆美尔坐在其设在巴黎和鲁昂之间的拉罗什盖扬村附近塞纳河畔陡峭山坡上一座古堡中的司令部办公室里，对面坐着的是他的新任参谋长汉斯·斯派达尔将军。他授权斯派达尔去同西线的其他密谋分子安排一次会见。过了一个月后，斯派达尔在马利森林深处的一个秘密地点安排了这样一次会晤。除他和隆美尔外，出席的还有施蒂尔普纳格尔、福肯豪森和格哈特·冯·施威林伯爵，后者在战争前夕曾作为"黑色乐队"的密使去过伦敦，现在已晋升为将军，在西线指挥一个装甲师。会议地点周围布置的警卫都是非洲军团幸存的老兵，这些人誓死保卫他们的元帅。

召开这次会议表面上是为了讨论保卫海岸的措施，但是在暗地里，它的目的却是拟定结束西线战争和推翻纳粹政权而准备采取的必要步骤，包括：最迟于1944年6月中旬前，举行一场政变推翻纳粹统治，以

▲ 隆美尔（右）在他的参谋长斯派达尔（左）的鼓动下，采取了推翻希特勒的实质行动。

贝克和格德勒为首的抵抗力量暂时接管德国的行政权；与西方盟国达成停战协定——但不是无条件投降，德国军队从西线撤回本国，盟军则停止对德国的轰炸。隆美尔是唯一受到德国人民和军队"一致尊敬"的人，因此他将出任武装部队总司令。隆美尔相信，西方盟国一定会抓住时机，结束战争，不再冒登陆作战的危险。他还估计，盟军也一定会加入反对斯大林的"十字军"，会跟德国一起把正在向西推进的苏联人赶回去，"以防止欧洲布尔什维克化"。但是，如果西方大国不愿妥协，坚持登陆，那么，他将全力以赴把他们打败，使他们变得通情达理一些。

会议还达成这样的共识，即尽量把施威林伯爵指挥的装甲师置于隆美尔的统帅之下，不参加战斗，以便供密谋分子随时调遣用来镇压党卫队的反抗。仅仅在一个问题上，隆美尔和其他人之间有较大的分歧，那就是有关希特勒生死的争议。隆美尔反对刺杀希特勒一举，但不是出于道德上的理由，而是由于实际考虑。隆美尔认为杀死希特勒将是一个错误，因为，这个独裁者如果被杀，就会使他成为一名烈士，还会使内战变得几乎不可避免。所以，他坚决主张希特勒应当被德国军队逮捕，然后送交民事法庭，由选举他的德国人民进行审判，根据他对本国和占领区人民所犯的罪行加以惩治。

贝克通过吉泽维乌斯，向杜勒斯提出了这一计划。同时，希望西方盟国实施3项行动：派出3个空降师到柏林，协助密谋分子守住首都；派出相当大量的部队渡过英吉利海峡在德国西部和法国北部海岸登陆。杜勒斯毫不迟疑地叫柏林的密谋分子别做梦了，他告诉他们，同西方单独媾和是不可能的。施道芬堡以及另一些密谋分子早已认识到了这一点，他们觉得，由于英美盟军已准备好登陆法国，而德国在意大利的抵抗也在瓦解，他们必须赶快除掉希特勒和推翻纳粹政权，才能够取得某种和议。苏军一旦打进德国本土，任何一种体面的和平都是不可能的了，德国将被占领和消灭。

施道芬堡和他的同伴已经修改了"瓦尔基里"计划。按照新的方案，只要希特勒一死，他的大本营就必须立刻同德国其他地方隔绝，使得不论是戈林、希姆莱，或是凯特尔、邓尼茨，都不能接管政府或试图纠集党卫队、秘密警察或海空军进行反扑。在这段时间里，国内驻防军部队必须夺占广播电台、电报局、电话局、总理府、政府各部和党卫队—秘密警察总部。完成之后就通过广播、电话和电报，把事先拟好的公报发给其他城市的国内驻防军指挥官、在前线和占领区指挥军队的高级将领，向他们宣布希特勒已死，一个新的政府已在柏林成立，命令他们接管其辖区内的行政权，镇压党卫队，逮捕纳粹党首领和占领集中营。

原则上，只有国内驻防军总司令弗里茨·弗洛姆上将才能下令执行"瓦尔基里"计划，密谋分子也一直都在对他做工作。弗洛姆非常清楚地知道，这场战争已经失败，但是这个谨小慎微的将军反对在希特勒活着的时候采取任何形式的行动，认为政变和谋杀不可取，只是他并不反对别人去干，他是试图在别人起事成功之后才加入，因此他容忍施道芬堡他们所做的一切，而且与凯特尔结有私仇。"如果你们发动政变，"他恶狠狠地补充道，"别给我忘了威廉·凯特尔。"密谋分子对成功自以为很有把握，所以也就瞒着弗洛姆，动手起草了一系列准备以他的名义发布的命令。这些命令是在班德勒街由特雷斯科的夫人与已故的弗立契忠实的秘书在深夜里秘密用打字机打的，就藏在奥尔布里希特的保险柜里。

在举行政变时，利用贝克在军界的声望是有好处的，甚至是必要的，但在提供和指挥所需要的部队方面，就必须找服现役的青年军官来帮忙。施道芬堡很快就找到了他所需要的大部分关键人物。除奥尔布里希特外，还有——已升任柏林卫戍司令的保罗·冯·哈泽将军，他可以为接管柏林提供部队；仍任柏林警察局长的赫尔道夫伯爵，他的侦探也被用来监视纳粹官员们的活动；以及刑事警察总监阿图尔·内贝，他随时向"黑色乐队"报告他所了解到的党卫队和盖世太保的情况和他们的打算。

密谋分子不能再失去时间了，然而由于实际情况的不利因素，他们

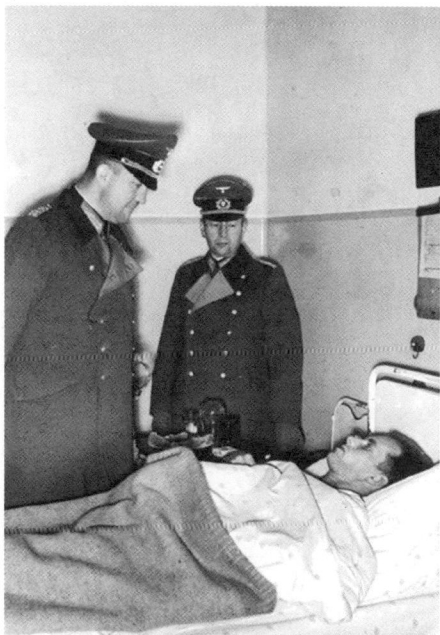

▲ 1943年初，罗斯福和丘吉尔在摩洛哥卡萨布兰卡会晤。美国总统在记者招待会上宣布，同盟国将把战争进行到轴心国"无条件投降为止"。关于这一目标对战争的影响也是众说纷纭，有人说它强化了德军抵抗情绪，拖延了战争。

◀ 补充军司令弗洛姆（左）在一所后方医院慰问伤员。

却又不断失去。到1944年初夏，几乎每一个德国将领都不得不承认，战争失败了。东线已在一年之内向后退了几百公里，回到了3年前入侵开始的地方。南线的美英部队已于6月4日开进了罗马，这是盟军占领的第一个欧洲国家和轴心国的首都。一天以后，在西线，盟军又开始在法国大举登陆。他们选择了防守相对较弱的诺曼底地区登上了海岸，完全出乎希特勒和最高统帅部的意料。短短6天里，盟国成功地把大量部队和武器装备送上欧洲大陆，成功地保持和扩大了他们攻占的滩头阵地，并迫使德军一再后撤。

到6月中旬，诺曼底已经变成了一个屠戮场，盟军和德军杀得不可开交，难解难分。盟军在人力和物力上均占据绝对优势，使德国人失去了任何抵抗下去的可能。德军在战场上的伤亡不断增加，增援和补给却迟迟未能到达，而没有这些援助，隆美尔是根本无法重创盟军，迫使其在战场上讲和的。他同时也意识到，如果在目前情况下不立即采取行动，在和同盟国的任何谈判中，他都会变得两手空空，无所指望。

隆美尔决定在拉罗什盖扬堡召集一个会议，邀请希特勒来参加，向他面陈自己的建议，如果希特勒反对，隆美尔就决心用他的嫡系部队逮捕元首。希特勒同意召开这次会议，但老奸巨猾的他拒绝在拉罗什盖扬会见隆美尔，而将会议地点选在苏瓦松附近的一所地下指挥所——"狼谷"。该指挥所位于埃纳山林之中，1940年6月建成，从中心到四周半径大概6公里，有6个大型堡垒，原本是准备作为元首指挥入侵英国的指挥部，但不列颠空战失败后，计划变得多余。两年后，这个工程重新启动，这是为了阻止盟军在法国登陆。

希特勒和随从们在1944年6月17日来到这座指挥所，与隆美尔面对面地坐了下来，开始了会谈。隆美尔讲了30分钟介绍战况，他向元首汇报了德军官兵如何"难以置信的英勇和顽强"，但盟军火力异常强大，不可阻挡，把他的师打成了营。会议由于午饭暂时中断，希特勒在饭桌

▲ 美英盟军在诺曼底成功登上欧洲大陆，形成了与苏联东西夹击德国的战略态势。

旁，若有所思地拨弄着随从已经尝过的饭菜。饭后，隆美尔更加无情地
对希特勒谈了他对军事和政治形势的看法，他预言说，德军在诺曼底的
战线行将崩溃，并且大胆地问元首是否继续深信可以打赢这场战争。希
特勒没有理睬他的元帅的问题，而是命令道："管好你的前线，战争的
打法用不到你去操心！"这句话使隆美尔无法继续忠于现政权，他决心
要结束这场无望的战争。

　　隆美尔已经"毫无顾忌，要求立即行动，毫不迟疑"。他接见了柏
林"黑色乐队"的密使——施道芬堡的表弟凯撒·冯·霍法克中校，后
者专门负责使密谋集团和隆美尔的行动协调一致。霍法克在会见中向隆
美尔介绍了刺杀希特勒的计划。斯派达尔"主动承担了一项使命，即在
起事那天将法国境内的所有武装党卫队都投入诺曼底的战斗，以减少这
些部队的威胁"。而隆美尔所属的国防军装甲部队则应尽量不参加战

斗，保存实力，以便随时可以应付党卫队可能发起的任何反击行动。

隆美尔计划派出6名密使——包括施蒂尔普纳格尔和斯派达尔——越过前线去商谈停火协议，并承诺主动将德军撤回德国本土，放弃西线的全部被占领土。隆美尔将要求盟军立即停止对德国的轰炸，同时签署停战协定——不是无条件投降，之后再举行和平谈判。在东线战场，德军将缩短战线，保住现有阵地。隆美尔不仅确信他能控制住党卫军，而且也确信盟军不会拒绝他的要求，一定会和他签订一项单独的和平停火协议。在执行这一计划前，隆美尔决定去贝希特斯加登（为防苏军空袭，"狼穴"需进行加固，希特勒遂回到上萨尔茨山暂住）面见元首，再给他"一次机会"，以便让他"对局势做出正确的判断"。

正当隆美尔准备行动之际，英国人也在计划刺杀希特勒。在1944年6月27日举行的特种任务执行局会议上，有人提出了"为消灭希特勒所做的缜密而持续的努力"这一问题。次日，会议继续召开，详细讨论了这一问题。虽然许多人反对，不过该执行局的总指挥官科林·格宾斯将军却向部下们下达了一个任务：对这样一个暗杀行动的可行性做一个详细调查。此项任务被命名为"福克斯雷"行动。

"福克斯雷"行动将注意力集中在一个问题、两个主要地点上：暗杀行动是在希特勒位于贝希特斯加登的住处还是在他的专列上进行。有关文件很快成为一大堆数量惊人、由一般消息和高度敏感的情报汇聚而成的资料，其中有地图、照片以及大量的手绘素描。这些资料涵盖了贝希特斯加登地区的地形和气候，还有希特勒的相貌、保卫希特勒的安全措施、希特勒的生活习惯和工作安排。每一个方面都涵盖到了，上至哨兵的制服，下到希特勒伯格霍夫别墅的大量外线电话号码。另外，对希特勒的专列也做了周密的调查。

行动的可行性研究报告（它的作者代号为LB/X，身份不详）给出两个可行的行动方案：第一个是往希特勒专列的供水中投毒，第二个则是派一名狙击手潜入伯格霍夫地区去刺杀希特勒。这两种设想中，那个将视线投向伯格霍夫地区的方案被普遍认为是最有机会取得成功的计划。由于是荒郊野外，山高林深，很难在这里执行防卫措施。尽管经常进进出出的建筑工人给刺杀提供了机会，暗杀者们也许可以找到一个合适的机会，而这个最佳时机就是在希特勒走出这片区域的时候。

有趣的是，事情往往就是这么凑巧。希特勒有去伯格霍夫周围的森林和草地散步的习惯。午餐后，希特勒便步行20分钟前往他常去的茶室内。天天如此。虽然随着战争的进展安全措施加强了，但是希特勒依然坚持每个下午都踱步走到茶室。散步期间，希特勒要么一个人闲庭信步，要么就走在一帮客人或密友的前头。这段路程大概有1500米，大多数都是下山的路。茶室位于伯格霍夫下方，是个圆形的石砌建筑。有人说，这个建筑像贮存草料的仓房，或是发电站。一到茶室，希特勒通常都会要一杯茶和一小片苹果蛋糕。用完茶点之后，他便无一例外地会睡上一觉，而他的同伴们则轻声交谈。一觉醒来后，他便会差人开车送他

▲ 待在伯格霍夫的日子里，希特勒每天下午都会坚持步行去这个茶室小坐。

▲希特勒要么一个人闲庭信步，要么就和一帮密友同行（如图，他左边是希姆莱）。

回伯格霍夫，常常留下他的客人们步行回去。

因此，对于特种任务执行局的狙击手来说，希特勒每天的散步时间就是一个绝好机会。那时他相对远离人群，不在多数安全体系的保护范围之内，重要的一点是，他是在空旷的野外，如果狙击手失败的话，那么第二名刺客就要出场，在希特勒从茶室返程的路途上第二名刺客将用反坦克火箭筒伏击希特勒乘坐的专车。

"福克斯雷"行动的文件所描述的内容可能是当时所能获得的关于希特勒的行动、习惯及其安全部署方面最全面的信息。但它不是一幅完善的暗杀蓝图。举例来说，文件缺乏暗杀者如何渗入和潜出暗杀地点的应急计划。虽然提到考虑由埃德蒙·贝内特上尉来担任这个角色，但内容过于简单，仅仅轻描淡写为"需要他潜伏在德国执行置于优先地位的一项暗杀任务"，文件未能体现英国特种任务执行局征募执行者的积极性。

这份文件仍然只是一份进行可行性研究的行动纲领，在计划和实施之间还有巨大的差距必须弥合。一般来说，如果"福克斯雷"行动已经进入执行阶段，那么大多数其他的研究和后勤工作一定已经开展，这样的话，也一定已经招募了一名狙击手并对他进行额外的特殊训练，安排暗杀者潜入，选定一个采取行动的暂定日期。但是，必须强调的是，"福克斯雷"文件没有包括任何与此相关的重要细节。

"福克斯雷"文件的主要缺陷是缺乏最新情报。在1944年春天或初夏它提供的关于伯格霍夫最新安全保卫措施方面的情报在当时是准确无误的，"福克斯雷"文件把重点放在派遣狙击手前往贝希特斯加登暗杀希特勒，可是事实上，希特勒本人却于这年7月14日离开了他的住所，从此以后就再也没有回去过。这样一来，即使暗杀者在那个秋天成功地潜入暗杀目标所在的区域，他也只能留在那里空等。

无论"福克斯雷"行动的优点或缺点是什么，暗杀希特勒是否可行这一根本问题仍然未能得到解决。"福克斯雷"行动报告在编写的时候，英国特种任务执行局、秘密情报局、军队三方常常激烈争论是否应该承担这一使命。有些人提到希特勒是纳粹主义整个大厦的支柱，"除掉希特勒，纳粹主义将不复存在"；其他人则强调刺杀希特勒反而会制造出一个德国领袖烈士的危险，他们警告说，除掉希特勒"几乎会不可避免地神化希特勒，并且会制造一种神话，使人们误认为，希特勒如果还活着，德国将被拯救"。

最令人信服的是来自三军参谋长的观点，他们认为："从严格的军事观点来看，考虑到希特勒所犯下的错误，由他继续统率德国军队是有好处的。"他们还说："作为一名军事战略家，希特勒对英国的战事提供了最大可能的帮助——他对我们的价值相当于无数被战略部署在德国的英国特种任务执行局一流士兵所做出的贡献……（他）仍然处在完全驾驭一切的位置上，因此他为盟军事业提供了巨大的帮助。"

事实上，当盟军在诺曼底建立起稳固的桥头堡之后，丘吉尔对抵抗组织的态度就已经趋冷，他认为，英国特种任务执行局的任务已经结束。在英国议会的一次演讲中，丘吉尔甚至给"福克斯雷"行动泼了冷水，他说："这样的尝试在过去可能具有决定性意义，但是我们对此不能有所指望，我们应该相信我们强大的军队和正义的事业。"结果，整个行动计划因战事而被忽略。随着盟军在战场上的每一次胜利，"福克斯雷"行动变得越来越不迫切，变得越来越没有必要。最终它被搁置在一边，放置在档案文件当中。

1944年6月29日，隆美尔到了伯格霍夫。但希特勒情绪不佳，让他等了6个小时。春末，苏军正在为攻击德中央集团军群集结力量。斯大林在等待时机，直到英美联军实施诺曼底登陆后，1944年6月22日——正是"巴巴罗萨"行动发起3周年——战役拉开序幕，进攻的矛头直指明斯克周围德国防线的中心部位。希特勒命令他的部队坚持抵抗，直到最后一寸土和最后一个人。他们对此唯命是从，结果中央集团军群几乎被围

▲ 被摧毁和遗弃的德军车辆和装备显示了中央集团军群的受损程度之大。

歼。德北方集团军群的情况同样糟，苏军向波罗的海的突破包围了它的侧后方，使其退往东普鲁士的路被切断。

希特勒和隆美尔会面时对西线的战局进行了反复的讨论，却没有做出什么决定。对后者抽调援兵的要求，元首仅回答说，他将予以考虑。同时又重新弹起登陆日以来的老调，说什么只有"顽强守卫住每一寸土地"，才能赢得战争的胜利。隆美尔抱怨说，采取这一战略已经无济于事，盟军突破登陆场不仅在所难免，而且迫在眉睫。希特勒冷冰冰地听着，回答说，隆美尔没有考虑到，通过将盟军围在诺曼底的战略，德国正在粉碎盟国的联盟，并将它们一块一块地吃掉。他命令隆美尔守住防线，这是当务之急。

隆美尔退出了会议室，他的头脑十分清醒，知道希特勒的政策依据完全脱离现实，必须除掉他，进行停战谈判。隆美尔很热心，竟要把伦斯德也拉进来。他把要做的事情坦白地告诉了他在西线的顶头上司，伦斯德虽然同意这一计划，却不愿直接干涉此事。"你年轻"，伦斯德说，"你了解人民，热爱人民。还是你干吧。"7月3日，希特勒派克

▲隆美尔（左）和伦斯德（中）一起研究一张诺曼底地图。

鲁格前来接替伦斯德的指挥职务。隆美尔听到消息之后对斯派达尔说：
"下一个该轮到我了。"

克鲁格和隆美尔在拉罗什盖扬的首次会见，就有一股冷若冰霜的味道。克鲁格对诺曼底战局有着根本不同的认识，他坚信自己有能力将盟军赶下海去，因此严厉地批评了隆美尔。克鲁格说他"没有全心全意地执行元首的命令"，而且还威胁道："从现在起，即使是你也要无条件地服从命令。这是我对你的忠告。"听到这话，隆美尔气得满脸通红，他要求克鲁格"在会见所有的指挥官之前，在视察部队和前线之前，不要匆忙做出结论"。

克鲁格听从了建议，最终也改变了对西线战局的看法。他花了两天时间进行视察，承认他"无法摆脱大量的事实，不能忽视各级将领们的一致看法，不能漠视形势所提供的逻辑。……他暂时没有辨清形势；他决定收回对隆美尔的指责"。自此之后，克鲁格开始接纳密谋分子们的计划，并主动和余怒未消的隆美尔和好。于是，两位陆军元帅达成了一项协议，决定一旦时机成熟，他们将敞开前线的大门，协助——而不是阻挡——美英联军直逼德国西部边界，好让西方列强先于苏联占领德国。

与此相似的一种紧迫感也感染了柏林的密谋分子。盟军在诺曼底登陆成功，曾使他们陷入极大的混乱。施道芬堡并不认为盟军会在这年登陆，即使登陆，成败的可能性也各居一半。他似乎希望登陆失败，因为美英在受到这样一次代价重大的挫折之后，会更愿意在西线同反纳粹新政府议和，在这种情况下他的政府就可以取得更好的议和条件。但是，现在这个时候，德国败局已定，继续执行计划还有用吗？即使成功，也只会受到促成最后的灾难的谴责。虽然这种灾难现在已经不可避免，但德国民众还没有认识到这一点。

贝克的结论是，虽然成功也不能使德国免遭敌人的占领，但至少可使战事结束，使人民不再流血，还可以防止俄国人打进德国和使它布尔什维化。更重要的是，要向全世界表明，除了纳粹德国以外，还有"另一个德国"，要让德国人自己而不是外国征服者把德国从希特勒的暴政下解放出来。以施道芬堡为首的年轻人去征求特雷斯科的意见。后者现在已转任驻守在崩溃中的东线上的一个集团军的参谋长。他的答复使得那些踌躇不决的密谋分子重新走上正轨："必须不惜任何代价进行刺杀，即使失败，尝试也必须进行。因为问题已不再在于具体目的，必须向全世界和我们的后代证明，德国抵抗运动的成员敢于在历史面前走出决定性的一步，而且不惜为此冒生命的危险，其他一切都是无足轻重的。"

施道芬堡决心作最后的尝试——机会也几乎立刻来了。快到6月底时，施道芬堡已被提升为上校，而且被任命为弗洛姆的参谋长。现在，不用再靠那个瞻前顾后的将军了，施道芬堡本人便有权或使用弗洛姆的名义向国内驻防军发布命令，从而夺取柏林。新的职务也使他可以直接、经常地见到希特勒，他决定利用这一条件亲自对希特勒下手。既是施道芬堡和贝克的朋友又是他们的医生的沙尔勃鲁赫教授反对这样做。他认为，扮演刺客和领袖的双重角色会使任何人都力不从心，更不要说施道芬堡的身体还有残疾。施道芬堡说，早先也许他会同意教授的意见，但现在已经来不及了——局势太严重了。

到了这时，密谋分子已经得出这样的结论：由于希特勒采取经常改变行程的手法，他们的行刺计划必须大加修改。他们注意到，希特勒肯定会出现的场合是每天两次同最高统帅部和陆军总司令部的将军们的军事会议。每星期总有两三次要召国内驻防军司令或其代表去，汇报给在东线伤亡惨重的部队补充兵员的情况。7月上旬，施道芬堡便定下了行动计划：在一次这样的会议上放置炸弹，将希特勒、戈林和希姆莱一齐炸死，得手后便立即飞回柏林，亲自指挥对首都的军事接管。

7月11日，施道芬堡奉召去向元首报告关于前线急需的补充兵员的供应的问题。他带了一颗谍报局提供的英制炸弹。密谋分子前一天晚上在柏林举行的一次会议上，决定趁这个机会杀掉希特勒，还有戈林和希姆莱。但希姆莱那天没有出席会议。施道芬堡抽出片刻工夫，从会场出来，打电话给柏林的奥尔布里希特，告诉他这个情况，并强调说，他还是能把希特勒和戈林干掉的。"我们是不是要干？"奥尔布里希特力劝他还是待改日希姆莱在时，再将三人一起干掉。那晚，施道芬堡回到柏林，碰到贝克和奥尔布里希特，坚决主张下一次他一定要下手除掉希特勒，不管戈林和希姆莱在场与否。贝克和奥尔布里希特都同意了。

3天后，机会又来了。施道芬堡奉命在第二天向希特勒报告补充兵员的情况，因为东线上的中央集团军新近连战皆败，已濒临崩溃的边缘，必须征调每一个能够征调的新兵去填充战线上的缺口。7月15日早晨，施道芬堡再度乘飞机到元首总部去，这一次是在东普鲁士拉斯滕堡的"狼穴"大本营。他的皮包里装着一颗炸弹。密谋分子认为成功已有十分把握，所以在上午11点——即汇报会正式开始前两小时，奥尔布里希特就下令执行"瓦尔基里"计划。中午以前，军队开始向首都移动，准备占领政府所在地。

下午1点，施道芬堡挟着皮包，来到了元首的会议室。这间会议室位于元首地堡的中间位置，军事简报会议就是在这里召开的。白色的墙壁挂满了地图，室内家具仅有一张大木桌和几张颇不舒适的椅子。会议室的左边有几间接待室，希特勒在那里接见外国政府首脑和其他贵宾，他有时愿意亲自授给一些以作战勇敢著称的德国军官勋章，仪式也在那里举行。会议室的右边是希特勒的专用套房，那里只有他的贴身仆役和少数特权人物才可以进出。

会议准时开始，施道芬堡简短地做了关于兵员补充的报告，然后便离开会议室，去同柏林通电话，用事先约好的密语告诉奥尔布里希特说希特勒在场，他打算回到会场，引爆炸弹。奥尔布里希特通知他，柏林的军队已在行动。成功看来似乎就在眼前。但是，当施道芬堡回到会议室的时候，却惊讶地发现，希特勒已经因故离去了，而且没有再回来。15分钟后，施道芬堡才再次找到借口，闷闷不乐地打电话，告诉奥尔布里希特这一新情况。此时已是下午1点30分了，这位将军马上撤销了执行"瓦尔基里"行动的指示，命令军队尽快地、不引人注意地悄悄回到军营。

凯特尔听说了国内驻防军司令部擅自发出了准备执行"瓦尔基里"计划的信号，他对此十分怀疑。奥尔布里希特用"这是一次训练演习"之类的谎话，好不容易才在凯特尔以及弗洛姆面前把事情勉强搪塞过去。但同时他也表示不能再干这样冒险的事情，否则整个密谋就会暴露。在确切知道希特勒已死的消息之前，他决不再下令调动一兵一卒。这个决心将在下一个关键性的日子里造成灾难性的后果。

失败使一些密谋者锐气大减，产生了动摇，施道芬堡却不然。7月16日星期天晚上，他约较年轻的同事们在他的家中议事，其中有密谋

▲ 这张照片摄于1944年7月15日，施道芬堡（左一）在"狼穴"通向会议室的小径上遭遇元首和凯特尔（右一），后面的树林里依稀可以辨认出钢筋混凝土结构的地堡。

集团同西线将领的联系人，他的表弟凯撒·冯·霍法克，他刚从西线回来。霍法克报告说，诺曼底的德军防线即将被盟军突破，但更重要的是，隆美尔虽然仍旧反对杀死希特勒，但是不管克鲁格如何动作，他都保证，一旦柏林的行动开始，将在法国全力支持密谋集团的计划。

7月17日，隆美尔巡视了前线各部队。事实上，就连整个党卫军内部，都已出现了一定程度的反希特勒情绪。一个将军甚至自己就已大致想出了一个绑架元首的计划，得手后，便"宣布他精神失常"，现在，他与其他在诺曼底的武装党卫军指挥官一起，向隆美尔保证，他支持任何反叛希特勒的起义。然而，命运再次出面干预。

那天下午4点20分，在返回拉罗什盖扬的途中，隆美尔坐一辆敞篷汽车行驶在公路上，和他一起坐在车内专门负责防空观察的一个下士突然警告说，有两架低空飞行的英军飞机正从一片白杨林后面向他们俯冲过来。元帅的司机立即加速冲向另一片白杨林，想在那里躲过飞机。但在到达前，汽车的左侧被后面射来的长串20毫米口径的机关炮弹击中。就在隆美尔转过身子，观察擦着树梢呼啸着飞过来的飞机的时候，飞散的玻璃片和石头击中了他，使他马上失去了知觉。

司机也受了致命伤，失去了对车子的控制，汽车撞到一个树桩上，歪歪斜斜地横过马路，掉在一个水潭里，停了下来。隆美尔被从车里甩到了路上。同车的他的助手飞奔过来，把元帅转移到了隐蔽的地方。隆美尔脸上左眼上方有个大伤口，血流如注。敌机飞走后，助手们拦住一辆路过的德国汽车，把昏迷的元帅送进了医院。三个德国医生发现隆美尔的颅骨、太阳穴和颧骨受了重创，左面颊骨被击陷了进去，左眼也受了严重损害，还有严重的脑震荡。

当消息传到隆美尔的总部和西线所有部队，并又传到密谋分子那里时，一种大祸临头的悲剧气氛立即降临到他们中间。斯派达尔哀叹道："事实上，隆美尔在他的部队和朋友最缺不了他的时候倒下了。所有在他帮助下正摸索着试图找到一条通向一个新的更美好世界的道路的人们痛苦地感到，他们失去了他们力量的支持。"这是一个兆头，它只能有一种解释。

施道芬堡位于班德勒街的办公室，现已变为抵抗运动的纪念馆。

第十五章

孤注一掷

　　祸不单行，坏运气继续跟随着"黑色乐队"。就在隆美尔遇袭受伤的前一天，福肯豪森又突然被免去比利时和法国北部地区军事总督的职务。密谋分子担心有人出卖了他。第二天，施道芬堡在警察部门的朋友（估计是通过内贝）传消息给他，说希姆莱已经下了逮捕格德勒的命令。密谋者们预料，生性夸夸其谈的格德勒若被盖世太保拘捕，虽然在相当一段时间内可以保持沉默，但是，他们也清楚，秘密警察的打手有办法使囚徒在一天之内屈服乃至招供，那么其他人只得全部逃跑，整个密谋计划也将彻底失败。

　　为了避免这种情况的发生，在施道芬堡的坚持下，格德勒只得躲藏起来。与此同时，柏林开始流传谣言，说元首的大本营将在几天内被炸毁。这再一次使人感到，密谋集团中一定有人泄露了风声。对密谋分子来说，一切都显示出，时间已经不多了，必须不惜一切代价采取行动。除非他们立即动手，否则无人能幸存下来。

　　1944年7月18日下午，"狼穴"命令施道芬堡两天内前来汇报。补充军正在匆忙地训练新编组的师，以便投入正在瓦解的东线。他要在7月

20日的下午1点，在元首大本营举行的第一次每日会议上提出报告，向希特勒汇报能向东线投进多少后备兵员。施道芬堡非常清楚这个命令意味着什么，后天就是他日夜期盼的最后决斗的日子。

7月19日一整天，施道芬堡都待在班德勒大街的国内驻防军司令部，他平静如常、不动声色、从容不迫地做好了最后的准备。他叫司机——他对此事一无所知——到波茨坦去找奥尔布里希特的副官，把一个手提箱取来。施道芬堡解释说，箱内有两个非常重要的保密包裹——其实是两块各重1公斤的炸药，用一件衬衣裹着放在有关的文件中间——务必保管好。它们同去年放在元首飞机里没有爆炸的炸弹完全一样。不同的是，酸液信管里的是最细的金属线，腐蚀掉它最多只要10分钟。

施道芬堡在班德勒街起草报告直到黄昏时分。晚上8点刚过，他离开办公室，与近30名参与密谋的军官——其中有维茨勒本、霍普纳和哈泽，开了最后一次会议。他们匆忙安排好了次日的行动。大家一致议决，大部分信息都按预先安排好的次序口头传达。用电话时必须使用暗号，而且只准在传达重要事情时使用，因为整个电话系统都被盖世太保窃听。结束时，贝克再三叮嘱施道芬堡："你必须在爆炸之前就离开现场，'瓦尔基里'行动计划的第一步成功了，这里绝对少不了你，如何与军队进行联络，你是唯一掌握一切细节的人。"

每个见过施道芬堡的人都回忆道，当时他的态度和蔼可亲，外表平

◀ "狼穴"有10个用钢筋混凝土筑成的堡垒（如图），从外表上看像原始的石棺。德军开始撤退进行破坏工作时，每个堡垒使用了8吨的炸药，但这也只能做到部分拆除，许多地堡都是向内塌陷的。

静镇定，看不出有什么不寻常的事情要发生。回家途中，施道芬堡的汽车经过一座教堂，里面正在做晚祷。他叫司机停车，然后进去做了祷告。这一夜他是和他的哥哥一起度过的，晚上很早就休息了。在此之前，司机执行了他的指示，内装炸弹的公文包已经取回，就放在他的卧室隔壁的床边。

这天，希特勒睡得很晚，熬夜已是他的习惯了。午夜会议结束后，他同往常一样，继续留下来和秘书们聊聊天。闲谈中，希特勒心神不定，神情紧张。问他为何如此，他简短地答道："我好像感到一种不祥的预兆。"在一阵沉默后，忽然又若有所思地说了一句："只要我身上不发生什么事就没什么大碍。我可不能生病，说实在的，我连生病的时间也没有！德国当下的处境很困难，没人能接替我。"等回到卧室准备就寝时，已近凌晨2点了，可他还是再三叮嘱伺候他的男仆，必须在早上9点叫醒他。这比往常提早了一个小时。因为墨索里尼预定那天午后早些时候来访，所以通常在下午1点举行的军事简报会要提前半小时。

7月20日早晨，天气又闷又热。6点刚过，施道芬堡便准备离家驱车进城。准备动身时，他从口袋中掏出一张他的妻子和三个孩子的照片，深情地看了最后一眼，然后递给前来为他送行的哥哥："我把他们交给你了。"在迷蒙的晨雾中，一个颀长的身影，昂首阔步地向等候在门口的汽车走去……

在城内，施道芬堡的副官和同谋瓦尔纳·冯·哈夫登中尉赶来与他汇合，两人一同坐车向伦飞机场驶去。途经一所小教堂，车子在门前停下。这么早，大门还锁着。施道芬堡敲了敲门，里面的牧师应声出来开门，并立刻认出了来人。大约十天前施道芬堡曾来过这里，提出过一个颇为古怪的问题："一个杀死了暴君的人，教堂能否给他赦罪？"这位牧师审慎地做了回答，说他要作进一步研究才能给他确实的答复。到了20日早晨，牧师对这个问题还没有完全弄明白，施道芬堡也没有追问答

▲ 施道芬堡与妻子妮娜（左）以及三个孩子（右）的合影。政变发生时，妮娜还怀着他们的第四个孩子。

案，他此时到这里来只是为他的妻儿祈祷。

在机场上，施道芬堡找到一架等候他们的运输机。这是密谋集团特意安排好供他使用的，以便在行刺后不受交通限制地迅速返回柏林。施道芬堡和哈夫登爬上飞机，坐在驾驶员后面的乘客座位上。7点钟，飞机起飞。施道芬堡对哈夫登说："这次行动是我们连想也不敢想的，但是命运已经赐给我们这么好的机会，我就是牺牲一切也绝不会错过它。在上帝和我自己面前，我是问心无愧的了……"三小时后，飞机在拉斯滕堡附近的简易机场着陆。哈夫登嘱咐驾驶员给飞机加满油，就地待命，在过了12点后，准备好随时起飞回柏林。

一辆轿车已在等候着准备把施道芬堡他们载往"狼穴"。车子行驶了半小时后，两个密谋者便过了最高统帅部的第一道门。如要进入希特勒和他的随身人员生活和工作的内院，连陆军元帅都得有希姆莱签署的特种通行证才行，但是由于施道芬堡是希特勒本人召见的，加上他那副外表——独眼，独臂，胸前挂满勋章——以及那种贵族风度，就足以引起人们对他肃然起敬。他和哈夫登没有遇到什么困难。虽然在每个哨位施道芬堡都被挡住查验通行证，但卫兵们没有检查他的公事包，就挥手让车子通过，还向他立正敬礼。卫队长拉滕胡贝尔只要施道芬堡把手枪交给他，并没有多加刁难。

　　像这样的在保卫希特勒方面存在的漏洞还有很多。1942年底，有个上校在去最高统帅部的途中在交通车里睡着了，醒来时发现自己已进了核心禁区，而这里只有持特别通行证的人才能进入，他下车走进军官食堂，欢迎他的是希特勒的海军副官，当后者告诉他这是什么地方时，这位上校还不信，直到看见窗外经过的希特勒他才相信。还有一次，人们从里宾特洛甫的副官的公文包里搜出了一颗手榴弹和一瓶汽油，引起了一阵恐慌，这位副官辩称，这些东西是在紧急情况下销毁"国家机密文件"用的……

　　施道芬堡自己提着一箱公文，哈夫登提的却是里边装着炸弹的公事包。他们先到军官食堂用早餐，施道芬堡吃得津津有味，从他身上看不出任何紧张或不安的迹象。与营房指挥官副官的谈话也很自然。随后，他便找到了最高统帅部的通讯主管弗里茨·菲尔基贝尔将军。政变的成功与否关键在希特勒死后最初的几个小时里，密谋分子能否把纳粹的高级指挥部隔绝在远离首都的密林中。施道芬堡同菲尔基贝尔约妥，他随时准备着，如果一切按计划进行，就把消息迅速地传给柏林的密谋分子，以便他们立即开始行动。然后就切断"狼穴"同外界的所有电话、电报和无线电交通，从而比较容易防止反革命的反扑。此外，因为苏军已逼近到100多公里外的地方，一些通讯设备被拆了下来，做好迅速撤走的准备。

　　在确知菲尔基贝尔已明白自己该干什么以后，施道芬堡便去向凯特尔报到。这时是中午12点刚过。他把帽子和皮带放在会客室，就走进这位最高统帅部长官的办公室。他在那里发现他必须比原定计划更急速地行动才行。凯特尔告诉他，因为墨索里尼要在下午2点30分的时候坐火车到达，所以已决定当天的第一次汇报会从下午1点提前到12点30分举行。凯特尔叮嘱他，必须报告得简短一些，元首要求会议尽快结束。他又补充一句："不要把有关后备军的汇报讲得太悲观，千万不可使元首感到过于紧张。"

时间紧迫，施道芬堡必须马上发动炸弹内的装置。他把打算向希特勒报告的内容的要点先对凯特尔简述了一下，快说完的时候，他注意到这位最高统帅部长官在不耐烦地看表。离12点30分还有几分钟，凯特尔说，必须马上去开会了，否则就会迟到。他们走出屋子没有几步，施道芬堡说他把帽子和皮带忘在会客室了，趁凯特尔还来不及反应，他马上转身跑了回去。半路上，施道芬堡碰到凯特尔的副官，就问他哪里可以洗手。他领他去了邻近的一间厕所。哈夫登已经带着那个装着炸弹的公事包等在那里了。但是厕所常有人进出，根本无法安装引信。时间一分一秒地过去，施道芬堡急中生智，又向那位副官打听，哪里可以更换衬衣。那位副官将他们领进自己的卧室，将他们留在里边，自己则在门外的走廊上等候。

哈夫登快速地打开皮包，取出两块炸药，施道芬堡用仅有的3个指头抓着钳子，将信管内的酸液玻璃管压碎，再把它塞进其中一块炸药内。除非再发生机械故障，否则炸弹在10分钟之内就要爆炸。惯于媚上的凯特尔对施道芬堡耽误太久感到很生气，在房子外面大声催促。"我们要迟到了！"他叫道。他的副官也在门外喊："快一点，施道芬堡上校！元首在等我们！"施道芬堡刚把一颗炸弹小心翼翼地装进他的公事包，还没来得及安装另一颗，这时那位副官命令一个下士推门进来催促。施道芬堡连忙把它放回哈夫登的公文包。那个下士看到上校匆匆忙忙在藏什么东西，但当时他没有怀疑的时间。"请快些！"他说。

趁下士关门的工夫，施道芬堡把装着第二颗炸弹的公事包留给哈夫登，然后自己提起只有一颗炸弹的公事包急急忙忙地出来。虽然公事包

◀从旁协助施道芬堡完成炸弹组装工作的哈夫登。

▼从1942年起，"狼穴"修了一些木头结构的营房，元首的下属们（如图中的希姆莱）为不用再住在地堡里感到欢欣鼓舞。希特勒却固执地一直住在他的掩体里拒绝离开，他声称在这种木棚中睡不着。7月20日那天，由于元首的地堡在加固，会议才被移到一个地上营房内召开。

轻了一点，既不惹人注目，又稍便于携带，但威力也削减了一半。出来后，凯特尔与他的副官都提出要帮上校提包，施道芬堡婉言谢绝。三人并排沿一条小路朝会议室所在地走去。他们边走边热烈地谈论着什么，施道芬堡看来情绪很好，凯特尔的不快也消散了。他大概觉得像施道芬堡这样肢体伤残的人束起皮带来比别人要慢一点是很正常的。随之凯特尔又告诉施道芬堡另一个令其不安的意外消息——会议原定在水泥加固的地下暗堡里举行，但因为天气太热，现在临时改在附近平房里的一间会议室举行。

这座营房实际上是建在水泥和石头柱子上的木头结构的小屋，墙壁外有一层厚厚的混凝土外墙，墙上涂着与森林颜色相同的绿色和褐色油漆，屋顶铺的油毛毡上布满了树枝和青苔作为伪装。施道芬堡不露声色，他想：平房会议室的墙壁内侧是木制的，对爆炸的气浪不会产生多大的阻力，因此他准备的一块炸药恐怕分量不够；既然如此，要想取得成功，最好的办法就是尽可能把炸弹放在靠近希特勒座位的地方了。快到目的地时，那位副官再次提出帮上校减轻负担的要求，这一次，施道芬堡接受了，并且还提出个要求："请安排我尽量靠近元首好吗？我的听觉不太好。"他指了指自己的耳朵。

那天早上，阳光灿烂。希特勒起床后，简单地洗了个澡，就吃早饭，接着便召开午间会议。大约12点23分，副官向他报告说军官们已经到齐了。希特勒与站在平房外等候的军官们一一握手问好，然后立即带着大家进入会议室。房间不大，有10扇窗户，因为天气闷热，都敞开着，这样可以有点风吹进来。房间正中，有一张长方形桌子，是用很厚的橡木板做的。这个桌子的构造很特别，它不是用几条腿支起来，而是在两头，用差不多和桌面同样宽的两块很大、很厚的底座支起来的。这个有趣的构造对往后的历史将产生影响。靠近门的地方还有几张较小的桌子，上面放着公事包和文件夹。

中午12时30分军事简报会准时召开，希特勒背朝着门，坐在会议桌一边的中间位置。他的右边是陆军副总参谋长阿道夫·豪辛格将军、空军总参谋长科尔登将军和海因兹·勃兰特上校——也就是特雷斯科于1943年3月13日在斯摩棱斯克托他带白兰地炸弹的那个人，左边是最高统帅部作战部长阿尔弗雷德·约德尔将军，还有18名陆海空三军和党卫队的其他副官或联络官站在桌子四周。希姆莱和戈林仍未出席，他们都待在附近自己的营地里或专列上，等待希特勒和墨索里尼会见时可能召见他们，只有戈培尔留在柏林。

同往常一样，由希特勒首先发言，他问道："罗马尼亚前线有些什么消息？"豪辛格回话："除了少数局部战斗外，一切平静。""东线的整个形势究竟怎么样？""战局越来越吃紧。俄国两支主力部队企图插入我们的前线，我军几乎不能阻挡他们会师。"豪辛格开始向希特勒汇报前线的情况。希特勒一边听汇报，一边看地图，手里摆弄着放大镜……就在此刻，凯特尔领着施道芬堡走过走廊，从电话总机室前走过，施道芬堡在那里停了一下，对管电话的上士说，他在等从他柏林的办公室打来的电话，要告诉他最新的材料补充报告。这是说给凯特尔听的。他们两人走进会议室的时候，距离炸弹启动已经过去4分钟了。

正如凯特尔所担心的，他们迟到了，会议已经开始。蔡茨勒因已厌倦与元首长时间的无谓争吵，称病离职，希特勒便将陆军总参谋部的业务交与豪辛格代理。此刻豪辛格正在作一个黯淡的报告，他谈到东线中央被突破的最新情况，以及由此产生的危险。凯特尔打断汇报，插进去把施道芬堡引见给元首："我的元首，这位是上校克劳斯·菲利普·申克·冯·施道芬堡伯爵。"希特勒回过头，有点严厉地朝施道芬堡的黑眼罩盯了一眼，认出他就是弗洛姆的参谋长。希特勒握了握上校残缺不全的手，然后就没再注意他了。凯特尔问："现在是否可以让施道芬堡上校汇报有关动员后备军可能性的问题……""不，不，"希特勒说他将接着听完豪辛格的汇报，"我想先听完有关前线其余各地的战况，等一会再回到这个问题上来。"

凯特尔走向元首左边，而施道芬堡则站到希特勒右边的桌旁，科尔登和勃兰特的中间。他把皮包放在紧靠勃兰特的地上，把它推到桌子下面，让它靠着那个坚实的橡木底座的里面一边。它离希特勒的腿约6英尺

▲ 如图所示，黑色代表了希特勒（前）和施道芬堡（后）的位置，施道芬堡站的地方离元首很近，他的公文包几乎就放在希特勒的脚边。

远。现在的时间是12点37分，还有5分钟。豪辛格继续讲，不时指着摊在桌上的作战形势地图。希特勒和军官们俯身在地图上仔细地看着。施道芬堡听了一分钟左右，然后趁其他人对豪辛格的讲解听得入神之际，小声地对一旁的勃兰特说："我去打个电话，这东西（公事包）在这里放一放。"凯特尔的副官将其领到门外，施道芬堡说他必须先与菲尔基贝尔将军通话。副官命令接线员接通电话，就返回了会议室。施道芬堡拿起话筒，但是当接线员走开后，他又把听筒放了回去，三步并作两步冲出走廊，出了房子，直奔200米外设在第88号地堡内的通讯中心办公室。

还没有人注意到施道芬堡这时已经溜了出去，豪辛格的黯淡汇报快讲完了，凯特尔想要暗示施道芬堡，准备好接下去汇报，但使他十分恼怒的是，上校竟然不见了。凯特尔瞪大两眼在会议桌四周寻找，希望施道芬堡能突然从人群里走出来。按照希特勒的要求，汇报的人必须一个接着一个，不能有间隔。要是施道芬堡耽误时间过长，凯特尔就要挨骂。凯特尔想起施道芬堡在进来的时候对电话接线员说过，他在等他在柏林的办公室打来的紧急电话，便转过身去想看看施道芬堡回没回来。

希特勒远远地探出身子看地图，正看得入神。豪辛格正在结束他关于当天的不利形势的汇报："俄国人正以强大的兵力在杜那河西面向北推进。他们的前锋已到杜那堡西南。如果我们在贝帕斯湖周围的集团军不立即撤退，一场灾祸……"这句话永远不能说完了。施道芬堡正和菲尔基贝尔站在后者的办公室外面，他们尽量随意地交谈着。营地司令部的一名副官前来报告说，施道芬堡的车子已准备好了。就在这时——当豪辛格讲到"灾难"一词的时候——中午12点42分，炸弹爆炸了。

伴随雷鸣般的一声巨响，会议室墙板和天花板被撕成了碎片，灰泥从房顶上如雨点般落下来；耀眼的黄色火焰猛然上蹿，屋内弥漫着浓烟；会议桌先被掀到空中，又被抛到墙角；玻璃碎片和木头像子弹一样

▲ 在满目疮痍的会议室中央，可以看到被炸得只剩一半的会议桌。

横飞，几乎所有人都被气浪掀翻在地……"出了什么事？"菲尔基贝尔喊了一声。那位副官不以为意地解释说，大概是某种动物又踩响了一颗地雷。施道芬堡与菲尔基贝尔心照不宣，互道再见。接着，菲尔基贝尔下令切断"狼穴"同外界的通讯线路，施道芬堡则与哈夫登一起，钻进汽车命令司机开车送他们去机场，途经会议室，他看到里面烟火大作。当时的情景像是会议室命中了一颗155毫米的炮弹。毫无疑问，室内的每个人肯定都已被炸死或者命在旦夕了。

但希特勒没有死。待在屋子里的24个人当中，只有4个人——空军参谋长科尔登、勃兰特、元首的副官长施蒙特和一名速记员死了或者快要死了，另有3人受了重伤，轻伤者企图爬起来往外面逃跑。几分钟后，医务人员和抢救人员匆匆忙忙赶来，伤员被救护车运往附近的医院抢救。凯特尔是唯一没有受伤的人，他大喊着："元首在哪里？"就在这时，希特勒摇摇晃晃地从冒着烟的瓦砾堆中站了起来。他的裤子已经被撕成碎片，浑身上下都是灰土。凯特尔见状急速朝他走去，搀扶着元首走出正在燃烧的、浓烟滚滚的屋子。当送他返回住所的时候，希特勒表现得相当镇静。事实上，他恢复得出奇地快。

施道芬堡以为暗杀已经成功，他肯定已杀死了希特勒，急于赶在封锁前安全而迅速地离开"狼穴"。在第一道岗哨，施道芬堡的汽车被挡住了。卫兵已经看到或者听到了爆炸，立即封锁了所有出口。施道芬堡跳下车子，走进哨所，向一位值班的中尉借用电话。他给什么人打了个电话，小声地说了几句，称有元首的命令，然后放下听筒，转身泰然自若地对那个军官说："中尉，我已获准通过。"这完全是蒙人的，但起了作用。这个一根筋的军官就放其通过了，但仍负责地在登记簿上记下了"12点44分，施道芬堡上校通过"之后，还通知了下一个检查哨，让汽车通过。

到了第三个、也就是最后一个检查哨时，难度就大了。这里已经收

▲ 一名副官在展示一条被弹片撕成碎条的军裤，从两侧裤线上的绲边判断，它的主人是会议室里在爆炸中受伤的某位军官。

到了警报，挡车的栏杆已经放下，卫兵加了双岗，不准任何人出入。一个很顽固的上士坚持不让他们的汽车通过。施道芬堡又要求打电话，向营地司令的副官抱怨。"我是施道芬堡伯爵，"他说，"我在南检查站给你打电话。你记得吧，今天早晨我们在一起吃早饭。因为有爆炸声，卫兵不让我通过。"他还煞有介事地说自己要到柏林执行非常紧急的使命，便匆匆把电话挂了。"同意让我过去了，你听见了？"但这位军士未被威吓到，随即打电话去求证。果然不错。那个虚张声势的谎言还挺管用，上士很快就给他放行了。施道芬堡松了一口气，车子于是向飞机场飞驰而去。

看来一切都是那么凑巧。施道芬堡的伤残、他的军衔和勋章，以及骑士般的仪表，在帮助其逃出元首大本营方面起到了极其重要的作用。根据当时的安全规定，卫兵理应加以阻挡，他是根本逃不出去的，因为元首正在那里，又发生了爆炸，在这种情况下，即使上校借口有紧急公务在身，也不应破例放行。

当汽车急速驶过树林的时候，哈夫登中尉急急忙忙地把他带在自己皮包里的另一个炸弹取出，丢在路边。机场还没有收到任何警报。当这两个人的汽车开进机场的时候，他们的飞机已经发动。一两分钟之内，飞机便腾空而去。现在是1点刚过。施道芬堡将在空中飞行3小时。由于机上没有长距离的无线电通讯设备，他不能马上同首都的朋友们联系，只能希望菲尔基贝尔已经通知了柏林的密谋分子，此时他在首都的同伴已经立即行动起来接管了城市，并且正在发出给德国本土和西线指挥官的文告。

希特勒受了极大的惊吓，但受的伤并不重。他的脸是黑的，头发烧焦在冒烟，两腿灼伤，大量的木头碎碴钻进了肉里，右臂扭伤并有轻微瘀血，左手有几处轻微擦伤，双耳鼓膜被震破，暂时丧失听觉，脊背也被落下来的一根椽子划破了。元首处在兴奋状态，不断重复："我什么事也没有！"这时他的3个女秘书闯了进来，希特勒用左手同她们打招呼。"我的运气好得令人难以置信。"他微笑着说，"我安然无恙。这再次证明，是命运选择了我去完成我的任务。否则，我就活不成了。"包扎好伤口后，希特勒镇静下来。"怪事！"他说，"好长时间以来我都有一种预感，觉得会有异乎寻常的事情发生。"

在惊魂未定的最初时刻，一切都仍处在极大的混乱中，大家对爆炸来源的奇怪猜测层出不穷。希特勒起初认为爆炸可能是由一架躲过雷达和防空炮火的苏联战斗轰炸机投下的炸弹而引起的。约德尔按着被吊灯架子砸中溅满了血的头说，他相信是大本营雇用的外籍建筑工人在地板下埋的或者是从窗外扔进来的炸弹。早在1942年7月9日，曾有一个波兰劳役，在企图越过铁丝网时，被当场击毙，从他装面包的口袋里搜出一

▲ 爆炸发生几小时后，希特勒已换了套新军装，但显得仍有些惊魂未定。约德尔（右一）也幸免于难，头部因伤而缠着绷带。

把可以用来作案的折刀。

　　大约在爆炸发生两小时后，渐渐恢复理智的幸存者们才终于有了线索。还是一个外行人把线索弄清了。元首的侍从从管理电话交换台的上士那里得悉，有一个"独眼独臂上校"从会议室出来，急急忙忙地出了营房。后来，不知谁想起，施道芬堡把一个公事包留在桌下。检查哨的卫兵也报告说，施道芬堡在爆炸刚刚发生之后匆匆离开了。希特勒开始怀疑了，忙命人给机场挂电话，了解到了更加可疑的情况：施道芬堡在下午1点刚过就飞返柏林了。现在可以肯定了，施道芬堡就是罪魁祸首，希特勒下令将他逮捕。但大家还都认为这是施道芬堡的单独行动。除非他像有人怀疑的那样在苏军防线后降落，否则抓到他是不难的。

　　不过此时希特勒心里还装着别的事情：他要准备去迎接墨索里尼。意大利领袖将在3点钟到达这里。他叫男仆取来一套新制服换上后，便在卫兵的重重保卫下，乘车前往附近的火车站。天空乌云密布，稀稀拉拉的几个雨点，解除不了下午的闷热。他把帽檐拉得低低的，耳朵里塞着棉花球，还披着一件黑色的长斗篷，隐蔽着他那吊在悬带上的右臂。火车晚点了一小时，当专列抵达车站时，已经是下午4点了。

　　希特勒伸出左手欢迎墨索里尼，动作较往常慢了许多，好像电影里的慢镜头。接着，元首告诉了意大利领袖刚才发生的事情。"一架邪恶的机器刚刚暗算了我！"他激动地说，"几小时前，我经历了有生以来最大的一次好运！"他坚持立刻带客人前往爆炸现场参观。司机驾车穿过高大的松林，把他们送往"狼穴"。在行程中，希特勒述说了事情的经过，他的"声音非常平静，仿佛他与此事无关似的"。

　　两人默默地视察着被炸毁的会议室。环顾四周，只见房顶倒塌，墙皮剥落，窗框被炸飞，破椅散乱，桌子被炸成两半，地板上有一个直径半米的弹坑。墨索里尼被吓得魂不附体，他无法理解最高统帅部里怎能发生这种事情。希特勒的反应截然相反，他开始把每个细节原原本本地

做了解释："我当时正站在这张桌子旁边，……"边说边向墨索里尼表示他怎样弯下腰去看摊在桌上的地图，又怎样用右手支住身子，就在此刻，炸弹几乎就在他手臂底下爆炸了，他右手就此受了点伤。希特勒还给墨索里尼看烧坏了的上衣和撕破的裤子，并让墨索里尼看他后脑勺烧焦的头发。

与5年前的啤酒馆爆炸一样，希特勒对自己与死神再次擦肩而过颇为得意。他像预言家一样对墨索里尼说："你瞧瞧我的军服，看看我烧伤的模样！当我思考这一切……很明显，我绝不会碰到什么意外。这无疑是命运要我继续前进，要我继续完成我的任务。这不是我第一次死里逃生。……在我从政期间，也有过一系列不可思议的逃生。今天在这里发生的事情是高潮！毫无疑问这是一个信号，大难已经过去，我现在比过去更加确信，命中注定我所从事的伟大事业必将渡过目前的难关，一切都会得到很好的结果。"他向意大利领袖保证，一个新的罗马帝国即将出现，尽管多灾多难但仍将千年不衰。

墨索里尼听得十分入迷，眼珠子骨碌碌直转。希特勒蛊惑人心的演说发挥了显著的影响。在希特勒的热情的感染下，墨索里尼显然被打动了。"你是对的，元首！"他表示赞同，热烈地答道，"凡看到这间房间破坏现场的人，看到你几乎安然无恙地站在这里，并听你讲话的人，我想没有一个不同意这一事实，这是上帝有眼，已向你伸出了保护之手。我们的处境很糟，也许甚至于可以说是近乎绝望，但是，今天在这里发生的事却给了我新的勇气。今天在这屋里产生了奇迹，我难以想象我们的事业还会遭到什么不幸！"

大约是下午5点钟，两个独裁者和他们的随从走去喝茶。戈林、希姆莱和里宾特洛甫都赶到他们的元首身旁，一面表白自己的忠诚，一面争论不休，相互攻讦，想把战争还未打赢的责任推给别人。希特勒起初保持着沉默，墨索里尼也不说话。这时，根据希特勒的手令，拉斯滕堡的通讯系统已经恢复，开始收到来自柏林的报告：国内驻防军司令部发出了执行"瓦尔基里"的命令。这说明对元首的暗算并非一个孤立事件，而是精心策划的一个环节。在首都，同时也可能在西线，已经爆发了军事政变。

不知是谁提到罗姆"叛乱"的故事，此举令希特勒从沉思中醒转过

▲ 当意大利领袖前来向德国元首寻求小恩小惠时，戈林（右三）和邓尼茨（左三）也赶到"狼穴"代表海军向希特勒宣誓效忠。

来。他勃然大怒，跳了起来。"在自己人的怀抱里叛卖的人罪该万死！他们会被碎尸万段的！"他声音中带着威胁，很是刺耳。希特勒怒不可遏，喋喋不休地大骂他的将军们的背叛行为。他满嘴唾沫尖叫着说，将对所有的叛徒都要以牙还牙进行报复，还要对他们的妻儿加以可怕的惩罚。"将他们灭绝，不错，灭绝他们！"

丘吉尔在7月21日上午知道了行刺的事，但没有发表任何正式的谈话。直到23日，在视察诺曼底的一个英国空军前沿基地时，才公开谈及此事。据《纽约时报》的报道，英国首相当时"尖刻地笑了一笑"，对围着他的500个空军人员说："已有明显的迹象表明德国已衰弱了。他们内部一片混乱。与你们对峙的是这样一个敌人，它的中央权力结构正在崩溃。他们这次没有打中那个老家伙（这里丘吉尔用的原词是"杂

▲ 自由德国国家委员会的主干成员，中坐者为塞德利茨，保卢斯也是其中一员。塞德利茨和保卢斯2人在晚年受到了诸多保守的德国人的排斥，联邦德国不仅拒绝为其支付津贴，还不承认其军衔。

种"，但被报纸编辑改成了"老家伙"一词），但还有时间。德国的机器出了大毛病。设想一下，如果国内发生了革命，革命者向内阁部长们开枪，你们将会有什么感觉……英国现在威震四海，就像她一千年来一直威震四海一样！"

8月初，在另一条战线上，保卢斯为当时的形势所激发，终于采取了行动。过去，他对反希特勒的密谋活动持保留态度，当自由德国委员会要求他给予支持，其反应非常勉强，因为他觉得军人参加政治活动是不适当的。但是，到了1944年7月底，当逐步了解到谋刺希特勒的行动和失败了的军事暴动的详细情况后，保卢斯开始重新检讨自己过去的想法。接着又听到消息说，旧日的同僚维茨勒本和霍普纳等人都赫然站在这次事变的前列，加之施道芬堡早年就在他手下工作，与他素相友善，保卢斯以前的一切保留态度突然一扫而光。他在苏联电台广播，向东线德军发出呼吁，务必消灭希特勒这个恶魔。而他仍在德国的家属马上就被盖世太保逮捕了。

勃兰特把施道芬堡的公文包挪到右边桌腿外侧，可能无意中救了元首一命。如果公文包留在原地，希特勒就有可能被炸死。

第十六章

功亏一篑

　　下午3点42分，飞机终于在柏林机场降落。走下飞机时施道芬堡的心中还在嘀咕，不知道自己将受到胜利的密谋分子的欢迎呢，还是会被希姆莱派来的秘密警察逮捕。使他感到奇怪的是，不管是敌是友，机场上竟然空无一人！施道芬堡急忙奔向最近的一个电话，以便打给奥尔布里希特，确切了解在过去的3小时里已经完成了哪些工作。他的副官拨通了电话，找到了将军的参谋长梅尔茨·冯·基尔海姆上校，询问他有何进展，为什么不派车来接他们，语气中露出不快。后者却反问他们事情办得怎么样。施道芬堡用暗语告诉他，暗杀已经成功。对方的回答却令他大惊失色——"瓦尔基里"并未行动！

　　原来，希特勒非同寻常的运气又　次救了他的命。事情是这样的：勃兰特上校正在全神贯注地听豪辛格将军讲话，他俯身到桌子上去，想更清楚地看一看地图，发现施道芬堡那只鼓鼓囊囊的皮包碍脚，他本想踢到旁边去，但最后还是弯腰用一只手把它捡起来，放到桌子那个厚厚的底座的靠外一边。这样一来，在炸弹和希特勒之间就隔着厚重的底座了。也许就是这个看来无足轻重的举动，使得历史发生了举足轻重的变化。它救了希特勒的命，却要了勃兰特的命。此外，营房的墙壁是木结构的，对爆炸的气浪不会产生多大阻力。敞开的窗户也缓解了爆炸的杀伤力。如果施道芬堡使用了两包炸药，那么站在公文包附近的人都不可能幸免。

即使希特勒没有死，密谋者也还有挽回局势的余地。如果菲尔基贝尔能像计划的那样行事，政变将继续进行下去，完全有成功的希望。事实上，炸弹一响，菲尔基贝尔几乎立即让副官留意务必切断和外界的通讯联络，但忙了不到一会儿工夫，当他抬头从窗口望出去时，却看到凯特尔搀扶着幸存的希特勒离开废墟。菲尔基贝尔明白，他在密谋中扮演的角色将暴露，本来他完全可以以牺牲自己的生命为代价枪杀希特勒，然而他没有那样做。菲尔基贝尔心急如焚，但又拿不定主意。他想敦促密谋分子继续采取行动，又希望如果政变失败不致连累施道芬堡，于是打了一个电话，说了一句含混不清的话——"发生了可怕的事情，元首还活着！"之后便命令操作通讯交换台的军官们，没有他的允许不准接通任何线路。

▲菲尔基贝尔

菲尔基贝尔的这通电话让在柏林的密谋分子们伤透了脑筋。元首还活着，但他的伤情如何？"可怕的事"是指刺杀行动，还是政变图谋已经泄露，或者别的什么事情？奥尔布里希特不知该如何是好，他不敢再冒险，因此，也就什么都没有做，而是出去吃午饭了。在班德勒街的密谋行动总部，大家都无所事事地在等待施道芬堡回来。这样，宝贵的时间便白白浪费了。显然这是一个致命的错误。不管希特勒是否真的死了，既然炸弹已经爆炸了，密谋分子就没有后退的余地了，应该立即采取行动。根据最起码的逻辑，事已至此，就算希特勒幸免一死，摆在他们面前的路也只有一条，就是坚决按原计划进行到底，除此别无他途。施道芬堡力促奥尔布里希特立即按照"瓦尔基里"计划行事，不必等他到达再动手，因为从机场到班德勒街汽车要走3刻钟。

之前还有些迟疑不决的奥尔布里希特最终振作精神，他说："现在我们无法否认了，对吧？"他给柏林警察局局长赫尔道夫伯爵打了个电话，通知对方做好准备，半小时后会传给他重要信息。这场为时未晚的政变总算勉为其难地开始了。将军的参谋长基尔海姆上校从保险箱里取来"瓦尔基里"命令，但这些文件要想生效，就必须有弗洛姆的签名才行。奥尔布里希特来到上司的办公室，告诉他希特勒已经遇刺，劝他把"瓦尔基里"行动付诸实践，以防激进分子，特别是外国劳工中的激进分子可能破坏法制和秩序。"是谁告诉你这些的？"弗洛姆狐疑了半响，才慢吞吞地问道。"菲尔基贝尔！"奥尔布里希特答。密谋分子认为，弗洛姆会自动遵守命令。但像弗洛姆这样一个见风使舵的人是不会轻易上当的，他坚持要得到希特勒已死的确切证明才能做出如此重大的决定。

奥尔布里希特知道，菲尔基贝尔已经切断了通往拉斯滕堡的电话线路。因此，他大胆地拿起电话，要总机给他接通凯特尔。使他大吃一惊的是，通讯已经恢复。他并不知道，凯特尔已经亲自找到菲尔基贝尔传达元首的命令，叫他恢复对外通讯联络，而后者也只好照办了。所以，凯特尔几乎立刻就来听电话了。"大本营出了什么事情？柏林流传着许多耸人听闻的谣言。"弗洛姆问。"这里一切如常。"凯特尔回答说。弗洛姆说，他刚收到报告，说元首被刺死了。"希特勒真的死了吗？"听到这话，凯特尔火了："胡说八道！确实有人行刺，但幸运的是行刺失败了。元首还活着，只是受了点轻伤。"弗洛姆就此暗暗放弃，洗手不干了。弗洛姆放下话筒，命令不得实行"瓦尔基里"计划。奥尔布里希特呆若木鸡，等他回到自己的办公室时，却发现基尔海姆已经下达了实施计划的命令了。

5点不到，当惊愕万分的报务员忙着向所有军区发出命令，宣布元首的死讯，以及在贝克为代总理的领导下，全国实行戒严的时候，施道芬堡终于回到了班德勒街。他气喘吁吁地奔上楼梯，片刻后，神采奕奕地闯进奥尔布里希特的办公室。上校的脸上浮现着胜利的笑容，浑身流露

▲ 奥尔布里希特（左二）

出因成功地经受考验而产生的喜悦。他简短地报告了爆炸的情况，着重指出，他是在相距一箭之遥的地方亲眼看见爆炸的。"可以断定"，他说，"希特勒必死无疑。"他们必须立即开始行动，一秒钟也不能再浪费了！奥尔布里希特插进来说，凯特尔本人刚刚发誓说希特勒只受了轻伤。施道芬堡答道，这是凯特尔说谎，为的是借此争取时间。他说，最低限度希特勒一定受了重伤。他接着说，不论情况怎么样，即使希特勒仍然活着，他们现在能做的只有一件事情，那就是抓紧时间尽一切努力来推翻纳粹政权。

奥尔布里希特再次给警察局长赫尔道夫打电话——"开始了！"他命令赫尔道夫尽快到班德勒街报到，他将以弗洛姆将军的名义向柏林警察局下达紧急命令。"先生们！"赫尔道夫激动地对在他办公室等着的吉泽维乌斯和其他密谋分子喊道："我们要行动啦！"施道芬堡也匆匆

▲ 赫尔道夫（左一）是个非常奇特的抵抗者。作为一个反犹太主义者和柏林冲锋队的前指挥官，他和希姆莱（左三）等纳粹元老相熟。也许是因为被之前对狂热而产生的罪恶感所刺激，才投奔到反纳粹的行列中来的。

挂了个电话给他在巴黎的表弟霍法克，他把爆炸一事告诉了他。"行动的道路已敞开了！"他说。过了不久，施蒂尔普纳格尔也接到来自柏林的证实——这个消息仅有几个字："行动完成！"

听到这条好消息后，施蒂尔普纳格尔便立即行动起来。他命令将法国与德国之间的无线电和电话通讯全部切断——他自己与柏林的通讯除外。几分钟之内，将军的办公室里便已挤满了迫切期待着的军官。施蒂尔普纳格尔告诉他们："已经发生了政变，有人图谋杀害元首。在巴黎的党卫队人员必须加以逮捕。如果他们敢于反抗，可用武力解决，不得迟疑。"将军摊开一张地图，上面标出了党卫队在巴黎的部署情况。"弄清楚了没有？"他问。"十分清楚！"他们回答。随即他们离去，分头去执行各自的使命。

对巴黎发出行动信号后，施道芬堡就把注意力转移到顽固的弗洛姆身上。奥尔布里希特对弗洛姆说，施道芬堡能够证实希特勒的死亡。"这是不可能的！"弗洛姆说得很干脆，"凯特尔对我证实的正相反。"施道芬堡冷冷地说："凯特尔是在撒谎，他是惯于撒谎的。我亲眼看见希特勒的尸体被抬出来的。"这话是出自目击者之口，弗洛姆不能不想一想。见弗洛姆沉默了，奥尔布里希特想利用他的犹豫不决，他说，不管怎么样，"瓦尔基里"信号已经发出去了，宣布国家处于紧急状态。弗洛姆一听就从椅子上跳了起来，他一边拍着桌子一边像在操场上训话时那样大声喊道："这简直是犯上！谁发布这命令的？"听说是梅尔茨·冯·基尔海姆上校发的，他下令把这个军官召到他的办公室来，加以逮捕。

施道芬堡为争取他的上级，做了最后一次努力。他使出浑身解数，力图将弗洛姆再次争取过来。"将军，是我在希特勒开会时引爆炸弹的。"他说，"爆炸的威力就像一颗150毫米炮弹一样。屋子里没有人能够幸免。"但是弗洛姆无动于衷。"伯爵，行刺已经失败了。"他反

▲ 班德勒大街13-14号的这幢大楼,墙面使用的是灰石岩贴面,整体呈长方形,不施加任何装饰。二战前和战时,这里是德国陆军及后备部队的总指挥部。

▲ 施道芬堡(左)和他的朋友基尔海姆(右)在他们位于班德勒街的总部庭院中拍下了这张照片,后者也是一位坚定的密谋分子和政变的执行者。

唇相讥,"你立即自杀吧。"施道芬堡冷冷地加以拒绝。奥尔布里希特也请求弗洛姆立刻采取行动,否则德国便难逃被毁灭的命运了。他说:"将军,这是采取行动拯救国家免遭彻底毁灭的最后机会。如果我们现在不行动的话,一切全完了。"弗洛姆把矛头转向了他。"奥尔布里希特,这是否意味着,你也参与了政变?"奥尔布里希特答道:"是的。"弗洛姆对奥尔布里希特怒目而视:"那么,我宣布正式将你们逮捕。"奥尔布里希特面无惧色,道:"你在欺骗自己。现在是我们要来逮捕你。"接着两位将军从唇枪舌剑发展成拳脚相加。施道芬堡前去解围,脸上挨了一拳,他不得不拔出手枪。在枪口的威逼下弗洛姆很快被制服,关在隔壁他的副官的房间里,一个武装军官奉命看守,但令人费解的是,没有人想要把门锁上。

下午5点30分左右，政变分子总算控制了他们的总部。大楼的各大小进出口都安了岗哨，只有持有由施道芬堡签署的橙色通行证者，方得出入大楼，没有类似的证件或有签字的命令，谁也不准离开或进入大楼一步。奥尔布里希特还做了口头指示：若有党卫队企图强行进入，便以武力对待。在下达这些命令的过程中，施道芬堡又以维茨勒本的名义向各个军区的司令发布了一个公告，说这位陆军元帅已被授予武装部队总司令的全部权力，命令他们占领通讯设施，保护法纪和秩序，以及消灭纳粹党和党卫队。不久以后，贝克和霍普纳赶来分别履行国家元首和国内驻防军司令的职责。贝克还忍受着危险的胃部手术带来的痛苦，一副疲倦的样子。他穿着便服，看上去像一个进行社交拜访的和善绅士，而非即将取代希特勒成为元首的人。霍普纳倒是穿着希特勒禁止他再穿的军装，准备向装甲部队发布命令。

　　赫尔道夫和吉泽维乌斯也坐车赶到了班德勒街，奥尔布里希特在弗洛姆的办公室向他们宣布：元首已在那天下午被杀死，武装部队已接管政府，戒严令也已发布；柏林警察局此后受武装部队管辖，而后者现已归维茨勒本陆军元帅指挥，赫尔道夫应执行所有他发出的命令。赫尔道夫快速地鞠了个躬，开始走出房间。就在这时，贝克插进来说："等一等，奥尔布里希特，我不想欺骗任何人，我们必须告诉局长，根据从大本营来的某些报告，希特勒可能没有死……"奥尔布里希特没有让他把话说完，厉声喊道："凯特尔在撒谎！"赫尔道夫和吉泽维乌斯面面相觑，这一刻，虚构的故事正被撕成碎片。贝克接着又开始说话了："凯特尔说谎与否无关紧要……"他宣告政变必须继续进行，并要求在场的人们保持团结。

　　局势尚不明朗，但反叛仍有可能成功——或者至少会扩大——如果接到"瓦尔基里"命令的军队忠实地执行它们的话。大约早在中午的时候，哈泽将军就已向他的部队发出了谨慎的预备性命令，以确保他们都待在军营里，一旦接到新指令随时都能出动。下午4点刚过，哈泽打电话给"大德意志"警卫团新近任命的一位营长奥托·雷默尔少校，命令他下令全营戒备，并立即到他的司令部来报到。密谋分子们已对雷默尔进行过审查，认为他只知服从顶头上司的命令。和施道芬堡一样，雷默尔也是一个战功赫赫的军官，在前线曾多次负伤——这是两人唯一相同的地方，他们在出身、教育、智力和道德认知上截然不同。雷默尔习惯于执行命令，不提任何问题，处在英勇无畏和简单木讷之间。尽管他忠实地追随希特勒，但是"命令就是命令"的军人教条铭刻在他的内心深处，所以他一定会服从上级命令的。

雷默尔奉命下令全营戒备，并且立即进城来接受哈泽的具体指示。将军告诉他，希特勒遇刺，党卫队企图发动政变，命令他封锁威廉街的政府各部以及设在附近的党卫队保安局总部。下午5点30分，行动迅速的雷默尔已经完成了任务，回来等候新的任务。一个名叫汉斯·哈根博士的中尉，担任着雷默尔的警卫营的国社党指导员，他曾在宣传部长戈培尔手下工作，在雷默尔接到占领威廉街的命令的时候，他正同少校谈着话，这个命令引起了他的怀疑，趁周围没有别人时，哈根对雷默尔说，这好像是军事政变。他向雷默尔要了一辆摩托车，立即赶到宣传部去向戈培尔报信。

宣传部长刚接到希特勒打来的第一个电话。希特勒告诉戈培尔发生了谋刺的事情，他正准备向德国人民发表广播讲话，但是大本营竟然没有转播设备，必须要等到从柯尼斯堡派来一辆转播车，叫这要花去好几个小时，看来7月20日当天不可能讲了，因此他命令戈培尔尽快地把谋刺失败的消息在柏林电台上广播。戈培尔知道出了什么事，从抽屉里拿出一颗氰化物——"以防万一……"他说。没过一会儿，6点不到，哈根就来了。中尉请部长亲自看看窗外。戈培尔从窗口见到荷枪实弹的陆军士兵包围了宣传部大楼，正在四周架设机枪和路障。戈培尔脑子转得特

▲ 希特勒入主威廉街和福斯街交汇处的总理府时，他的助手们在靠近元首的地方办公。图为戈培尔的宣传部，正好与总理府相对。

别快，他要哈根通知雷默尔立刻来见他。如果两人半小时内不回，戈培尔警告说，那么，雷默尔少校不是叛徒便是被武装扣押，他便派武装党卫队去夺取卫戍区司令部。哈根遵命照办去了。

这时戈培尔再次被叫去听电话。是希特勒打来的。他督促戈培尔立刻广播，让人民知道他依然健在。戈培尔立刻将广播稿用电话传给了广播电台。那里已被步兵学校的学员占领，但戈培尔严厉的声音和元首还活着的惊人消息却把他们的指挥官搞糊涂了——或者说吓坏了。他连忙答应不干预这份公告的广播。下午6点30分刚过，德意志广播电台播送了一则简短的公告，宣布有人行刺希特勒，但已失败。这对班德勒街的密谋者是一个严重打击。下达给各个军区的"瓦尔基里"命令早已引起了极大的恐慌，现在司令们纷纷打电话到柏林或东普鲁士，证实关于希特勒是死是活的相互矛盾的消息。

雷默尔未听到元首仍健在的消息，他是怀着恐惧的心情执行封锁政府区任务的。任务完成后，他向哈泽做了汇报。对他所提的疑问，哈泽的回答含混不清，这更加深了他的恐惧。雷默尔很是不满。这时，哈根前来找他，说戈培尔部长要立刻见他，于是，他便同哈根上楼去见哈泽，把戈培尔的话又说了一遍。哈泽将军佯作吃惊，而当雷默尔说哈泽必须立刻去见宣传部长时，哈泽竟命令他不准离开客厅。另一位少校——也是个密谋者——出面干预了。他对哈泽眨了眨眼，说见戈培尔是雷默尔的职责，不应对他进行保护性拘留。

雷默尔带了20个人走进宣传部，他嘱咐他们，如果过了几分钟他没出来，他们就冲进去接他。然后他同副官握着手枪，走进部长办公室。"哎，我不得不拿命去赌博了。"他对副官说。现在，离截止的时间——晚7点——只有两分钟了。"少校，你要造反吗？你忘记了对元

▲ 雷默尔（左）原系"希特勒青年团"的领导人之一，他对元首的狂热与忠诚丝毫不逊于其不折不扣地执行命令的决心，这一点在政变这天起了关键作用。战后，雷默尔躲过牢狱之灾，常年寓居中东，1997年客死西班牙。

首和国家的誓言了吗？"戈培尔开门见山地提醒雷默尔好好想想对最高统帅的效忠宣誓。雷默尔重申了他忠于元首和党的誓言，但又补充说：希特勒已经死了，誓词也已作废，他必须服从上司的命令。戈培尔反驳说，元首生龙活虎地活着，"几分钟之前我还和他通过电话"。雷默尔先是大吃一惊，接着变得拿不定主意。很明显这个消息使他感到大为宽慰，但仍将信将疑。戈培尔马上凭他那三寸不烂之舌，想方设法把雷默尔完全争取过去，他向雷默尔指出，现在是一个历史性的时刻，对历史负责的巨大任务落到了他的肩上，命运很少给予一个普通人这样的机会。雷默尔回答说只有亲耳听到元首说话，他才会相信希特勒还活着。

"悉听尊便。"说着戈培尔就拿起电话同拉斯滕堡通话。"我现在要同元首通话，您也可以跟他谈谈。元首会给你下达命令的，这样不就抵消了你的将军下的命令了吗？"

只过了一两分钟的时间，希特勒便在电话里说话了。"警卫营营长雷默尔少校跟您说话。"戈培尔随即把电话递给雷默尔，雷默尔谨慎地接过听筒。"少校，听得出我的声音吗？"最高统帅问道。对在柏林的密谋分子来说，现在唯一的希望就是雷默尔可能得出结论，电话另一端的声音是冒名顶替者的。但就像是命运故意安排的，虽然成百上千的少校从未与元首说过一句话，雷默尔却与希特勒见过面。在几星期之前，雷默尔得到过元首亲自颁发的勋章。雷默尔在电话里听出希特勒的声音后立刻"唰的"一声来了个立正。"是的，我的元首！"——这几个词决定了政变及其策划者们的命运。希特勒命令雷默尔镇压叛乱，并且只服从戈培尔和希姆莱的命令。元首还立即提升少校为上校。"你认为需要做的，你就做。每个军官，不管其军阶如何，都由你指挥。"希特勒重复了一句，"如有必要，可动用暴力。"

雷默尔把宣传部变成了指挥部。他首先给哈泽打了个电话，说他刚与元首通完话，元首给了他指挥全权，他令哈泽立刻向他报到。哈泽愤怒地拒绝了："从什么时候开始一个大将军要跑到一个小少校那里去报到？""将军，如果你不想来，我就叫人把你抓起来。"雷默尔说完，便派人去占领哈泽的司令部。接着，他又通知柏林地区各部队，说现在他们全归他指挥。各单位的指挥官，不管军阶高低，未提一声抗议，全都接受了他的指挥。雷默尔立即从威廉街撤回全营部队，并派出巡逻队去阻挡任何其他可能正向柏林进发的部队，自己则直奔密谋集团的总部所在地，以便把首犯一网打尽。

过了不久，被制服了的哈泽将军也来了。他已不再生气，实际上，好像要拥抱雷默尔似的。他满口恭维，还不断地提问题。雷默尔无奈，只好客气地先将他打发开，以便继续进行恢复秩序的工作。戈培尔向哈泽提了几个简短的问题，后者有点结结巴巴地做了回答。哈泽问戈培尔，如果他给妻子打个电话，让她弄点吃的，部长会不会介意。"那就是我们的革命家！"将军被带出去后，戈培尔讥讽地说，"他们脑中装的全是吃、喝和给女人打电话。"

对于雷默尔的迅速转变，班德勒街的人们是过了一段时间之后才知道的。很显然，柏林发生的情况，他们知道得太少，也知道得太迟了。就连反叛军官们寄予很大希望的坦克部队也没能到达。有人可能以为，著名的装甲部队指挥官霍普纳会控制得了坦克的，但他并没有做到这一点。密谋分子曾下令装甲兵学校校长把他的坦克开进城，他本人也应到班德勒街报到待命，但这个校长不愿意参加任何反纳粹的军事政变。奥尔布里希特劝说无效，只好把他也拘留在大楼里面。但他还是有机会小声地指示他的没有被捕的副官去柏林装甲兵总监部——它对坦克部队也有管辖权——报告情况，并叫他们只能服从装甲兵总监的指挥。这个校长后来用欺骗手段逃脱禁闭。他对卫兵说，他决定接受奥尔布里希特的命令，打算亲自去指挥坦克，于是就溜出了大楼。

这样，迫切需要的坦克大部分没有落入政变分子手中。虽然有几辆开到了市中心动物园的胜利碑附近，但此时有人出面干预了，一个级别很高的军官跑来宣布："你们疯了吗？元首还活着，行刺失败了！继续干下去毫无意义！我能给你们的唯一忠告就是——回去！留在这里，你们只能掉脑袋！"于是，剩下的坦克很快也从城里撤退了。与装甲部队一起行动的一个军医后来作证说，说这番话的人正是海因茨·古德里安，但后者声称，他当时根本不在现场，那天他遛完狗以后，就直接回家了。不管实际情况如何，古德里安第二天就被希特勒任命为陆军总参谋长，取代了早已失宠的蔡茨勒。

班德勒大街的总机忙个不停，不断有电话打进来，询问广播的详细情况。收到"瓦尔基里"警戒令的各单位想从弗洛姆口中证实早些时候关于元首已死的报道是真是假。问题是由施道芬堡答复的。他坚持说，希特勒已死。如果询问人是密谋者，他就说计划仍在执行，一切都很好。7点差1刻，施道芬堡又用电传打字机给司令官们发出一个通报，告诉他们，广播的公告是一个把戏，希特勒已经死了。但是怎么也补救不了已造成的损失了。凯特尔也设法通过陆军电传打字机，给陆军各部队的司令部发出一个元首大本营的通告，宣布有人行刺元首，但他活着，而且几乎没有受伤，并指示所有的指挥官，希姆莱已被任命为补充军的总司令，"只许服从他和我本人所发的命令"。末尾，凯特尔还加了一句："由弗洛姆、维茨勒本或霍普纳所发的任何命令均属无效。"

情况已经变得十分明朗，柏林的反叛正在崩溃，但仍存在些许成功的可能。在国外和被占领区，密谋分子的余党仍在活动，并且取得了或大或小的成果：在布拉格，波希米亚和摩拉维亚军区副司令沙尔将军挥师占领了城市的要害部门，然后与党卫队首领展开谈判，以避免捷克出现正规军与党卫队发生冲突的局面；而在维也纳，奥斯特马克军区副司令埃泽贝克男爵也已将城内的纳粹党和党卫队领袖全部拘留。现在，一切都要看西线统帅克鲁格的态度了。他支持还是反对政变？

那天下午大约6点钟，这位陆军元帅来到官邸的书房，看看文件夹里当天的公文和电报。其中一份盖着特急密件字样的电文——宣布希特勒已死，贝克刚上台——使他震惊不已。克鲁格尚未理解这封电报内容的全部含义，电话铃便响了起来。他接了，听着——电线那一端，贝克用平静而坚定的语气介绍了形势，接着说："克鲁格，我现在明确地问你：你赞成我们此举并愿意接受我的指挥吗？"吉泽维乌斯通过连接在电话上的受话器听着他们的对话。克鲁格犹豫了片刻，他不想在盖世太保可能正在监听的电话中做出任何保证或承诺，他推说："我必须先与我这里的参谋人员商量。我将在半小时内回电话给你。""克鲁格！"贝克放下话筒时大声埋怨道，"碰到这样一个人！"

很快克鲁格就收到了以维茨勒本名义发出的、宣布他为武装部队总司令的官方公告："元首阿道夫·希特勒死了。一群寡廉鲜耻的、非战斗人员的党的领导人，利用这一局势，企图对战斗力量背后插刀，夺取政权，以达到自己的目的。在此危急关头，为维持法律与秩序，帝国政府业已宣布处于军事紧急状态，委任本人为德国武装力量的最高统帅……"这份文件的语气和权威起了些作用，它使克鲁格相信希特勒这回是真的已经死了，他必须站在柏林的反对派一边参加政变。这位素来谨慎的陆军元帅眼看就要下决心和叛乱分子同命运了。

但是，柏林电台的广播和凯特尔的命令又使克鲁格像五雷轰顶一样，刚才的兴奋登时烟消云散。他还想得到有关形势发展的更多消息，于是接通了大本营施蒂夫的电话，但被证实的却是坏到不能再坏的消息：希特勒并没有被杀死。"这样看来，已经失败了。"克鲁格撂下电话时说。他似乎真的很失望。很明显，如果行刺成功，他就要像隆美尔计划的那样，马上与盟军接触，设法在西线实现停战。但是现在，根本无法考虑为达成停火而采取单独行动。就克鲁格而言，此事到此结束。

此刻一辆轿车开上了官邸外面的车道，施蒂尔普纳格尔布置好将巴黎党卫队人员一网打尽的行动后，便和霍法克一起赶来试图争取克鲁格的明确支持。元帅立即接见了两人，告诉他们希特勒没有死。施蒂尔普纳格尔看上去没有被这个消息弄得惊惶失措，霍法克则强烈地申述他们为什么认为即使希特勒还活着也必须要起事的理由："元帅，柏林发生了什么不是决定性的，真正的决定是在巴黎做出的。为了德国的未来，我向你呼吁：请完成隆美尔元帅本来会做的事……与希特勒一刀两断，担负起解放西线的任务……武装部队和整个民族都将对你感激不尽……不要让一个更恐怖的结局出现，不要让德国历史上最可怕的灾难降临。"

当霍法克讲话时，克鲁格坐着，脸部自始至终没有表情。接着，这位陆军元帅突然站起来，带着显然失望的语气叹道："先生们，尝试已经失败了。一切全完了。别再来打扰我了！"施蒂尔普纳格尔喊道："元帅，我想你是知道原定计划的。必须要有所行动。"克鲁格否认他知道任何计划。"这是我第一次听说关于行刺的企图，"然后又劝施蒂尔普纳格尔说，"我看你最好换上便服躲藏起来。"但是施蒂尔普纳格尔是不会选择这样的出路的。他决定不再听从克鲁格的命令，他要将密谋行动进行到底。施蒂尔普纳格尔在就要跨进他的汽车离开时，向克鲁格行了一个军礼——这是他们两人第一次不互相握手来告别。

施蒂尔普纳格尔在与巴黎城防司令汉斯·冯·博伊内堡·伦斯费尔德将军达成一致意见后，命令驻防巴黎的陆军守备团的2个营迅速采取行动，占领了城内的党卫队营房和私人住宅。似乎不可能再有更完美的政变了：1200名党卫队、保安局和盖世太保的官员没有反抗就投降了，全部被牢牢地禁闭起来。党卫队和盖世太保的高级头目也被解除武装，并被关押在一所大饭店里，日子稍稍好过些。但是他们的未来似乎也并不光明。沙袋已经在监狱的庭院中堆积起来，以便第二天早上处决他们时作为行刑队的靶垛。

维茨勒本陆军元帅在快到8点钟时终于出现在了班德勒街。他身着正

▲ 施蒂尔普纳格尔（中，敬礼者）

式的制服，胸前佩戴着勋章，手里挥动着元帅节杖，准备接受武装部队总司令的职务。但当听说连广播电台都未占领时，他已清楚看出，起事没有得手。"真是妙不可言的混乱！"维茨勒本大声抱怨道。他对贝克和施道芬堡大发脾气，说他们把事情全都搞砸了。其实，以维茨勒本的权威本来是可以号召柏林和国外的更多的部队司令官的，但他并没有尽力，在大楼里只待了45分钟时间，这位元帅就怒气冲冲、大踏步地离开了——同时也离开了败局已定的政变。他回到郊外的乡间别墅，第二天在那里被盖世太保逮捕。

此时柏林已是一片漆黑，只有一些探照灯横扫天空。曾把被俘的墨索里尼救出来的奥托·斯科尔兹内刚好也在柏林，当时他正准备前往维也纳视察他为进行破坏而训练的蛙人的学校。正当他在火车站要登上火车时，一个军官沿着月台跑了过来，边跑边喊，说元首遇刺，城内发生了叛乱。斯科尔兹内是一个头脑冷静的人，又是一个能干的组织者，很快就开始着手工作。斯科尔兹内匆匆赶至党卫队保安局总部的舒伦堡办公室。在那里，他得到消息说，某些反叛的陆军领导人正在夺取首都。"局势不明朗，而且很危险。"舒伦堡说。他脸色苍白，跟前的桌上放着一支手枪。他做了一个戏剧性的姿态，说："如果他们来这里，我就在此处保卫自己！"斯科尔兹内忍不住笑了，他劝舒伦堡把手枪拿走，别搞什么自杀了。

斯科尔兹内向设在柏林郊区的另一个专门训练破坏者的学校里的一个连队发出警戒令后，便亲自进城察看。政府大院里非常安静。全都非常平静。接着，他便跑回舒伦堡办公室去。一进门就被叫去听电话。"你有多少人？"约德尔在那头问。斯科尔兹内回答只有一个连。"好，立即把你的部队带到班德勒大街去支援雷默尔少校，他的警卫营已奉命包围大楼。"现在，这场政变大戏的最后一幕的幕布拉开了。

9点刚过，德意志广播电台宣布，元首将在当天深夜向德国人民广播。到处碰壁的谋反分子听到这个消息，顿觉大势已去。不久之后，他们获悉柏林卫戍司令哈泽将军已被捕，雷默尔已接管对柏林所有部队的指挥权，正在准备袭击班德勒街。奥尔布里希特于是将手下的一群下级军官召集起来，命令他们将保护大楼的任务接过来。他说："我们准备留守在这里，为自卫而战斗。我们要监守一两个晚上，也有可能在一小时之内被击溃。那时我们一定要像一个战士那样表现出应有的气节，做出最后的牺牲。"无人反对。不过，有人却暗暗下了决心。起初这些军官中有的附和了政变分子，有的在翘首观望，到了这时，他们已经看到，政变正在失败。他们还意识到，如果没有及时起来反对政变，他们就都会被作为叛徒处死。于是，他们设法搞来了一些冲锋枪和手榴弹，武装起来。

大约10点30分的时候，有8个军官，手里举着武器，闯进了奥尔布里希特的办公室，要求他明确地告诉他们，他和他的朋友们究竟想达到什么目的。施道芬堡听见声音，进来观看究竟，这些军官立即调转枪口。"你犯下了叛国罪！"其中一个大声喊叫着，当即向他开了一枪，子弹击中了施道芬堡仅有的一条胳臂。当施道芬堡夺门而逃，在走下楼梯的时候，他被抓住了。接着他们在曾经被密谋集团用作总部的那层楼上跑来跑去，搜捕密谋分子。他们没有遇到抵抗，散布在楼内的密谋分

◀ 斯科尔兹内（左，举手敬礼者）率领党卫队来到班德勒大街，支援雷默尔（右）和他的已奉命包围大楼的警卫营。

子甚至连手枪也忘记随身携带了……就这样，在第三帝国11年半的时间中，这仅有的一次反希特勒的严重叛乱，在11个半小时内就被平息了。

戈培尔对政变策划者的评价很恶毒，很刻薄，但有一定道理："如果他们不是那么笨手笨脚，他们胜算的概率是很大的。当想到我会怎样处理这样的事情时，我觉得他们真是太笨了！太幼稚了！他们为什么不占领电台，散布最卑鄙无耻的谎言？他们只是派兵把守在我门口，却让我随便走动并给元首打电话，而且我还可以控制一切！他们竟然连我的电话线都没有掐断。有这么多的王牌却把事情搞砸了。真是一群初出茅庐的新手！"希特勒在焦急地等待着录音车前来的这段时间里也为此次事件添油加醋。"这些懦夫！"他喊道，"他们就是这样的东西！如果他们有胆量开枪把我打死，我倒有点尊敬他们！但是，他们不想冒生命危险！"

行刺和政变尽管失败了，但对盟国来说，这件事"令人振奋"，因为它标志着纳粹对德国的牢固控制开始崩溃了。它们在战争的心理方面、政治方面和军事方面都有利于盟国。不过有人——其中包括杜勒斯，意识到政变失败中包含着更大、更深远的失败。7月21日，曾与杜勒斯及其副手交谈过的一名特工回忆道："我从来没有看见他们这样灰心丧气。他们一直希望，希特勒的突然垮台将使战争在苏联进入柏林之前结束。迅速与一个民主的德国政府缔结和约将防止苏联的进入。但现在一切全完了，战争将继续下去，这将向苏联人提供一条通向位于欧洲心脏地区的易北河的通道。美国的政策遭受了一次可怕的挫折。"

二战后，前纳粹政府使用过的大多数建筑都被拆毁，坐落在班德勒街的这幢大楼，因一些正义的德国人在此组织了推翻希特勒非法统治的行动，还为此献出了生命，得以幸免，并在院子里设立了一个铜像，作为纪念。

第十七章

赶尽杀绝

　　恐怖、血腥的大屠杀开始了，贝克、奥尔布里希特、施道芬堡、哈夫登和基尔海姆是第一批受害者。他们被赶进弗洛姆那间空的办公室，片刻后，他们见到了已被释放的弗洛姆。只见他挥舞着手枪，高声喊道："我现在要以下午你们对待我的办法来回敬你们。""我是你从前的上司，你不能这样对我。""我自己对这个不幸局面的后果负责。"贝克一边平静地回答，一边伸手从手提箱里摸手枪，然后把枪口对准自己的脑袋，又说了句，"在这一刻，我想起了往事。""我不想听这一套！"弗洛姆不耐烦地说，"开始吧！"

　　贝克扣动扳机，但子弹只擦伤了头皮，他摇晃着倒在椅子上，流着血，呻吟着。"给这位老先生帮点忙。"弗洛姆命令附近的两个青年军官。但贝克不让，请求再给他一次机会。弗洛姆点头同意。"别慌，慢慢来吧。"他说，然后转向其他政变分子。"你们各位，如果想要写信的话，我给你们几分钟时间。"奥尔布里希特和霍普纳要了纸笔，坐下来给他们的妻子写了封短短的诀别信。施道芬堡、基尔海姆、哈夫登等人沉默地站着。弗洛姆大步走出了房间。过了5分钟，他又回来了。他已经没有耐心再等下去了。

虽然弗洛姆拒绝参加谋反活动，但他对谋反一事一直是知情的，并且也没有上报他们的计划，等于庇护了行刺的凶手，因此他要消灭这些人，不但为了灭口，还要使自己成为敉平叛乱的人，好向希特勒邀功。弗洛姆宣布，他已"以元首的名义"组成了一个临时军事法庭，判处"总参谋部上校梅尔茨·冯·基尔海姆、奥尔布里希特将军"，又指了指施道芬堡和哈夫登，"还有那个我不再想知道他姓名的上校和这个中尉死刑"。接着他对站在自己身边的一个中尉命令道："找几个人，立即执行这个判决。"

处决是在楼下地面铺了圆石的院子里进行的。一部军车的前灯把院子照亮了。由于车灯上罩了防空布罩，射出的光线十分微弱。袖口上沾满了鲜血的施道芬堡和他的3名同事一起被领到那里，笔直地站在一个沙堆前——沙是防空时使用的。奥尔布里希特第一个赴死。施道芬堡排在第二，但是枪响时哈夫登猛地上前挡住了子弹，所以施道芬堡第三个被处死。当行刑队装好子弹准备开火的一瞬间，施道芬堡大喊了一声："我们神圣的德国万岁！"枪声响起，施道芬堡倒地而亡。基尔海姆是第四个，也是最后一个被处决的人。对一个拥有崇高理想的勇敢者而言，这是一个不太光彩的结局。

弗洛姆给霍普纳自己选择的机会。"唉，霍普纳，这件事情真使我伤心。你知道，我们一直是好朋友和好同志。你让自己卷进了这件事情，不能不承担它的后果。你要同贝克走同样的路吗？要不，我就要立即逮捕你。"霍普纳当时回答说，他并"不感到这样有罪"，他认为他能为自己"辩白"。弗洛姆握一握他的手回答："我理解。"霍普纳被送进了监狱。虽然有同纳粹打交道的经验，但这次他却无法预料等待自己的是怎样的命运，直到后来他才意识到，自己还不如当初也被按军法处决了。

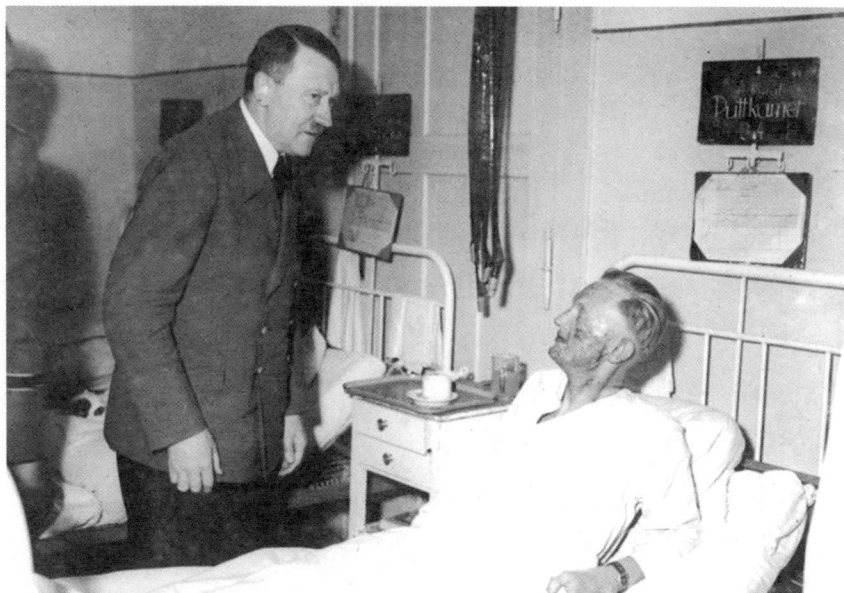

▲ 诚然，施道芬堡行刺事件后保卫元首的安全措施强化了，然而过了没几天，希特勒又忽视了这些规定，在陪同极少的情况下就去医院看望在7月20日爆炸中负伤的人员。

　　霍普纳被带走的时候，他听见从隔壁房间门口再次传来贝克的疲惫的声音："再给我支枪吧。"有一人递给他一支，弗洛姆说："你有足够的时间打第二枪！"贝克的精神有点恍惚，但使劲回答道："这次要是不行，就请帮忙吧。"接着传来手枪射击的声音。但第二次尝试又告失败。弗洛姆再一次要房间里的一个军官"给这位老先生帮一帮忙"，可这个不知姓名的军官拒绝帮这个忙，而是让一个上士去做。后者把第二次受伤后昏迷过去的贝克拖出房间，在其颈上加了一枪，结束了他的性命。

　　这时已过午夜。弗洛姆来到院子里，检阅了行刑队。他简短地讲了话："感谢上天拯救了元首的宝贵生命。"并以"希特勒万岁" 语作结束。在带领士兵三呼"胜利万岁"后，弗洛姆回到自己的办公室，拟了一封电报交给通讯中心拍发出去："不负责任的将军们试图政变，已被血腥镇压。所有罪魁已被枪决……"

弗洛姆接着打算去戈培尔处，汇报自己的"功绩"。正当他故作姿态地步出大门时，在门前遇到了刚刚赶到的雷默尔上校。"我刚把一些罪犯处决完毕。"弗洛姆说，好像他自己是个无辜者似的。当雷默尔说要是他就不这样做了的时候，弗洛姆咆哮道："你是否要给我下命令？""不，但你要为你的行动负责！"雷默尔建议弗洛姆立刻向戈培尔报到。尽管弗洛姆有那些"表现"，但戈培尔给他的"奖赏"是下令逮捕了他。弗洛姆要求与希特勒私下通话，戈培尔对此不予理睬。弗洛姆在倾诉他的忠诚时，被断然地阻止了，那位狡猾的宣传部长厉声喝道："你似乎太急于把不利于你的证人埋入地下了。"虽然多活了几个月，但弗洛姆终究没有逃过一死，他于1945年2月被以"怯懦"的罪名受审，并被判处死刑，在这年3月19日被枪毙。

弗洛姆走后，斯科尔兹内才带着他的人马赶来。他问雷默尔："发生了什么事？"后者也一无所知，他只是奉命前来包围大楼的。斯科尔兹内说，他要进里边去。把连队在院里安插好后，他便大步流星地上楼。他给最高统帅部打电话，与约德尔取得了联系。约德尔让他继续指挥。"还是派个将军过来吧！"斯科尔兹内建议。约德尔却坚持让他以元首的名义进行指挥。斯科尔兹内于是下令取消"瓦尔基里"戒备令，要所有指挥官听候新的命令。

贝克等人的尸体被装上一辆卡车，运到最近的一处公墓。埋尸队把看管人叫醒，用手提灯照着，掘了个合葬坑。死者被安葬的时候，录音车终于来了。时钟敲过午夜1点，德国每个广播电台都吹吹打打奏起军乐，略微停顿后，阿道夫·希特勒的沙哑的声音响了起来，他声嘶力竭地说："德国的男女同志们！我今天对你们讲话，第一是为了使你们听到我的声音，知道我安然无恙，第二是为了使你们了解在德国历史上从未有过的一次罪行。"

希特勒谈到了他亲密的同事的受伤和死亡。"由一些野心勃勃的、不负责任的，同时又是愚蠢无知的军官组成的一个很小的集团，合谋杀害我，以及与我一起的武装部队最高统帅部的将领。施道芬堡上校放置的炸弹在我右边离我不到两米的地方爆炸。它使我的许多真正的、忠贞的合作者受了重伤，其中一人已经去世。但是我本人除了一些很轻微的碰伤、擦伤和烧伤之外，竟安然无恙。我把这看作是上天降大任于我的证明……"

他重复了搞阴谋诡计者仅仅是极小的一撮人。"这些篡夺者的圈子是很小的。它同德国武装部队，特别是同德国人民的精神毫无共同之处。这是一个犯罪分子的匪帮。我们将对这个匪帮加以无情的消灭。因此，我现在命令，任何军事当局……都不得服从这群篡夺者的命令。我同时命令，人人都有义务逮捕任何散发或持有他们命令的人，如果遇到抵抗，可当场格杀勿论……这一次，我们将以国家社会党人常用的方法来对他们实行清算！"

"我已避免了这样一个命运：就我自己而言，这并不可怕，但对于德国人民而言，它将带来可怕的后果。从这个命运中，我看到了上帝发出的信号，那就是：我必须继续我的工作。"

希特勒讲完后，戈林也做了简短的讲话。他代表空军向元首表示他的忠诚和爱戴；海军代表也说，对于"暗杀元首的罪恶行径，海军无比地愤怒"。接着，官方便正式宣布，发动这次阴谋政变的罪魁祸首，不是已经自杀就是被陆军枪毙。"任何地方都没有发生事变，一直没有。与这一罪恶行径有关的人员一定会被清洗。"

希姆莱已从东普鲁士赶来柏林。起初，当他得知"狼穴"发生爆炸的消息时，感到很恐慌，以为自己的好日子也屈指可数了，准备屈尊到柏林去与"反动分子们"达成妥协。但是，无论如何，他还是决定先要确认一下元首的死活。现在，他带着劫后余生的希特勒授权镇压反叛的

▲ 如今，在"狼穴"也设立了纪念当年爆炸事件的告示牌，上面铭刻了施道芬堡的名字和事迹，用波、德两种文字写成，其中有言："反对希特勒暴政的人，付出了生命的代价。"

命令——"敢于反抗者，不管是谁，一律格杀勿论"——在戈培尔家里设立了指挥部，开始镇压行动。

第一步行动就是把弗洛姆下令枪杀的5个人的尸体挖出来焚毁，然后骨灰被胡乱撒在农田里。希姆莱后来讲述道："我不想留下这些人的哪怕是一点点的痕迹！"戈林甚至建议把骨灰撒在臭水沟里，因为农田对他们来说太干净了。与此同时，一个由来自11个机构的400名秘密警察和刑事警察组成的"7月20日事件特别委员会"，开始大规模地抓人。在这个以"雷暴"为代号的逮捕浪潮中，估计大约有7000人先后被抓。调查进行得很认真，几乎没有哪个直接参与政变的人能够逃过这一劫。

事已至此，但还有人抱有天真的想法，如卡纳里斯将军。1944年7

月21日，奥斯特被盖世太保带去受审；两天后，卡纳里斯也被带走了，逮捕他的不是别人，正是瓦尔特·舒伦堡，后者在回忆当时的情景时说："我来到他在柏林郊外的住处，他打开门……（他）非常平静。他对我说的第一句话是：'我觉得会是你。'"卡纳里斯似乎已猜到舒伦堡为何会光临。舒伦堡当时曾暗示他的犯人说："我会在这个房间里等上一小时，这段时间你可以做任何你想做的事，我会在报告里写你到卧室换衣服去了。"但卡纳里斯不打算这样做。"不！"他说，"我从没想过逃跑，我也不愿意自杀，我对自己的案件有把握……"半小时后，他就出来了，洗好了脸，换好了衣服，还打好了一个小行李箱。这位海军上将慢慢地环顾了一下屋子，然后伸手搂住舒伦堡的肩膀："好了，我们走吧。"

菲尔基贝尔知道，他的参与可能很快就会被发现，也准备像古希腊悲剧中的英雄那样，以宿命论的方式去承担后果。当最高统帅部命令他去报到，也就是说要逮捕他时，他的副官问他，是否需要手枪。"只要活着，就不能这样做。"将军回答说。他不愿自杀，而是要在军事法庭上公开申述自己的理由。"我不想让这帮家伙认为我怕他们。我知道希特勒也得意不了多少天了，我将把这场戏演到底。"接着，他坐下来，谈了很久关于灵魂不死的话。临别时，他对副官说："如果相信那里存在的话，那么我们还能说一声'再见'。"但是菲尔基贝尔被捕后没有申述的机会，他进了盖世太保的刑讯室，受到了骇人听闻的残忍对待。

亨宁·冯·特雷斯科为了逃脱这种命运自杀了。在同施拉勃伦道大诀别时，他说了一些话："现在，所有人都会来攻击我们，咒骂我们。但是我的信念并没有动摇——我们做的事情是正义的。希特勒不但是德国的头号敌人，他也是全世界的最大敌人。几小时之后，我将要在上帝面前，就我自己的失职行为承担责任。我认为，我将能带着一颗无愧的良心，为我在反对希特勒的战斗中所做的一切进行辩护……只要一个人准备不惜为他的信念而牺牲自己的生命，他就一定活得有价值。"

1944年7月21日早晨，特雷斯科来到一个步兵师的阵地，如他所说的那样，想亲眼看一下东线的败局。他悄悄地到前沿的无人地带，就在苏军防线附近，用两只手枪制造了一个交火的假象，然后拉响了一颗手榴弹，炸掉了自己的脑袋。由于特雷斯科的谋反行为还未被揭露，他的英雄般的死在德军战报中做了突出的报道，家属获得了将其遗体运回德国的特许，以军人的荣誉安葬在家族庄园的墓地里。

巴黎的政变参与者的处境相比之下要好些。在危急关头，施蒂尔普纳格尔想出了一个聪明的应急措施。他以他认为柏林的政变者下达的命令是合法的为由，开始和被捕的党卫队要人谈判，而后者也觉得"诺曼底战役正在激烈进行，在法国的所有德国人必须精诚团结"，于是奇怪的事情发生了：抓人的和被抓的一度达成了谅解。但是后来克鲁格为了拯救自己，把责任推给了施蒂尔普纳格尔。克鲁格拿起电话命令接线员接特急电话到"狼穴"，和在那里的约德尔通了话，报告了施蒂尔普纳格尔的所有行动。希特勒闻言暴跳如雷，立即罢免了这位总督的职务，并要他回柏林去汇报。

施蒂尔普纳格尔接到命令时，立即明白，他完了。中午，他乘车离开巴黎，回德国去。汽车半路抛锚，一辆备用汽车将近下午3点钟才到，他上车继续向目的地驶去，还未到凡尔登，他便叫司机朝色当方向开。第一次世界大战时，他曾经作为一名年轻的上尉指挥过一个营在那里作过战。开到马斯河畔，他命令司机停车，他下了车，叫司机在附近的村庄等他，他自己则要看一看这个昔日的战场。当汽车刚离去不远的时候，施蒂尔普纳格尔举枪对准了太阳穴。司机和警卫听到枪响折回，他们发现将军在一条河里挣扎。子弹打瞎了一只眼睛，另一只也受了重伤。施蒂尔普纳格尔被送到凡尔登的军医院，受伤的那只眼睛被切除了。但这并没有使他免于厄运。在希特勒的命令下，这位双目失明、处

◀弗赖斯勒（中，正在宣读起诉书）是一个用心险恶的人。一战期间，他当了俄国人的战俘，成了一个狂热的布尔什维克。后来，在1924年他又成为了一个同样狂热的纳粹分子。

于绝望中的将军仍被押解到柏林。

　　纳粹为自杀未遂的施蒂尔普纳格尔和那些没有选择自杀的政变策划者在柏林的"人民法庭"准备了公开的审判，庭长是叫声尖厉的高级法官罗兰·弗赖斯勒博士。希特勒把弗赖斯勒召到"狼穴"，对他说，对那些要审判的人决不能采用任何仁慈的办法。这位独裁者赤裸裸地暴露了自己虐待狂的真面目，"必须以闪电般的速度对他们进行审判，不要给他们任何机会发表长篇大论"。希特勒怒气冲冲地说："他们不会有被枪毙的荣幸。我要像对待叛徒一样绞死他们，我要看到他们像屠宰场里被宰杀的牲畜般地被悬挂着。"

　　在把这些军人交给"人民法庭"审判之前，必须先把他们开除军籍。唯命是从的凯特尔、古德里安、伦斯德等人组成了所谓的军人"荣誉法庭"。为了讨好希特勒，他们把自己的前同事们一一削职为民。在那个奥地利下士出身的人的淫威下，惊慌失措的军官团领袖们只得摇尾乞怜，卑躬屈膝。古德里安上任后首先完成的任务，是公布了一项对希特勒的表忠令。一星期后，他令属下的每个军官都成为国家社会主义的信徒，"要根据元首的主义，积极地对青年指挥员进行政治教育"。凡不服从此令的军官必须立即申请调动。没有不服从者。

　　1944年7月24日，世界通用的军礼也被强行废除了，代之以纳粹式的抬臂礼，以"作为陆军对元首的不可动摇的效忠和陆军与纳粹党之间最紧密的团结的象征"。同时，在陆海空军各下属部队中，也配备了纳粹党的政治指导员。德国武装部队的精神支柱已被折断了，它力图要保持它的"荣誉"，但其方法只能使它更加丢脸和堕落。德军高级将领对元首急需效忠的表白书就像雪片似的飞到最高统帅部。博克尽管对遭受贬黜深为愤怒，但仍支持希特勒，"谁要反对元首，我就反对谁！"这点他至死也未悔悟。

1944年8月7日人民法庭首次开庭，第一批遭判决的有维茨勒本、霍普纳、哈泽和施蒂夫；第二批被送上法庭的是菲尔基贝尔等人，时间是8月10日；接下来轮到赫尔道夫伯爵等出庭，是在8月15日；8月30日，双目失明的施蒂尔普纳格尔躺在一张小床上也被抬上了法庭……被告们被弄得极为狼狈：满脸胡子，衣衫褴褛，没有领带，甚至连假牙都被拿去——目的是防止他们自杀从而躲过刽子手。弗赖斯勒对他们斥责、辱骂，极尽侮辱之能事。

当维茨勒本站在被告席上为自己辩护时，裤子上没有腰带，只用一条细带吊着，他得抓紧腰间的细带以防裤子掉下来。"你这个不要脸的老家伙，"弗赖斯勒对着他大声吼道，"为什么老弄你的裤子？"这对于一个曾是威风凛凛的陆军元帅的人来说实在是不堪忍受的奇耻大辱。虽然受过严刑拷打，且外表寒酸，但是被告们的军人威严不减，都表现出了临危不惧的态度。维茨勒本对那个嗜血的德国的维辛斯基道："你可以置我们于死地，但不出三个月，愤怒和受难的人民将要自行清算，把你活活地扔到街上的污泥中去。"菲尔基贝尔甚至建议庭长先生赶快去上吊，以免被告们还未死他倒先被绞死。

没有一个人为自己成为帝国的敌人而表示后悔，他们的结局也没有任何变数，都无一例外地在开庭当天被判处绞刑，次日（有时要稍晚几天）执行。被告们双手反绑着被带到柏林近郊普洛岑西监狱的一间只有

▲ 维茨勒本受审当天就被定罪和处决。如果政变成功，他本应成为德军最高司令。

▲ 今天的普洛岑西监狱的一部分已被辟为历史纪念馆，图为绞刑执行室旧址。当年这座阴森恐怖的黑屋，如今已被改建成纪念德国抵抗运动遇难者的场所。

两扇小窗照进些许亮光的小房间里，天花板的房梁上悬着一排挂肉的钩子。每一个人都雄赳赳地高昂着头朝前走，没有一句抱怨。行刑前，死囚们都喝了烧酒壮胆。然后，刽子手把用钢琴弦做成的绞索套在受刑人的脖子上，另一端被吊在肉钩子上，让他们缓缓地靠着自身的重量被绞死。前后用了20分钟……

按照戈培尔的命令，他们临死时痛苦挣扎的惨状都被摄影师拍了下来，信使在当天就把有关胶片和照片送到"狼穴"给元首赏玩取乐。一些照片放在他桌上的作战地图边达一星期之久。希特勒还命令把审判和行刑的影片拿到部队中去放映，强迫官兵们观看，作为教训和警告。据说许多士兵不愿看而离开放映现场。

绞刑一直在继续执行。有些人甚至没有走走审判的过场就被杀死了。被处决的人的总数永远无法知道。最低的估计数字是400，最高为将近5000。

这些军人希望敌人们还能遵守传统。然而，他们再次低估了纳粹。这个政权不仅要被捕者惨死，就连他们的家属也不会放过。株连九族的行动是公开进行的。希姆莱援引了所谓古代日耳曼人的传统，"我们将采用家属无一例外均受牵连的做法"。他说："这……是我们祖先经常运用的古老习俗。你可以读一读日耳曼人的长篇英雄传奇。" 施道芬堡的妻子儿女、远近亲戚和朋友，从刚学会走路的孩子到步履蹒跚的老人，都被以所谓涉嫌叛变罪遭到逮捕，被关进了集中营。希姆莱洋洋得意地宣布施道芬堡一家"将被彻底瓦解"。很多其他人的家属情况也大致相同。

克鲁格元帅拒绝参加叛变，这一行动并没有能够使他得救，正如弗洛姆在柏林所采取的类似的行动不能使自己得救一样。7月18日，英军在诺曼底东面的进攻取得一定的进展，此举将德国人的注意力吸引了过去。与此同时，美军在登陆场以西发起了一次新的攻势，集中进攻德军防线，打开了一道缺口，开始向东猛插，给德军造成了被包围的威胁。希特勒仍然坚持认为形势可以扭转。8月6日和9日，他一再命令克鲁格

▲ 相比用钢琴弦挂在肉钩子上靠着自身的重量被绞死的方式，巴沃、热尔博埃和勒默尔等人被送上断头台无疑是仁慈和人道的。

向西发动更强大的进攻，分割美英盟军，然后，挥师北上，把英军赶到海里去。但是，新的攻势颓丧地失败了。战场上到处是被遗弃的武器装备，以及腐烂的人尸和马尸。

8月14日，克鲁格到前线去视察，想看看能否突围。和他一起去的有他的儿子、几个助手、无线电通讯车和一小队护送人员。但从那时直到第二天晚上，他的总部就一直没有接到任何关于他们的消息。原来，在15日早上，克鲁格和他的随行人员遭到成群的盟军飞机袭击，切断了前进和后退的道路。无线电通讯车被击中起火，主要的操作人员都被打死。克鲁格精疲力竭，为了躲避飞机，藏身在一个沟里，动弹不得。听说克鲁格"失踪"了，早已风声鹤唳的希特勒气急败坏，由于这位元帅带着无线电通讯车，还有他的儿子，元首十分疑心，认为他一定是另有图谋，可能是想要和敌人建立联系，企图带着队伍向他们投降。

那天晚上，克鲁格直到10点才回到总部。他接到了最高统帅部打来的电报，电文说："西线总司令克鲁格的职务已被解除，编入后备役名单，同时，派瓦尔特·莫德尔来接替他。"更坏的还在后面，8月17日早晨，莫德尔到达，他交给克鲁格一封信，说要克鲁格即刻到元首大本营报到。这只可能意味着一件事——逮捕、审问、被军事法庭判决。这位元帅开始显得越来越忧虑。他绝望地一再说："我的一切全都完了。"他脸色苍白，两眼无光，木鸡似的站了会儿，又补充说："我的事不那么难办。"

第二天，克鲁格和他的副官坐上小汽车，在一支小型武装卫队的护送下，极不情愿地回德国了。行前，他写了封信托副官交给他的妻子。此举使后者感到意外，因为元帅本该将于一两天之内就能见到家人了。像施蒂尔普纳格尔一样，克鲁格重游了法国北部的旧日战场。途中，他们在贡比涅森林作短暂停留，然后沿着施蒂尔普纳格尔在几星期以前走过的同一条路往东行进。走到凡尔登附近，克鲁格吩咐停下来休息一会。他们把军毯铺在一丛小树林的树荫下，都坐下来吃饭。他与施蒂尔普纳格尔一样，也想自杀。约一刻钟后，克鲁格嘱咐副官："把一切都准备好，我们马上继续前进。"副官刚转过身去传话，就在这一瞬间，克鲁格拿出一粒装着氰化物的胶囊，把它举到嘴边咬破，很快就死去了。

接着就轮到德国军队和民众的偶像——埃尔温·隆美尔陆军元帅。当施蒂尔普纳格尔自杀未遂、双目失明、神志不清地躺在医院手术台上的时候，他喃喃地道出了隆美尔的名字。希特勒听了以后十分震惊，他因此做出决定：他所宠信的也是在德国最受欢迎的这位元帅必须死去。但是办法与众不同。元首认识到，如果这个赫赫有名的统帅，德国最得人心的将领，真的被逮捕并押上人民法庭的话，那将是一件非常丢脸的事，因此希特勒同凯特尔商量好，让隆美尔知道控告他的证据，让他选择要么自杀，可以得到体面的国葬待遇，要么以叛国罪在人民法庭受审，其妻子和儿子也将被牵连。

于是在1944年10月14日中午，有两位将军——他们都是所谓的荣誉法庭成员——驱车来到乌尔姆附近已被党卫队团团围住的隆美尔的住宅，通知他，说他们是从希特勒那里来的，准备同他谈一谈他未来的职务问题。来人要求和这位元帅单独谈话，于是隆美尔便引来人到他的书房去，谈了一个小时。隆美尔向妻儿告别时说："我将在15分钟内死

◀一般都认为克鲁格是服毒自杀的，不过还有一种说法：据一位波兰抵抗战士1978年的回忆，他见过在押狱中的1943年镇压华沙犹太人起义的党卫队将领斯特鲁普（如图，左三），后者被处死前曾承认是他按照希姆莱的命令枪毙了克鲁格。

去……希特勒指控我犯了叛国大罪。鉴于我在非洲服役有功，给了我一个服毒自杀的机会。那两位将军带来了毒药，这种毒药在3秒钟之内就能置人于死地。如果我接受的话，他们对我的家庭将不会采用在这种情况下的例行措施……我还可以得到国葬待遇。一切都准备停当了。在15分钟后你将接到从乌尔姆的医院打来的一个电话，说我在赴会途中因脑病发作死去了。"

隆美尔穿着他那件旧的非洲团皮夹克，手里拿着元帅的节杖，跟着两位将军上了车。途中车子在一片森林旁的路上停下来，一位将军和司机走下车来，隆美尔和另一位将军仍留在车上。一分钟以后，他们回到车上，发现隆美尔已吞下毒药，死在了座位上。半小时后，这位陆军元帅的尸体被送进乌尔姆的医院。两个将军命令主治医师："不许动尸体，一切柏林都已经安排好了！"官方发布一道冠冕堂皇的公告，宣布隆美尔元帅因7月17日"头部受伤引起的大脑栓塞"不治身亡，对这位德国最伟大的指挥官之一的不幸牺牲表示哀悼。

希特勒给隆美尔夫人发了一封热情洋溢的唁电："您丈夫的死给您带来巨大的损失，请接受我最真挚的吊唁。隆美尔元帅的英名将永远和北非英勇的战役联系在一起。"10月18日，他下令举行盛大的国葬。武装部队各个兵种的仪仗队乘坐专列来到乌尔姆。其他纳粹高层官员也参

▲ 伦斯德代希特勒在隆美尔的国葬仪式上致辞后，覆盖着纳粹党旗的棺木，按照传统的军人葬礼仪式，被放置在炮车上运走安葬。

加了葬礼。伦斯德代表元首出席并致悼词，他站在裹着卐字旗的隆美尔尸体面前说："他的心是属于元首的。"希特勒还送来了一个巨大的花圈，对明白真相的隆美尔家人来说，最痛苦的莫过于此——哀悼的人恰恰就是害死他的人。

盖世太保虽然用尽残酷手段进行逼供，但是仍然搞不清楚这个案件的始末。其中一小部分原因应归咎为希姆莱及其手下的愚鲁，有的密谋分子还未等供出同党就被草率处死了；大部分原因则是由于受害者坚贞不屈，审问者花了很多时间甚至还是不能拼凑出一张完整的政变参与者名单。值得注意的是施拉勃伦道夫，他于8月18日被捕，即被送进秘密警察总部监狱的地牢，他受到审讯，由于始终拒绝承认与暗杀密谋有任何联系，这就意味着他必定不可能逃脱盖世太保所能想出的最残忍的酷刑的折磨。

施拉勃伦道夫曾休克过一次，醒来后继续受此摧残。但是他坚决否认参与了这次政变，对同谋者的行动他谎称毫不知情。最后，当他再也无法忍受之时，才承认他知道特雷斯科的谋划，但是除此之外，他一无所知。于是，盖世太保闯进特雷斯科的墓穴，取出棺木中他那半腐烂的尸体，用作审问其朋友时恐吓的武器。他们指着这具在地下躺了几个月的尸体，连威逼带利诱地问施拉勃伦道夫想不想招供。但后者的态度一如既往，于是他们就当着他的面把尸体焚毁。接着，施拉勃伦道夫并未像所预想的那样被处死，而是被送回了监狱。毫无疑问，他的坚强意志不仅救了他自己的性命，而且还挽救了一些原来和他共同参与谋划的人，其中包括3位试图刺杀希特勒的刺客——布舍、格斯道夫，以及布赖滕布赫。

布舍正在一家疗养所养伤，身边还留有一个炸弹的一些部件，他把它们放在病床旁的一个旧手提箱里，找机会处理掉了；格斯道夫作为一个军的参谋长正在诺曼底，因他在作战中的英勇表现，还被授予骑士铁十字勋章；布赖滕布赫作为试图刺杀希特勒的刺客的身份也没有被揭穿。直到战后，他们作为刺客的角色才为人们所知晓。三个人都比他们试图刺杀的目标多活了好几十年。另一位刺杀者伯泽拉格尔就没那么走运了。虽然他没有被告发，但是1944年8月末，当他在波兰东北部的布格河畔带领骑兵队进行防御时，遭遇到苏军的伏击，死于战场，年仅28岁，他被追授上校军衔，并被授予橡树叶佩剑骑士铁十字勋章。

斯派达尔也活了下来。他在严刑拷打下没有招认一个字，最后由可能不了解真相的伦斯德、古德里安等人联名作保，改为长期羁押。因此，胡贝特·兰茨没有被揭露。事实上，兰茨得到了完全不同的待遇。虽然他在哈尔科夫没有听从希特勒的命令而失去宠信，但很快又回到前线。1943年9月，他成为驻扎在希腊的一个山地军的指挥官。在那里，他手下的一些部队一手造成了凯法利尼亚岛大屠杀，5千多意大利战俘被射杀。这一事件因《柯莱利上尉的曼陀林》这部小说而闻名于世。后来兰茨以反人类罪被起诉，并被判12年监禁。很明显，当他受命屠杀轴心国前成员时，在良心上他没有像受命派遣他的军队去哈尔科夫送死那样愤怒。

埃瓦尔德·冯·克莱施特·施门岑和海因里希·冯·克莱施特·施门岑父子被捕后，囚禁在柏林的同一个监狱里。儿子看到父亲面壁而立，但他不想去引他注意，以免惹来盖世太保凶暴的报复行为。后来，

◀斯派达尔（左二）和豪辛格（左一）战后参与了组建新的联邦德国国防军的工作。在 项训令中，豪辛格提到刺杀希特勒的行动时指出："这是德国最黑暗时期的一个焦点，勇士们的基督教救世和人道主义的责任感，决定了这一次的暗杀行动。我们联邦国防军对他们的牺牲精神和良知表示无限的敬佩。他们无愧于我们的表率。"

他在普通看守人员中遇到了一个熟人，此人为他安排一天晚上在监狱的一间空房间内会见他的父亲。"完了！我的儿子，他们为你安排了怎么样的命运呢？"老克莱施特问。"大概将被绞死。那么您呢？""当然是同样的命运，这是没有什么疑问的了。他们鞭挞我，用酷刑折磨我，一个党卫队军官还打我耳光，但我永远不会讲出什么！"

老克莱施特最后于1945年4月9日被处决。盖世太保并没有把他的儿子也一起杀害，而是把他放了出去，为的是想利用他去追踪他的一个密友，从事变那个晚上就一直潜逃的另一个亡命者——前陆军总司令哈默施泰因的儿子（哈默施泰因已于两年前病逝了）。不过这个诈术并未取得成功，因为两个年轻军官向他们的老上司——波茨坦团的指挥官求得保护。这位司令给他们安排了一个出巡前线的特殊任务。在战争即将以德国的失败而告终的一片混乱中，团参谋部没有留意到他们实际上已经草草地被驱逐出军队了。到战争结束时，他们惊讶地发现自己身在意大利前线相对安全的地方。

少数人企图隐蔽起来。在7月20日事件发生之前3天，格德勒由于得到警告，说秘密警察已经对他发出逮捕的命令，就躲起来了。他本来可以在7月19日逃出国境的，可是，7月21日，他又化装潜回柏林。他深信谋刺一举哪怕是失败的尝试，也必将激起国内普遍性的暴动。这种固执的乐观态度使格德勒付出了丢掉性命的代价。他曾在一位牧师的协助下试图逃往瑞典，但中途发现这个计划行不通，于是就徒步亡命柯尼斯堡。他流浪了3个星期，很少在同一个地方住上两夜。此时当局已悬赏100万马克通缉格德勒，生擒或击毙均可，但总还有朋友或是亲戚冒着生命危险掩护他。

直到8月12日早晨，格德勒在日夜不停地步行了几天之后，已经精疲力竭、饥肠辘辘，就走进一间乡间客栈里。当他在等候给他端来早点的时候，被一个过去做过他女佣的空军妇女辅助队员认了出来。他赶忙

◀ 法庭上的格德勒（右，立者）坚强而勇敢地面对他的掳掠者弗赖斯勒（左一）。揭发格德勒的那个妇人战后解释说，那时她只以为元首是永远正确的，那么企图谋害他的人必定是个十足的坏蛋。那一百万赏金仍然保存着，连一个子儿也不曾花掉。

溜出店铺，向近处的树林里走去。这时已经太迟了，那个女人告诉了同她坐在一起的几个空军人员，格德勒很快就在树林里被捕了。他勇敢而坚强地经受了盖世太保的各种酷刑，任他们怎么折磨也毫无惧色，最后于1945年2月2日被处决。

国家刑事警察总监阿图尔·内贝最初特别热衷于"调查"工作，是清除罪犯的最勤奋的警察。但赫尔道夫被捕后，他的同谋行为再也隐瞒不住了。这位德国的首席刑警写了一份绝命书，制造了一个自杀的假象。他认为他只剩下两个"伙伴"了：他的公车和柏林的灯火管制。他利用这二者逃离了柏林。然后，染了发色，隐居了起来。内贝的好运在1945年1月16日到了头。他终于被捕，显然是女友出卖了他。人民法庭对他的判决是死刑。

出人意料的是，只有汉斯·吉泽维乌斯逃脱了。他在班德勒大街被包围之前设法逃了出来。此后到处奔逃，躲在朋友的家里。艾伦·杜勒斯认为有责任营救他，通过战略情报局的秘密信使偷偷给他送去一套精心伪造的盖世太保的证件——包括一枚徽章和一本身份证，还有一张特别通行证及一封指示所有纳粹官员提供帮助的信件。吉泽维乌斯设法通过不断挥舞这些"证明"逃离德国，到了瑞士边界。事情偏偏凑巧，不耐烦的德国官员只是简单地扫了一下他的证件。疲惫不堪的吉泽维乌斯有气无力地回了一个纳粹礼，这是他向希特勒德国的告别。

法国抵抗力量在巴黎举行起义后，说服盟军最高决策层给予支援。守城德军指挥官决定向盟军投降，没有执行希特勒发出的死守并破坏巴黎的命令。战后他在接受采访时解释了他抗命的原因："如果这是我第一次抗命，那是因为我知道，希特勒是疯子。"

第十八章
_____

众叛亲离

1944年夏季以来，在东西两线，德军都遭受了一系列毁灭性的打击，军事形势已每况愈下，变得毫无希望。在东线，8月10日，乌克兰的苏军向巴尔干地区发动了一次新攻势。三天以后罗马尼亚宣布退出与德国的联盟，一周之内保加利亚也停止了抵抗。苏军乘势将战场推向南斯拉夫和匈牙利，迫使驻防希腊的德国部队撤离。8月29日，白俄罗斯的苏军也到达了华沙附近的维斯瓦河畔。波兰的地下抵抗组织趁机举行起义。获此消息，斯大林的眼里露出得意的神色，因为这给他提供了一个借德国人之手消灭其在波兰的敌人的机会。

斯大林早已拟定了一个计划，在波兰建立一个对苏联顺从，听话，为苏联的政治、经济和秩序服务的政府。在统治波兰伊始，斯大林就下令追捕波兰地下抵抗组织的领导人，称他们为间谍、"隐藏的法西斯分子"、通敌叛国分子，把他们一一送上法庭。经过一系列大张旗鼓所谓的司法审判，那些经历了长期艰苦卓绝的战争而幸存下来的抵抗组织成员被诽谤、羞辱，甚至在很多情况下以合法的名义被处决了。很少有人能逃脱这场浩劫。

◀ 1937年，纳粹德国以威廉·古斯特洛夫的名字命名了一艘邮轮。1945年1月30日，该船在撤走被困于东普鲁士的德国官兵和平民时，被苏联潜艇击沉。凑巧的是，当天正是希特勒上台第12周年。

"貂"是袭击希特勒专列这一事件主要的消息来源，但是苏联人并没有把他当作英雄看待。他以参与非法组织罪被判处18个月的监禁。之后，"貂"精神崩溃了。"西奥多"从德国的战俘营回到了波兰，但随即也被逮捕，判处死刑，后改为终身监禁，斯大林去世后，才被大赦释放（1956年）。而直到1971年去世前，"西奥多"依然完全否认曾经参与过刺杀希特勒的行动，甚至说自己那段时间从未去过华沙。当然，这样的缄默和"失忆"是可以理解的。一个很细微的线索表明他所谓的"遗忘症"只是一种自我保护的策略而已：他的妻子后来回忆说，他总是拒绝经过当年刺杀希特勒时放置炸弹的那个地方——即华沙的新世界大街。

随着苏军的进攻像潮水溃堤般席卷过波兰，东普鲁士遂成为其攻击的第一个德国省份。数以百万计惊恐万分的德国军民，骑马、乘车或徒步冒着凛冽的严冬不顾一切向西方逃去。而在西线的德军已于1944年8月20日全线溃败退出法国，盟军在其身后全力追杀。盟军迅速向前推进的势头同时也加强了抵抗运动开展的力度。8月23日，巴黎市民举行起义，随后被及时赶来的盟军所解放。9月，英军和美军分别取道比利时和法国，逼近了荷兰和德国边界。但是盟军的燃料和弹药供给也已消耗殆尽。不单如此，德国利用强征而来的劳动力，疯狂地加固齐格菲防线，使之很快成了一条令人生畏的障碍。

尽管这样，盟军总司令部仍很乐观，认为很快就可以结束战争，于是听从了英国人单方面的竭力鼓动，让英军孤军突入荷兰，横渡莱茵河，从北端绕过那齐格菲防线，包抄德国重要的工业中心——鲁尔区，从而使德军的战争机器彻底停止转动。这一建议可谓大胆至极，但如果冒险成功，要在圣诞节前结束战争是完全不在话下的。在9月中旬发起的被命名为"市场—花园"的行动中，盟军将伞兵空降至荷兰的德军阵地后方，企图夺取莱茵河上的主要桥梁，然后与从比利时北上的地面部队会合。但由于恶劣天气的影响和德军顽强的抵抗，使他们的行动被迫终止。到这年年底前，德军得以暂时将防线稳固下来。

在此期间，美国人也开始实施以希特勒为目标的刺杀计划，以期提早结束战争。在这之前的1943年夏天，年轻的德国逃亡者埃贡·汉夫斯滕格尔自告奋勇表示愿意刺杀希特勒。他的父亲恩斯特是希特勒在早期政治活动中重要的支持者和挚友。该家族在巴伐利亚血统高贵，且经济实力雄厚，主要从事艺术品鉴赏、出版和银行投资业。恩斯特的母亲是美国人，因此他早年曾移居美国，并在哈佛大学完成学业。恩斯特因其流利的英语，且和美国上层多有交往，被希特勒任命为纳粹党对外宣传事务的负责人。不过，在纳粹党掌权后，由于与戈培尔不和，恩斯特逐渐淡出了核心圈。1937年，他逃往瑞士，后又前往英国，二战爆发后，转到了加拿大。在美国参战后，他又为罗斯福总统担任高级顾问，提供了许多纳粹高层领导人的细节状况，其中包括希特勒的个人生活资料。作为希特勒的教子，汉夫斯滕格尔小的时候就多次见过希特勒。他提议以为其流亡的父亲传信的名义，进入希特勒在贝希特斯加登的别墅。他天真地认为，如果能靠近希特勒并和他握手，那么他就可以杀死希特勒。考虑到该建议不切实际，加之它与美国政府彻底打垮德国的官方政

▲ 汉夫斯滕格尔（右一）

策相悖，罗斯福便否决了这一与无条件投降政策不相符的提议。

　　尽管如此，这似乎并未妨碍威廉·多诺万鼓励战略情报局下属的各个部门使出他们所能想到的一切旁门左道来对付敌人。一个军官回忆道："没有哪个计划和哪种武器在从手中打出去时，是如此似是而非和稀奇古怪。"其中有一个被批准的荒诞方案是研究开发部（由科学家和发明家组成，任务是研发非正统的武器和制定特殊的计划）主任斯坦利·洛弗尔凭空想出来的——给这位德国元首吃的蔬菜里注射某种雌性荷尔蒙激素！与其说是为了杀死希特勒，倒更像是想要作弄他。

　　据洛弗尔自己的回忆："美国高级医学专家的诊断同我的看法一致，他（希特勒）肯定是接近于'阴阳人'，他那无法抑制的情绪、残暴的激情都使我感到（将其）推向阴性一边可能会出现一些奇迹，希望能使他的小胡子脱落并且他的声音变成女高音。"他要求特别行动部

▲ 作为罗斯福总统的耳目，多诺万周游世界到处搜集对美国有用的情报。图中他正坐在一群下属中间，在研究某个情报或秘密计划。该照片摄于中国西安。

（这是OSS的核心机构，原型是英国的SOE，也从事间谍、破坏和颠覆活动）派个特工或反纳粹的德国人混入贝希特斯加登，在希特勒的山庄当一名园丁。在那里他有机会给供元首食用的胡萝卜、甜菜这类东西注射药物。洛弗尔真的向某位特工提供了荷尔蒙，但是这项计划到头来还是泡汤了。后来他诙谐地说："我只能推测，这个人拿了我们的钱，但把注射器和药物都扔进了灌木丛。如果不是这种情况，那就是希特勒的口味变动太大了。"

无巧不成书，另一组被外界称为"唱诗班男童"的美国秘密特工人员，也设计了一个自认为可以让希特勒疯狂从而迅速结束战争的计划。由于显然不知道希特勒的风流韵事，误以为目标是个"清教徒"，他们计划从希特勒位于贝希特斯加登附近的指挥部上空投下大量的色情书刊，使希特勒淹没在这"黄色"的"海洋"里。收集到大量合适的材料以后，他们找了一位空军上校来讨论发动这次袭击所需要的飞机的数目和型号。然而，这位军官没有被打动，反而宣布这帮人是一群疯子，称这个计划极其愚蠢。于是该行动也就悄然终止。

1944年7月，正当英国人为"福克斯雷"行动争论得如火如荼时，真正的刺杀希特勒的计划也被美国军方正式提起。美国驻欧洲的空军司令卡尔·斯帕茨将军要求下属提供一份希特勒在贝希特斯加登住宅的详细勘察图给他。他的计划——被称为"地狱犬"的行动——是使用在意大利的P－38战斗轰炸机对该地区进行空袭。但和英国人一样，美国人不久就陷入了对该计划优缺点的讨论之中，最终也选择取消该行动。直到四个月后，美国人终于设法克服这些担忧。11月4日，4架P－47战斗机轰炸了米兰的一座旅馆，人们认为希特勒就在该旅馆。尽管多次直接击中目标，然而此时希特勒却仍待在东普鲁士的"狼穴"。

虽然希特勒再一次逃过一劫，但德军此时的局势越来越危急。白天，盟军的空军编队从拉斯滕堡上空飞过。希特勒不停地说会有突然袭击，要那些从不防范的人小心。尽管各方面都希望他重返柏林，他自己却要求待在前哨："我有义务待在这里。这样做会使德国人民放心，我的士兵永远也不会答应把前线撤退到离他们的元首很近的地方，这会激励他们更加热情地战斗。"

然而，到了1944年11月20日，希特勒鉴于苏军的逼近不得不离开，在破坏了东普鲁士的大本营后逃回柏林。他带上随行人员，登上了火车。因为希特勒想在天黑后抵达柏林，他乘坐的火车直到拂晓才开出。希特勒乘坐的包厢，窗帘全部放了下来。午餐时，他与大家一起在餐车旁用餐。人们从未见过元首如此垂头丧气，如此心不在焉。"他的声音又轻又小，双眼不是盯着盘子就是盯着台布的某一个点。气氛如此沮丧，使大家都有不祥之兆的预感。"他想必知道这是他最后一次看到"狼穴"了。

一周后，苏军踏入化为灰烬的"狼穴"。虽然如此，希特勒仍然在计划继续铤而走险，甚至还在美英盟军把德军赶出法国之时，希特勒就已异想天开地在构想实施一次大规模反攻。他推算了各种可能的进攻路线后，把战场再次定在阿登高地。希特勒秘密指示，从档案库中调出有关这一地区1940年那次战役的所有命令，制订了一份类似的进攻计划草案，还取了个误导人的代号——"莱茵更夫"，就好像德军是在为阻止盟军突破莱茵河屏障而布防一样。借着这层掩护，部队开始集结。担负主攻任务的是武装党卫队，"泽普"·迪特里希被挑选出来统率这支部队。

12月10日，希特勒离开柏林，到西线1940年他入侵西欧时的司令部"岩巢"去指挥这场冒险的战役。这里是"元首总部"中最寒酸的一个，只有四个房间。它修建在一个蝙蝠出没的天然山洞里，墙上不时渗出水滴，刺骨的寒风不停地在山头呼啸。12月12日，他将他的高级将领们召集起来，对计划进行最后敲定。为防再度遭人暗算，安全保卫措施又强化了。如今，即便是希特勒信任的军官，也不能身带武器接近他。所有与会人员，即使是陆军元帅，也必须解去随身武器，留下公事包，并让人搜过口袋后，方可进入。进入会议室的走廊由两排身材魁梧的党

◀ 阿登战役中，在比利时的马尔梅迪，死亡的美军士兵尸体躺在雪地上。他们是在向警卫旗队投降后被射杀的，后来战犯审判法庭据此判处迪特里希和他的几个部下入狱。

卫队队员把守。每位将军入座后，都有一个党卫队警卫站在椅子背后监视。接着元首向他们做了2个小时的演讲，他断言这次进攻能撕开美军的防线，孤立英军，以迫使其撤出欧洲大陆，重演另一个"敦刻尔克"，带来决定性的转折，从而彻底扭转败局。

阿登攻势于1944年12月16日打响，进攻完全出乎盟军意料。甚至连天气也来帮德国人的忙。整整一周，浓雾弥漫，盟军空军无法进行侦查，或实施火力支援。党卫军部队孤军深入，在美军的战线上打出了一个凸起。正是由于这个形状，这场战役在美国军史上也被称作"突出部之战"。然而到了圣诞节，德军的坦克、军车都耗光了汽油，无法继续前进，只得转入防守。在12月的最后几天里，天气晴朗了，盟国空军大显神威。1945年1月3日，盟军展开反击。希特勒同往常一样，拒绝撤退。不过，几天后，他勉强同意将剩下的饱受打击的部队调回来进行整编。

尽管希特勒竭力想从好的一面去评价这一失败，但它在军事上的荒谬之处很快就完全暴露出来。为了完成此次冒险的军事行动，希特勒从东线抽调了部队。1945年1月12日，苏军趁机对防守薄弱的东线发动了一连串的进攻，德军被打了个措手不及，仓皇败退。苏军一路直奔奥得河，目标是最终攻打柏林。1月16日，希特勒又重新回到柏林。新总理府的大理石的大厅已被盟军的空袭炸成废墟了，他就住进了在旧总理府花园下面的地堡中，从此再也没有出来。在几个副官、女秘书、侍从、厨师和保镖等人，以及从慕尼黑赶来的爱娃·布劳恩的陪伴下，他在充斥着绝望和幻想的气氛中度过了几个月，直到自己的末日到来。

对"黑色乐队"密谋集团的空前残酷的审判和处决已经进行了半年多，直到此时这股势头才有所减退，其原因部分就是由于盟军的逼近和空袭造成的纳粹组织的瘫痪、转移和混乱。命运同施拉勃伦道夫开了个玩笑。那些等待人民法庭判决的案子多如牛毛，只得被拖延、待审，一直到1945年2月3日，他才被带到弗赖斯勒的面前。但审判被柏林上空

▲ 被袭击德国首都的盟军轰炸机炸毁的人民法庭废墟。

突然响起的不祥的空袭警报声所打断。袭击德国首都的盟军轰炸机命中了人民法庭。弗赖斯勒的头被倒塌下来的大梁砸碎了，最后在医院里死去；而施拉勃伦道夫却毫发未损。

在同一天的空袭中，盖世太保总部大楼也被击中，致使牢房内没水，没电，无法取暖。盖世太保决定把关押的囚犯分散到德国尚存的地盘上较为安全的地方去。所有的犯人都被用闷罐车送往各处集中营。在那里，他们受到更为严厉的拘押，整天戴着镣铐，严禁向外发信和收信。唯一值得安慰的是，这里伙食要比在柏林时好许多，但这并不是出于人道主义考虑，适当维持营养只是为了他们能够继续接受审问。

当戈培尔将记录盟军轰炸著名的纪念碑及标志性建筑物的照片拿给希特勒看时，他甚至都不屑多看一眼。所有报告坏消息的人也都一概不见。除了偶尔在总理府开会，希特勒根本不踏出地堡一步。他幽闭在潮湿、发霉的混凝土墙后，越来越脱离现实。而德国人民的命运在他心里也越来越无足轻重，相反他把同归于尽的毁灭狂想用来对付自己的臣民。

早在1943年9月，德军从苏联境内败走之时，希特勒第一次对撤退的部队下达了所谓的"焦土"政策的命令。只要是对来犯之敌有用的东西，统统付之一炬，或者销毁一空。1944年7月，希特勒再次命令摧毁法国和荷兰、比利时所有的军事工业，同时破坏煤矿、铁矿等矿井以及发电站等其他工业设施。最后，到了1945年，对这个政策的实施变本加厉，居然被用到了德国本土和德国人民的头上。

阿登反击战的失利耗尽了德国仅存的军事后备力量，战败只是时间问题，而希特勒仍然固执地坚持任何条件下都不投降。"投降是绝对不可能的！"他狂怒地警告大家，"除了一片废墟我们什么都不会留给美国人、英国人和俄国人。"所有基础设施——铁路、运河、桥梁和电话线路都被安排在计划内等待摧毁。希特勒吹嘘说："没有一个城市会落在敌人手里，留给他们的只是一座座废墟。"

德国的"为生存而战"已经失败，并且——至少希特勒这么认为——德意志民族已经不配继续存在。1941年末，希特勒就预言了这一切："如果有一天德意志民族不再足够强大，不再有足够储备可以用她的鲜血来维持生存，那就让她灭亡吧，让一个更强大的力量把她彻底毁灭……我将不会为这个民族流一滴眼泪。"当时德军仍处于鼎盛时期，德国人的头脑里根本没有对战败的恐惧。人们更多地把这个预言看作虚张声势的恐吓，或者看作是为激起士兵的勇气。然而到了1945年时，每个德国人都发现战败即将来临，而希特勒要把整个德国摧毁的决心并没有消失，1941年的可怖预言也变成了残酷的现实。

当然，有很多人——甚至在铁石心肠的纳粹分子中间——不同意希特勒的观点。据说戈林发现这一观点"令人失望"，而经常扮演希特勒最狂热的欢呼者的戈培尔也认为，"这是完全错误的想法"，并为其所带来的可怕后果感到悲哀。在更加坚定的反对者中，有一位是当时担任军备部长一职的阿尔贝特·施佩尔，他是个标准的技术官僚，也是元首身旁为数不多的几个尚有几分道德感和同情心的人之一。

施佩尔最初的职业是一名建筑师。1930年，他还是个学生的时候，在柏林听了次希特勒的演讲，大受启发，便申请加入了纳粹党。施佩尔在组织和建筑方面的才能很快就被发现，1933年，他被委以负责制定纳粹重大活动的计划。之后，他又很快进入了希特勒的内部圈子。施佩尔一路平稳上升，一方面得益于希特勒本人对建筑的热爱，另一方面则由于他自己成功地完成了很多特殊的任务，其中包括建造纽伦堡纳粹党的集会场地以及柏林的新总理府。这些任务极大地显示了他的才能。

施佩尔本人也极为热爱和崇拜希特勒，但是施佩尔否认自己变成了一个虔诚的纳粹党员。他称，自己在1940年时就已经认识到纳粹主义有一颗黑暗的心脏，认识到纳粹分子"自吹自擂的傲慢和贪婪"以及"罪大恶极的获胜者所实施的极端残暴的行为"，因此，他一直设法与纳粹保持距离，甚至拒绝党卫队授予的荣誉军衔。施佩尔强调，作为建筑师，他的角色并非政治性的。他认为，自己只是一个管理者，一个艺术家，避免和纳粹们搅在一起。

但在1942年，施佩尔作为建筑师的太平日子结束了。由于他的管理

◀希特勒与施佩尔（右）一起讨论一张设计图。元首对其设计表现出来的兴趣令这位年轻建筑师受宠若惊，他发现自己"完全被希特勒迷住了，愿意追随他到天涯海角"。

才能，施佩尔被任命为军备部长，接受了转变德国的工业、做好完全为战争服务的准备的任务。尽管盟军的轮番轰炸以及国内人力资源的短缺造成了混乱局面，但是在施佩尔的领导下，军工业产量有了令人瞩目的提高，并在1944年达到了产量高峰。武器产量是1942年的7倍，坦克是5倍，弹药是6倍。但是德国巅峰已经过去。毫无疑问，他的醒悟一部分是由于对战争失败的感知。看到德国的军事潜力已经逐渐削弱，他开始怀疑这个民族是否还能有效地保护自己。

施佩尔以往的激情已经所剩无几，他打算辞职，给希特勒写了一系列的信，内容是对如何推迟战败，或者至少能使境况稍微好转的建议，但是由于希特勒盲目地拒绝听到任何关于战败的事情，施佩尔的建议受到了冷落，信的大部分内容根本未曾被希特勒读过。施佩尔人虽然仍在军备部长的位置上，但其内心越来越感觉到被人疏远。

▲ 这是施佩尔最得意的"作品"之一：在纽伦堡的齐柏林检阅场，晚上用130只探照灯在6至8千米高空组成一个"光的教堂"，"产生了一种不可思议的奇妙效果"。

当"焦土"政策开始在德国实施时，施佩尔自己承认，他"惊呆"了。他清楚地指出如果不折不扣地执行这项政策，将会意味着什么："没有一个德国人会居住在被敌人占领的土地上。留下来的人会发现，他们将置身于一个没有任何基础设施和文明痕迹的荒原。摧毁的不只是工厂，也不只是水、煤气、电力设施和电话局的设备，而是一切。一切维持生活所需的东西——配给卡记录、婚姻档案、居民登记簿以及银行账号记录。另外，还要中断食物供给、烧毁农场、屠杀牲畜。即使那些在炮火中幸存的艺术品也不会留下来，纪念馆、宫殿、城堡、教堂、戏院和歌剧院都将被夷为平地。"

施佩尔竭力避免与元首正面交锋，他开始寻找办法躲避或者瓦解"焦土"政策。最成功的计谋是他自己所称的"简单把戏"，即在智慧上赢了希特勒。无论是在给希特勒的文件还是与希特勒面对面的交谈中，他都引用希特勒本人的观点和希特勒对某些问题的偏见来达到自己想要的结果。施佩尔提出，将来德军收复失地是极有可能的，因此摧毁这些地区的基础设施的命令就应该暂停执行，以便重新杀回的德军用最小的力量就能够恢复军事装备的生产。

在自己的军队收复失地的诱人憧憬前，希特勒当然会欣然同意。有了希特勒的首肯，施佩尔便开始劝说地方上的领导人和德国占领区的头目，只把相关的设备弄瘫痪而不是彻底摧毁它们。"必须要制定计划，"他写道，"因此，如果……工业区陷入敌人的手中，只让工厂暂时瘫痪，卸下各种基本零件，撤退时带走，即可达到此目的……不去损坏工厂本身。"

施佩尔不知疲倦地工作，就像当初全力辅佐希特勒那样，现在他却用同样多的精力去瓦解他。他与纳粹政权的决裂开始了。1945年2月初，一个来自电力工业的同事——弗里德里希·吕申博士来看望施佩尔。吕申问他是否知道《我的奋斗》中的某些篇章正在被德国人民广泛引用，随后递给他一张纸条，上面是希特勒20年前所说的话："外交的目的一定不是看到一个民族英雄般地没落，而是要用现实的方法生存。因此，通向这个目的的每一条道路都是正合时宜的，没有达到这一目的要被看作玩忽职守的犯罪行为。"吕申默默地递给施佩尔另一张记录希特勒20年前讲话的纸条，上面说："一个国家的权威永远不会消亡，因为如果国家的权威会结束，那么暴政将会变得神圣，不可侵犯。如果一个政府利用手中的权力工具，是为了带领人民走向灭亡，那么起义反抗不仅是正确的，也是每个公民的责任。"然后，吕申静静离开了，一句话也没有说。施佩尔独自留在原地思考着这两段话的意义。施佩尔承认，那一晚他做出决定要干掉希特勒。

尽管施佩尔仍然有机会接近希特勒，但是他还是决定不采取正面攻击，而是选择了一个更安全、更间接的方法。那年春天在总理府的花园里散步时，他发现了希特勒地堡的一个通风口。他在回忆录里写道：

▲ 元首地堡位于旧总理府花园下方。从照片上可以看到通向花园的地堡出入口，以及未完工的瞭望塔。这个建筑在大战中得以幸免，至1980年才被拆毁。

"通风口用小的灌木掩饰起来，与地面相平，上面盖着一个小栅栏。"这里没有其他特别的安全措施，也没有卫兵把守，他思忖着把毒气放入应该不难。

几天后，盟军空袭柏林。施佩尔在军备部防空洞与负责管理军需品生产的迪特尔·施塔尔聊了起来。他很了解施塔尔，更重要的是很信任他。两人很自然地讨论起即将来临的失败，以及他们认为会加速失败的政策。施佩尔非常激动，把受到挫败而产生的愤怒全部发泄在当下政权上。"我绝对再也不能忍受这些，眼睁睁地看着政府被疯狂的决策左右。"他说，继而向施塔尔描述他的计划，"我问他是否能为我弄些毒气，不出我所料，他满脸疑惑地望着我。我告诉他打算往总理府的地堡里放入毒气，他居然看起来既不吃惊也不警惕。"

施佩尔选择的武器很有趣，他选择了塔崩毒气。塔崩毒气首次面世是在二战前作为杀虫剂被研制出来的，它也被证明是一种致命的神经药剂。后来，德国军队对这种药剂深入研发，便产生了一种无色、无味、略有淡淡水果香的液体。接触到或吸入塔崩的蒸汽，第一个症状是瞳孔收缩，在强光下几乎会导致失明，之后，唾液分泌增加会导致口起泡沫、鼻腔失控和呼吸愈加困难，随后会出现呕吐和大小便失禁。在这种药剂的影响下，大部分中毒者要经受剧烈的抽搐，然后一个小时内在窒息中死去。

1942年，塔崩毒气在德国东部技术最先进的一个工厂里生产。装入航空炸弹和炮弹中，这一切是在一个地下军事设施里逼迫集中营的囚犯完成的。之后，炮弹被贮存起来，等待使用的命令。或许是由于希特勒在第一次世界大战中被毒气熏伤的经历，使用毒气炮弹的命令一直都没有下来。到了1945年，德国已储备了约1.2万吨塔崩毒气。作为军备部长，施佩尔肯定知道这些毒气的存在，也一定会清楚地认识到它们的威力。

几天后，施塔尔就塔崩毒气的使用问题向施佩尔做了汇报，他认为不能用塔崩毒气，原因是液态塔崩只有在炮弹的爆炸中会四处扩散，不会自然汽化或者形成烟雾。他觉得对于施佩尔的计划塔崩并不是一个合适的选择。不过，施塔尔承诺会为他的上司搞到一种"传统的毒气"作为替代。但当两个人正在研究各种可能性的时候，施佩尔又一次受挫。"即使我们能搞到毒气，"他写道，"仍将一无所获，因为这次当我找借口去检查那个通风口时，发现了全然不同的景象——全副武装的党卫军哨兵被安排在整个区域，房顶上也安装了探照灯；当初和地面相平的通风口处现在竖起了一个10英尺多高的烟囱，如此一来，根本就接触不到通风口。看到此番情景，我是目瞪口呆。"

然而，使施佩尔放弃了原来计划的原因不仅仅只是这么一个技术障碍。据说大约在那个时间，施佩尔走访了莱茵兰地区。一天晚上，他隐瞒了自己的身份，和一些矿工坐在一个防空洞里闲谈，听了那些矿工的谈话，施佩尔才了解到普通德国人对希特勒毫无保留的信任程度。他们相信希特勒有能力把他们从灾难中解救出来。施佩尔认为，如果继续他的计划就会毁掉德国人心中仅存的一点希望，就是除掉了一个老百姓仍然深信不疑的政治家。了解到这些，施佩尔放弃了刺杀希特勒的计划。据他回忆："刺杀想法在我脑海中消失，就像它当初出现时那么快。我不再把干掉希特勒看作是我的使命，但是仍然以挫败他的'焦土'政策为己任。"

施佩尔决心直接与元首交涉。据他后来讲述，他决定"冒着掉脑袋的危险"，写了一份长达22页直言不讳的备忘录，呈交希特勒。"预期在4到8周之内，德国无疑将彻底崩溃，"他写道，"即使只能动用最原始的手段，我们也必须全力维持国家生存的基础，直到最后一刻来临。"几天后，即1945年3月18日，施佩尔奉命前往总理府地堡，接受元首的相片，这是希特勒给他40岁生日的贺礼。希特勒在相片上题写了热情的致辞，但却冷冰冰地驳回了他曾宠信的建筑师所写的备忘录。

"如果战争打败了，"元首断然向施佩尔宣布，"人民也将丧命。

德国人民需要什么来维持基本生存，这点根本不用操心。相反，我们最好还是连这一类的东西也都摧毁干净，因为这个民族已经证明了自己是弱者，而未来只属于强大的东方民族。不管怎么样，战后苟活下来的只会是些劣等人，因为优秀的人全都已经战死了。"

第二天，希特勒下达了后来被称之为"尼禄命令"的最后一道绝杀令，作为对施佩尔恳求的更为严厉的书面答复。命令授权由纳粹党各地区的领袖执行，强调要用尽各种手段与敌人作最后战斗。"所有军用运输通讯设备、军事工业企业和军需供应仓库以及在德意志帝国领土内任何有价值、任何有可能被敌军利用的东西或在可以预见的将来对敌人有帮助的东西都要统统摧毁。"虽然命令使用了理性的语言和军事策略上的词汇，但是意思却简单而又残暴：把一切统统毁掉，只剩下一片烧焦的土地、废墟以及本地的生还者。

希特勒自己的宣传机器对执行这项命令的结果做出的评论也没有让人感到有丝毫安慰。"在德国连一个麦秆都不会留给敌人，"一家报纸

▲ 罗马大火发生在公元64年，当时的君主是尼禄。官方记载是意外失火，但民间一直传闻大火是尼禄的阴谋，原因是他想扩建皇宫，但周围满是平民的小屋，拆迁成本太高，于是干脆放火烧掉。

◀ 由于施佩尔的努力，希特勒的焦土政策没有得到实行，德国的工业生产能力和基础设施得到了保护。这也是在战后审判中，施佩尔能免于一死的重要原因。

的社论这样警告，"没有一张德国人的嘴会为敌人提供信息，没有一只德国人的手会为敌人提供帮助。敌人会发现任何一座桥梁，哪怕是仅能供行人步行通过的小桥都被炸毁；所有道路都被堵塞——什么都不会留下，迎接他们的只有死亡、毁灭和仇恨。"

施佩尔现在使出浑身解数来为"尼禄命令"设置障碍。这位昔日的建筑师在帝国迅速缩小的领土上驱车疾驶，不停地向工厂经理和军队将领恳谈，甚至向纳粹党地区领袖求情。在鲁尔工业区，他答应给电厂和工厂的工作人员配备冲锋枪，好让他们阻止破坏人员毁掉厂房和设备；他还劝说工兵把将用来摧毁矿山的炸药埋进水沟里。在海德堡，他"尽职尽责"地将炸掉巴登-符腾堡地区所有公共设施的命令准备好，然后投进邮筒寄给该地的纳粹党领袖。而这只邮筒正好在一个即将被美军占领的镇子里。

希特勒得知了施佩尔充满勇气的冒险之旅后，立即把他召了回来。"你要不是我的建筑师，我就会采取在这种情况下理应采取的措施了！"元首竭力想让施佩尔休假，但被后者一口回绝。希特勒转而要他否定自己失败主义的言论，又被拒绝。施佩尔等待希特勒暴跳如雷，然后下达立即逮捕他的命令。然而元首既没有表示愤怒，也没有发脾气，这

◀为了宣传目的，英军在逮捕了第三帝国最后一届政府的3名主要成员后，拍下了这张照片。后来他们都在法庭上被宣判有罪，邓尼茨（前排，左，穿大衣者）和施佩尔（中间，右）被判监禁，而约德尔（中间，左）被判处绞刑。

让他大吃一惊。希特勒几乎是哀声乞求他的旧日门生："只要你依旧希望我们不会战败就好了，我也就不复他求！"他给施佩尔留了24小时的时间思考，施佩尔最终还是单独向元首表白了忠心，让希特勒非常感动，甚至还同意其对工业设备继续采取"损坏"的做法，而不再彻底销毁。

施佩尔对希特勒的感情是矛盾的。他对希特勒有感恩、效忠和迷恋的心理，自称如果希特勒有朋友的话，他自己可以算得上是一个，于是他还想要劝说元首和他乘坐一架小型飞机撤走，但这次希特勒没有听从他的劝告。他不同意一起飞走的意见，而是要离开柏林，要抗争到底。施佩尔满腹凄凉地和希特勒——这个曾经令他狂热崇拜而如今却精疲力竭气息奄奄的元首做了最后告别，含着眼泪离开了总理府地下室，他飞走后几个小时，就再也没有德国飞机能从柏林起飞了。

眼见大势已去，施佩尔曾突发奇想要逃到格陵兰岛去，在那里躲到硝烟散尽，然后撰写生平。他曾征用了一架水上飞机，上面装满了给养，还有滑雪板、渔具、橡皮艇，当然还有"美酒"。可刚准备好，飞机就在盟军的一次空袭中被炸毁了。后来，施佩尔本人也承认，这一设想"完全不切实际"，只是个"有趣的幻想"而已。到1945年5月中旬，战争突然结束了，他也放弃了所有逃跑的念头，乖乖地向盟军投降了。

美军士兵跨过齐格菲防线上被称为"龙齿"的反坦克障碍朝莱茵河迈进。

第十九章

穷途末路

1945年春天，苏、美、英三国的军队分别从东西两面合力对德国发动了进攻。在德国西部，2月，美英盟军跨过莱茵兰向莱茵河逼近，到3月底之前，英军已在下游渡过莱茵河朝北海的港口推进，美军则在中下游渡河攻下了重要的工业中心——鲁尔区。在东部，苏军也已到达了奥得河边，威胁着柏林的大门。大德意志师被苏军困在东普鲁士动弹不得，命运已是无可挽回了。这支傲气十足的部队曾经拥有2.1万人马，如今只剩下区区4000人。一些人九死一生逃到了码头，挤上了撤退的船只，但这并不等于得到了安全保证。在苏军的战机和潜艇的袭击下，真正回到德国的不超过800人。

古德里安竭力主张派遣一支部队到东边去，但是希特勒的注意力却基本放在东南面的匈牙利。他一心只想要守住那里的油田，因为它提供的燃油在德国现存的剩余油料供给中占了多达80%。元首告诉他的总参谋长，如果没有这些燃料，"你的坦克将无法动弹，而飞机也无法起飞"。希特勒下令再次从西线部队腾出部分精兵，即由"泽普"·迪特里希指挥的，包括"阿道夫·希特勒党卫队警卫旗队"装甲师在内的一

▲ 莫德尔（坐在司机旁边者）是德军中公认的防御战大师，但德国败局已定，他也回天乏术。1945年4月，由于无力阻止盟军痛击他困于鲁尔的部队，莫德尔饮弹自尽。

个党卫军装甲集团军，转入东线作战。他受命将苏军赶过多瑙河，从而保住油田。

1945年3月6日，进攻战在巴拉顿湖附近打响。这次匪夷所思的战役被取了一个乐观的代号——"春醒"。德军最初攻进了敌人的阵地，旋即便遭到了顽强的抵抗，而且由于春天道路泥泞不堪，他们举步维艰，士气也低落了下去。苏军抓住战机，反扑回去。3月17日，苏军突破了德军防线。到3月底，党卫军已被打散，被迫往奥地利退去。4月2日，苏军夺取了油田，然后跟踪追击，于11天后占领了维也纳。

希特勒早就有令，不许撤退，要战至最后一人。盛怒之下，他下令剥夺迪特里希所部包括警卫旗队在内的荣誉袖标。这对在前线苦战的迪特里希不啻为一种沉重的打击，当他获悉这一消息时，精神恍惚了整整一天，嘴里自言自语着："在所有这一切之后，这就是感谢？""我们的命运无人问津了，"迪特里希属下的一个军官写道，"留给我们的是无穷无尽的失望和苦痛。"他们在奥地利西部又坚守了两个星期，然后大规模的西撤开始了。"但是只有少数人逃了出去，大部分都给美军拦了下来，交给苏军。等着他们的是关押囚禁、饥肠辘辘、痛苦不堪和慢慢死亡。"另一名党卫军军官说。

可悲的战争正在接近尾声，但是残酷的屠杀还未结束，甚至直到这个国家崩溃的最后时刻还在进行。尽管鉴于末日迫近很多纳粹分子不愿再做不必要的有损自己名誉的事情了，但是高层的一些人却认为在这最后的日子里恰恰更有必要杀掉那些将来可能不会说他们好话的人。根据希姆莱的命令，所有的"特殊犯人"都得清理干净，免得给已经岌岌可危的第三帝国带来任何麻烦。

对纳粹分子来说，已被转移至达豪集中营关押的格奥尔格·埃尔泽已经成了一个毫无用处的多余的人，因此他绝对再没有机会站在证人席上，在审判丘吉尔及他的"那伙战争贩子加罪犯"的时候，重复纳粹给他写好的那些责难英国人的话。1945年4月5日，达豪集中营的长官接到一个简短的指令：在下一次盟军空袭慕尼黑时，将囚犯埃尔泽秘密处死。在美军开到达豪解放集中营的前20天，埃尔泽被一直守在牢门口监视的党卫队看守开枪打中了后脑勺，他的尸体被焚烧。报纸宣布他在轰炸中因受重伤而死。几乎没人注意到这个报道。这个矮小而勇敢的人，像他活着的时候，默默无闻地死去了。

4月6日，在萨克森豪森集中营临时成立了一个由3名党卫队法官和集中营指挥官组成的即决法庭判决汉斯·杜那尼。从法律上来说，这出法庭闹剧是多余的，因为判决早已经定下来了。杜那尼已病入膏肓，连一次象征性的审讯也不能坚持，只好被党卫队看守用担架抬来受审。在这次走过场的审判中，他只说了几句话。当夜幕降临时，法官们"忠于职守"地将这场戏演到最后，宣判杜那尼将被施以绞刑。1945年4月9

日，躺在担架上的杜那尼被抬到刑场，扶起来吊在了绞刑架上。

而在杜那尼遇害的前一天下午，在弗洛森堡集中营，卡纳里斯和奥斯特也同时被带到一个类似的法庭上。自1944年秋被塞进柏林盖世太保总部关满了密谋分子的牢房中后，作为重要的嫌疑人，他们受到了极其严厉的看管，不仅给戴上了手铐，而且还上了脚镣，并锁到了囚室的墙上，只有在监狱院子里短时间放风，或者接受审讯时，才能除去刑具。但是似乎谁也没有因此而乱了阵脚。特别是卡纳里斯，仍像往常一样机智。他抓住一切机会，让愚蠢的审讯者毫无所获。他拒不承认任何指控，用一大堆半真半假、自相矛盾的信息，把他的对手弄得晕头转向，使他们找不到线索。但接着，这位海军上将犯了他一生中唯一的致命的错误。

卡纳里斯承认他记有日记，它们只记载私事。他已将其交给了他的

▲ 1945年春，盟军在许多不为人知的德国小地方，发现了一个又一个集中营。愤怒的盟军士兵杀死了一些党卫队看守（如图，摄于达豪集中营），最后把大部分送上战犯法庭受审。

朋友兼同谋的沃纳·施拉德少校，他是谍报局驻在位于措森的陆军总部的代表官。海军上将坚信后者已把他的日记以及有关密谋集团的其他档案都销毁了。但施拉德没有这样做，他在没有销毁任何材料的情况下就自杀了。盖世太保派了一队人去措森，他们在一个保险柜里发现了大量文件，包括卡纳里斯的日记，里面记录着"黑色乐队"密谋的全部历史。在确凿的证据面前，奥斯特显然支撑不下去了，最终供认。而卡纳里斯仍在作困兽之斗，为他的所作所为找出合适的理由。这种情形一直持续到了1945年2月。

由于盟军加强了对柏林的轰炸，迫使盖世太保把关押的囚犯分散到帝国残存的地盘上去。卡纳里斯和奥斯特被押到位于巴伐利亚北部的弗洛森堡集中营。到1945年4月8日，整个事件匆匆落幕。此时，在他们人生的最后时刻，两人之间的差异又一次暴露无遗。卡纳里斯仍在负隅顽抗，反驳对他的每一条指控，只承认是为了监视反叛者而顺应了他们；奥斯特则尖锐地反驳前上司，说他参与了他们圈子从事的所有活动。一阵激烈的交锋过后，审判官直截了当地问卡纳里斯是否奥斯特有意加罪于他，卡纳里斯沉默了一会，然后平静地回答："没有。"奥斯特和卡纳里斯等人均被判处死刑。

那天晚上，卡纳里斯联络他的隔壁狱友——一位丹麦情报人员。他们用一只调羹在囚室的一根暖气管上用敲出的莫尔斯码来交流。10点过后不久，卡纳里斯发出了他最后的信息——也是他的遗嘱："我为我的国家而死，问心无愧。我不是卖国贼。你作为军人应能理解，我努力反对希特勒，只是尽了一个德国人应尽的职责。如果你活着出去，请向我的妻子转达问候，并尽力帮助我的孩子。上一次审讯时他们已打破了我的鼻子。我的时间到了。我明天早上将死去，永别了！"

第二天清晨，也就是1945年4月9日6点，美军坦克部队已逼近到不到100公里的地方时，卡纳里斯和奥斯特等被判处极刑的人被提出牢房，他们被迫赤裸着身体，穿过走廊被赶到院子里的绞刑场。在那里，集中营的指挥官和党卫队的医生目睹他们一个接一个登上小凳子，绳索被套在他们的脖子上，随后，脚下的凳子就被踢掉了……所有尸体被捆好放在担架上，放在柴堆上烧掉了。一个党卫队医生的良知总算还没有泯灭，他说："卡纳里斯海军上将死得勇敢，死得有气概。"

希特勒仍然执迷不悟地认定他的第三帝国会取得最终的胜利。去年夏天，上帝将他从阴谋家的炸弹中拯救出来，自此以后，他坚定不移地相信自己无所不能。现在他指望奇迹再次出现，让四面来敌一一退去。希特勒经常从他的英雄——腓特烈大帝的传记中寻求安慰。这个18世纪的普鲁士国王同他一样，也曾大难临头。他也曾遭到了俄国、奥地利、法国、瑞典四国大军的围攻。眼看大势已去，腓特烈大帝闷闷不乐，他定下一个最后期限，到时战局若依旧无法改变，他将服毒自尽。然而，离到期还有三天时，他的主要对手——俄国的女皇意外去世，形势急转直下，敌人的联盟随之也分崩离析。

戈培尔也翻出了旧的占星图，它是1933年纳粹上台时拟就的，据说准确地算出了战争的进程。这张图预言战争在1939年打响，德国会初战告捷，甚至还说中了后来几次灾难性的大败仗。令希特勒高兴的是，它预言德国会在1945年4月的下半月打一个翻身仗，然后在8月和平停战。

◀ 信使为陷于困境的腓特烈大帝（左）带来形势发生了令人不能置信的变化的消息。这个历史先例给了希特勒深刻的印象。"听了这动人的故事后，"戈培尔后来说，"元首眼中出现了泪花。"

生性多疑的戈培尔是不会放过抓救命稻草的机会的。所以，在4月12日到奥得河附近的德军前线的司令部视察时，他讲了这个故事。有个军官刻薄地问："嗯，这次女沙皇什么时候死？""我不知道，但命运掌握着各种各样的可能性。"戈培尔答道。说完，他便趁慢慢黑下来的天色返回柏林去了。

差不多就在同时，远在大西洋彼岸，美国总统富兰克林·罗斯福死于突发脑溢血。戈培尔一回到办公室便得知了这个消息。"这就是转折点！"他喊了一声，"这确是真的吗？"戈培尔相信预言应验了，历史又在重演。他立即给希特勒打电话。"我的元首，我向您表示祝贺！罗斯福死了。星相图上显示着4月下半月是我们的转折点。"他接着说，"上帝没有抛弃我们，奇迹发生了！"现在，什么事都可能发生。戈培尔把电话挂了，眼中放出光芒，即时发表了慷慨激昂的讲话，好像战争就快结束了似的。

事实上，离戈培尔悲剧性的狂喜还不到三个星期，这位宣传部长就用手枪和毒药结束了自己和妻子以及6个孩子的性命。而不过8天，德国就宣告投降；不到5个月，轴心国的最后一个成员——日本也投降了。这年春天，美国海军已开进日本领海，轰击海岸工事，对日本城市狂轰滥炸。尽管如此，日本政府仍然拒绝美英苏三国提出的投降要求，一直到

◀罗斯福的告别仪式在白宫举行后，他的遗体被运往他的家乡下葬（如图）。里宾特洛甫没有戈培尔那份热情，他对工作人员说：戈培尔那个流氓已令元首相信，罗斯福之死是扭转乾坤的转折点。"多么胡说八道！多么罪恶！怎么能产生有利于我们的变化？"

美国投下原子弹后方才决定投降。但就当下而言，希特勒的希望之火又重新燃烧起来。他感到，罗斯福一死，美英和苏联之间"勉强的联盟"肯定会终结。双方在瓜分德国的时候，彼此将会陷入一场冲突，反目成仇，这时西方列强就会与德国合作，调转枪口对准苏联。

希特勒原已计划离开柏林，准备南下贝希特斯加登，躲入自己的上萨尔茨山庄。实际上，包括最高统帅部在内的各政府主要部门都已经开始往那儿搬迁了。但现在他重又做出决定，要留在柏林继续指挥作战，等着看苏联和美英不可避免地一拍两散。他还不知道，美英苏三国已达成了划分占领区的协议。柏林被留给了斯大林。美军主力正将攻势转向南面，朝巴伐利亚和奥地利的阿尔卑斯山区进攻，传说大批纳粹死硬分子正向那里集结，准备顽抗到底。但事后证明，那不过是戈培尔一手炮制出的宣传伎俩而已。

1945年4月15日，苏军发起了向柏林的最后进军，德军很快崩溃瓦解了。4月20日是希特勒56岁大寿，在普洛岑西监狱里又有28名密谋分子被处决。而步步紧逼的苏军部队也从远处第一次看到了柏林城，他们的大炮向市中心发射了第一批炮弹。城内的电力、煤气和自来水的供应完全中断，交通系统瘫痪。警察、消防队员、希特勒青年团员都被临时征调进军队，公共秩序由党卫队和盖世太保靠私刑维持着。这些狂热而绝望的纳粹党徒把藏身于防空洞、地窖和地铁里的市民赶出来，判处那些不愿再为这场毫无希望的战争出力的人死刑。灯柱和树上吊着尸体，尸体上贴着布告，指控他们怯战和叛国。

这天下午，希特勒最后一次钻出他的地堡，踏进总理府的房间，参加他的生日庆祝会。戈林、戈培尔、希姆莱等老战士们济济一堂，纷纷表白自己对元首的忠心。希特勒对他们热情亲切，只不过因一切从简——当时连香槟都没上——而觉得有些尴尬。接着，他来到屋外的花园里，为一队希特勒青年团员颁发勋章，表彰他们在前线作战英勇。然

▲ 元首在他56岁生日那天，笑容可掬地来到总理府花园，与因作战英勇而接受表彰的希特勒青年团团员握手，向他们表示祝贺。

▲ 已沦为阶下囚的第三帝国的权贵们坐在国际军事法庭的被告席上，其中包括戈林（倒数第二排，左一，戴墨镜者）、里宾特洛甫（倒数第二排，左三）和凯特尔（倒数第二排，左四），以及约德尔（最后一排，左五）和施佩尔（最后一排，右四）。

后，他带头走下地堡，如常召开军情会，谈论如何击退城外的苏军。会后，他的老战友大部分都告了退，希姆莱去了北方，戈林则去了南方，只有戈培尔一人留下来，与元首一道。

4月22日，生日刚过两天，在当天下午的军情会上，希特勒得知德军节节败退，而苏军的坦克已经驶进城中后，这才如梦初醒。他勃然大怒，几近疯狂地挥舞四肢，走来走去，对那些背叛、懦弱的人咆哮直至喉咙嘶哑。最后，他瘫坐在椅子里，脸色苍白，浑身颤抖，无神的双眼凝视着前方。"全完了，战争打败了。"他第一次发出了绝望的哀叹，抽泣道，"时候一旦到来，我将用手枪结束我的生命。"与会的将领们竭力劝说元首打消这个念头，提醒他应尽职尽责，不要抛弃国家、人民和军队。但希特勒不为所动。当有人问此后该由谁发号施令的问题时，希特勒回答说："你们应该去问戈林。"他甚至还说，如果真的到了该与盟军和谈的时候，戈林会比他更胜任这项任务。这两句气话很快酿成一系列滑稽剧。

一个空军的联络官从会议室一出来，就电告戈林元首在会上说了些什么。戈林信以为真，感到有望成为第三帝国的新元首。兴奋之余，他拟了封电报发给希特勒，其中包括这不知趣的要求："考虑到您已决定留守柏林，您是否同意我马上接管帝国的全部领导权，在国内外完全享有自由行动的权力？"希特勒读到这番话时，不禁勃然大怒，认为戈林企图谋反。他将这位昔日的战友斥为"腐败分子"和"无耻之极的恶棍"，立即下令剥夺其一切职务。一度地位仅次于希特勒的德国第二号人物悄声下了台。两周后，戈林在奥地利边境被美军抓获。盟国指控他犯有战争罪和反人道罪，他服毒自杀，逃过了死刑。尸体被投进了达豪最后一座还在运转的焚化炉里烧成了灰烬。

戈林并不是唯一的一个急于与西方盟国媾和的纳粹头目，希姆莱这个一向爱标榜自己忠于元首，被希特勒称为"忠实的海因里希"的老战友，早已身陷其中多时了。他之所以疏远希特勒，完全是受其助手、情报头子瓦尔特·舒伦堡的影响，后者力劝他抛弃元首，如果有必要甚至还应暗杀他。为了德国的生存，舒伦堡也急于要除掉希特勒，早在1942年年底，他就曾诱使希姆莱签署了一项实现与西方媾和的计划，如有需要，可以背叛希特勒。

在希姆莱的授意下，一名文官——卡尔·兰格本在斯德哥尔摩分别会见了英美两国的代表，以探讨和谈的可能性，之后，他便前往伯尔尼，面见艾伦·杜勒斯的助手。但是，盖世太保偶然截获并破译了一封电报，得悉"希姆莱的律师"已为和谈抵达瑞士，遂将此电直接交给了希特勒。希姆莱当面向希特勒发誓，说自己完全无辜并永远忠于元首。希特勒暂且相信了他，这或许是因为他的工作太重要了。希姆莱立刻逮捕了兰格本，把他投进了集中营，自己割断了与西方盟国的所有联系，以免他的主子进一步调查。

另一方面，舒伦堡仍在密谋，与美国在西班牙的军事人员搭上了关系，共同策划绑架希特勒，并将他交给盟国。舒伦堡企图利用还关在集中营里的犹太人和盟军战俘做人质，以便单独与西方讲和。只有这样，党卫队才能保存下来，免遭灭顶之灾，从而继续统治战后的德国。经舒伦堡多方努力，1945年2月，希姆莱又和瑞典红十字会副会长福尔克·贝纳多特伯爵在德国北部的一所党卫队医院里会面了。不过，当时希姆莱还不敢与元首决裂，直到4月22日希特勒决定留在柏林赴死时，他才终于如释重负。这使得他不用再效忠元首了。

就在戈林被废黜的那晚，希姆莱和贝纳多特在波罗的海港城吕贝克的瑞典领事馆的地下室中再次会面。希姆莱估计自己会接元首的班，于是便请贝纳多特居中斡旋，通过瑞典政府向美英两国转达他的意图；德国一面向英美投降，一面继续与苏联作战，直到西方盟军赶来解德军之急。接下来的5天里，希姆莱都在认真考虑日后掌权的种种细节。但最后他的幻想破灭了。贝纳多特通过舒伦堡传回消息：西方不接受如此不彻底的投降。更糟的是，第二天，他放出的求和之风的消息通过瑞典电台的新闻广播传到了元首耳朵里。

对希特勒来说，希姆莱的背叛比戈林对他的打击更甚。戈林至少还要请他允许，而"忠实的海因里希"却从背后捅了他一刀。为了确保"一个叛国者不能继承我的元首之位"，希特勒下令立即将希姆莱逮捕。此后的三周里，希姆莱不得不浪迹德国北部，最终剃掉胡须，乔装打扮，徒步朝南逃去，企图隐姓埋名，躲藏起来，但在不莱梅附近一个英军哨卡被逮住。他的结局同戈林一样，也是服毒自杀了事，尸体被草草葬于一个没有墓碑的坟冢。一个月以后，逃到丹麦的舒伦堡被盟军逮捕。在后来的审判中，他被判处6年有期徒刑，这部分也是归功于他在战争的最后岁月里有目的地解救集中营囚犯的生命。1950年底，舒伦堡因肝病恶化被提前释放；两年后，因为肾衰竭病逝于意大利，终年42岁。

1945年4月25日晚上，作为此次战争最后的几次空中行动之一，359

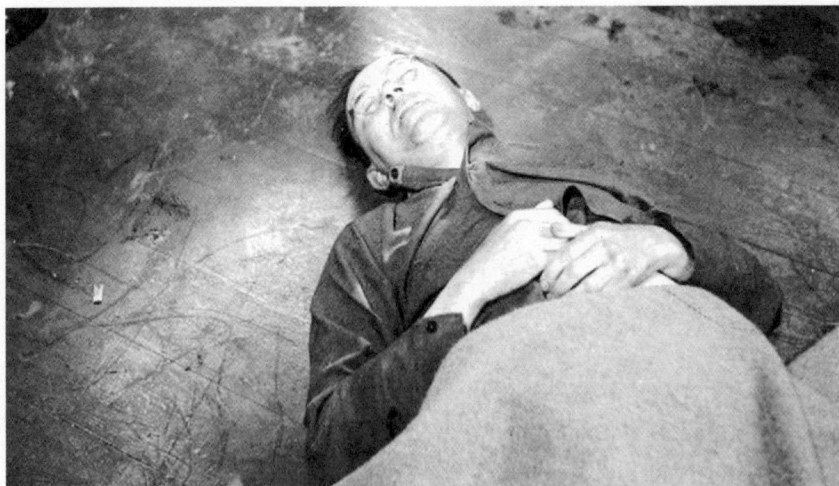

▲ 尽管之前已对希姆莱进行了一次彻底细致的搜查，但他还是咬破了隐藏在口腔内的氰化钾胶囊而自杀。虽经军医全力救治，可还是没能让他再站起来。

架英国轰炸机和16架战斗机以贝希特斯加登希特勒的庄园建筑物为目标开始了空袭。只损失了2架轰炸机，有4名机组人员遇难，而目标遭到了实质性的破坏。正如分析报告中所说："这次直接的空袭毁坏了希特勒住宅的西翼北边的中间部分。主楼的东边由于侧面被击中也遭到了轻微损坏。西侧的外楼被毁，房屋的边缘也严重被毁。"

4月29日清晨，柏林德军的负隅顽抗也已经接近尾声，地堡里的最后一幕就要上演了。这天，苏军坦克隆隆驶进波茨坦广场，这里距总理府西南不到1公里，而元首的地下掩体前面只有不到一个营的党卫军守卫。里面既包括精锐的党卫军老战士，也有稚嫩的希特勒青年团员。就在那时，希特勒决定进行自杀前的最后工作：第一步是嘉奖爱娃这个"多年来真诚、友爱、自觉自愿来到这座城市和我同命运、共呼吸的女人"。他从前总说婚姻会妨碍他领导第三帝国，现在这种说法已不再有任何意义了。按照战时简化的婚礼仪式，希特勒和爱娃宣读了简单的誓言，戈培尔作为证婚人在结婚注册簿上签了字。接着，在元首的房间里

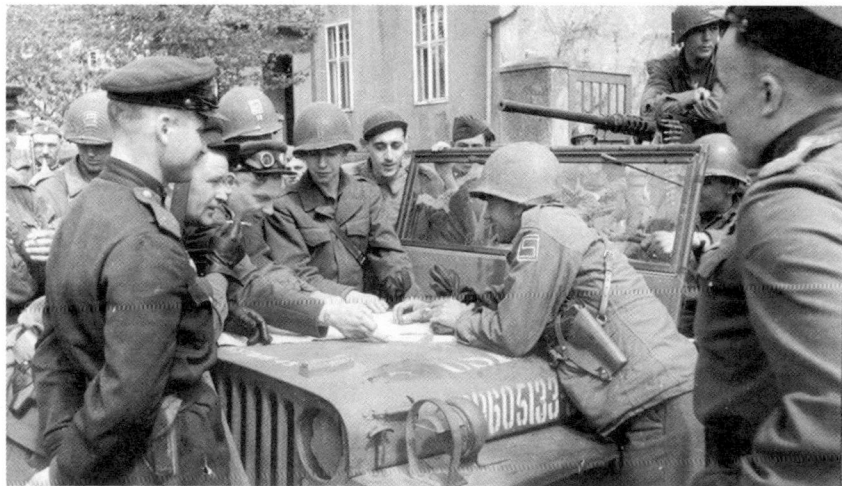

▲ 1945年4月25日，美军士兵（戴钢盔者）与苏军战士（戴大檐帽者）在德国易北河畔的托尔高会师。

举行了一场招待会，客人们饮着香槟，聊着过去的快乐时光。席间，希特勒和他的一名女秘书离开会场，走进小书房。在那儿，元首开始口述他的遗嘱。秘书以为可以听到元首对这场战争亲口做出解释，但是希特勒说出的那番话却让人大为扫兴。对于千百万人死于非命，德国毁于一旦，他没有说一句自责或道歉的话。相反，他却扬言自己不该为挑起战端负责，因为那是犹太人的阴谋；而打败仗同样也不是他的责任，应归咎于他的将领们的不忠和怯懦。鉴于陆军、空军甚至连党卫队都已背叛了他，因此，他选中仍深得信任的海军总司令卡尔·邓尼茨为德国新总统和武装部队最高统帅。

在那天剩下的时间里，希特勒都在为自杀做准备。他对随从再三重申，一定要把他的尸体焚毁。"不管死活，我都不能落入敌人手里。"他说。之所以下这么一道命令，是因为前一天从意大利传来消息说，他的盟友墨索里尼在逃往瑞士途中被游击队俘获，毒打一顿后遭枪决，尸体被倒挂在米兰一个加油站前的广场上示众，任凭咆哮的民众投掷石块和吐口水。希特勒还下达了一项命令：他要试验一下打算服用的毒药的效力。"布隆迪"被领进元首的卧室，兽医往它嘴里放入了氰化钾胶囊……希特勒随后走了进来，看到他所钟爱的狗横尸地上，他没有丝毫动容。

希特勒在他人生的最后一夜里只睡了一个小时左右，隆隆的炮声就打破了黎明的寂静。4月30日晨不到6点他就起了床，比平时起得都早。元首穿过熟睡的随从和秘书，没精打采地在地堡里晃来晃去。上午，他又召开了最后一次军情会，负责总理府和地堡防卫的武装党卫队指挥官报告说，苏军离他们只有4个街区——不足300米了，他的手下估计只能再坚守24小时。希特勒平静地听完了他的可怕预言，接受了这一残酷现实，觉得是自杀的时候了。过了一会儿，他又补充说："士兵不许临阵脱逃，一定要战斗到最后一个人。"

随后，像往常一样，希特勒同秘书和厨师一起吃了最后一顿简单的午饭，菜肴是意大利面和凉拌色拉。已欣然称自己为"希特勒夫人"的爱娃不愿前来用餐。饭后，元首身边的20余名工作人员被召集起来，希特勒与他们挨个握手道别。他的私人机师鲍尔报告说他的飞机已准备妥当，随时可以将元首送往国外任何地方避难，但希特勒根本没有理睬，只是将他珍视的腓特烈大帝的画像送给了鲍尔以示感谢。爱娃紧随在丈夫身后，很勉强地笑着，·她也把自己的珍贵皮草送给了其他工作人员。

下午3点30分刚过，希特勒引着新婚妻子回到书房，关上了身后沉重的铁门，准备自杀。岂料刚在沙发上坐下，就被人打断了。玛格达·戈培尔闯进房间，徒劳地试图劝说元首打消自杀的念头。几分钟后，他哭着出来了。警卫在门外守着，希特勒平静了一下心绪，拿出一支手枪和一颗致命的氰化钾胶囊。他将手枪对准了右侧太阳穴，并把毒药放入口中，牙齿中间，在扣下扳机的同时，也咬破了胶囊；枪声一响，爱娃也咬碎了毒药……

两具尸体被党卫队员用毯子裹好，抬到总理府花园置于一个弹坑里。元首的司机往坑里浇了一些汽油。他的侍仆点燃了火柴，但被风吹灭了。最后，他用打火机点燃了一个纸卷，把它递给元首的副官，由他扔过去，尸体上顿时蹿出一团火焰……而这时，还有一些十来岁的希特勒青年团员正在为他们以一死来逃避承担罪责的元首作战，死去……到第二天，苏联人才得到希特勒的死讯。当斯大林接到电话通知时，发表了一条别致的墓志铭："这杂种落得如此下场可庆，而没有把他生擒归案不幸。"

1945年5月2日，柏林的德国守军向苏军投降，意大利的德军也于同一天投降。两天后，荷兰、德国北部、丹麦和挪威的德军向英军投降。5月5日，德军残兵败将正在石勒苏益格-荷尔斯泰因的基尔公路上行进，突然，一批英国空军的战斗轰炸机群飞来实施低空攻击。其中一架紧盯住一辆敞篷汽车连续扫射，车上的3名妇女和司机当即被打死，唯一的军官则身受重伤。这位军官被德军救出后，即刻送往医院，经抢救无效而于当晚死去。此人就是博克，他也成了唯一的死于盟军枪弹的纳粹德国元帅。

德国东部、捷克斯洛伐克和奥地利的德军还继续战斗了更长时间，因为，德国新领导人邓尼茨想"让最大数量的德国人不落到苏联手里"，让士兵和难民逃到德国北部的英军控制区以及西部和南部的美军控制区。直到盟国发出最后通牒，威胁说要封锁战线，将前来投奔的德国军民拒之门外时，邓尼茨才勉强同意了对方的要求：德国向西方国家和苏联同时投降。

1945年5月7日凌晨2点41分，在法国兰斯的美英盟军最高司令部，阿尔弗雷德·约德尔代表德国签署了无条件投降的相关文件。约德尔要求讲话，得到了允许："德国人民和德国武装部队的祸福吉凶，已交由胜利者决定了……在这个时刻，我只能表示希望胜利者会宽大地对待他们。"然而，6个小时之后，苏联政府宣布，正式的投降书应该在德国首都签订。为了平息斯大林的怒火，5月8日晚，在柏林的苏军总部，签字仪式又重新举行了一遍。凯特尔签署了第二份投降书，午夜时分投降生效了。至此，历史上最可怕的战争结束了。于是，在持续了5年8个月零

◀ 苏军和其他盟国军队的代表以及各国记者正注视着一名苏联外交人员（右手拿文件，弯腰者）指点凯特尔（坐着回头，疑问者）应该在无条件投降书上的何处签下自己的名字。至此，第二次世界大战的欧洲战场宣告结束。

8天后，欧洲的杀戮终于停止了。

邓尼茨政府于1945年5月23日被同盟国解散，它的成员遭到逮捕，并将以战犯身份和其他被捕的纳粹头目一起，在曾是纳粹党召开年度代表大会的纽伦堡，接受一个各国公认的国际战犯法庭的审判——邓尼茨被判10年徒刑，施佩尔被处以20年监禁，凯特尔、约德尔、里宾特洛甫和尤利乌斯·施特赖歇尔等人被判处绞刑。里宾特洛甫是第一个受刑的。约德尔愤怒地抗议，他和凯特尔应按军队的传统被枪决，但遭到了拒绝。施特赖歇尔上绞架时，朝美国的绞刑吏吐了口唾沫："总有一天，布尔什维克会来绞死你的！"他的最后一句话是"希特勒万岁"。就这样，经过12年零几个月，纳粹第三帝国至此才算终于灭亡了。

1945年6月5日，美国、英国和苏联接管了德国留下的这片废墟的统治权。在提罗尔的一个小村子里，搜索的美军发现了136名地位显赫的重要人质。为了躲避挺进的盟军，这些人被党卫队拽着从一个集中营到另一个集中营，穿过第三帝国残存的领土。这些死里逃生的人中有前奥地利总理许士尼格、前德国陆军总参谋长哈尔德、前德军驻比利时军事总督福肯豪森、前德国东线中央集团军群司令部副官施拉勃伦道夫、前

◀苏军占领柏林后，在勃兰登堡门前挂起象征胜利的红旗。

英国秘密情报局特工贝斯特等人。不过，像他们这样的幸运儿毕竟是极少数的。

据不完全统计，全球有20亿以上的人口被卷入了第二次世界大战，军民共伤亡9000余万人，包括直接死于战争，或与之相关原因如战争造成的灾害、饥馑、疾病，以及种族灭绝屠杀或蓄意虐杀等等。人们不禁会想，如果施道芬堡的皮包没被移动位置，如果特雷斯科的"白兰地酒"的引信没出问题，如果希特勒在军械库展示上再多逗留片刻，又或是在慕尼黑啤酒馆的演讲再长15分钟，如果……，那么，在这场由希特勒一手制造的浩劫中丧命的千百万无辜的人，他们也许原本是可以活下来的。